本书编委会

主　　任：李绍美
副主任：蓝　青
成　　员：（按姓氏笔画为序）
　　　　　白荣敏　余定振　陈德良　林成峰　郑　坚　高燕君
主　　编：杨应杰
编　　委：胡亦清　钟而赞

福鼎乡镇文史专辑

白琳

政协福建省福鼎市委员会文化文史和学习委◎编

海峡出版发行集团 | 海峡文艺出版社

图书在版编目(CIP)数据

　　白琳/政协福建省福鼎市委员会文化文史和学习委编.—福州:海峡文艺出版社,2024.1
　　(福鼎文史.乡镇专辑)
　　ISBN 978-7-5550-3551-0

　　Ⅰ.①白… Ⅱ.①政… Ⅲ.①乡镇－文化史－福鼎 Ⅳ.①K295.75

中国版本图书馆 CIP 数据核字(2023)第 219261 号

白琳

政协福建省福鼎市委员会文化文史和学习委　编

出 版 人　林　滨
责任编辑　邱戌琴
出版发行　海峡文艺出版社
经　　销　福建新华发行(集团)有限责任公司
社　　址　福州市东水路 76 号 14 层
发 行 部　0591－87536797
印　　刷　福建新华联合印务集团有限公司
厂　　址　福州市晋安区福兴大道 42 号
开　　本　787 毫米×1092 毫米　1/16
字　　数　400 千字
印　　张　21.75　　　　　　　　　　**插页**　2
版　　次　2024 年 1 月第 1 版
印　　次　2024 年 1 月第 1 次印刷
书　　号　ISBN 978-7-5550-3551-0
定　　价　89.00 元

如发现印装质量问题,请寄承印厂调换

总 序

李绍美

福鼎古属扬州，晋属温麻县，隋开皇九年（589）废温麻县改原丰县，唐武德六年（623）置长溪县，清雍正十二年（1734）为霞浦县辖地，归福宁府。清乾隆四年（1739）由霞浦县划出劝儒乡的望海、育仁、遥香、廉江四里设福鼎县，县治桐山。1995年10月，福鼎撤县设市，现辖10个镇、3个街道、3个乡（其中2个畲族乡）、1个开发区。

福鼎建县虽不足300年，但人文历史悠久，早在新石器时代就有先民在这块土地上繁衍生息，并因山海兼备的地理特征创造出丰厚和多元的文化，如滨海名山太姥山孕育了太姥文化，依海而生的马栏山先民则开辟了海洋文化。随着时代的发展，福鼎的文化愈发精彩和独特：与浙江交界的叠石、贯岭、前岐等乡镇，接受瓯越文化较为明显，其方言与温州的腔调接近；与长期作为闽东文化中心的霞浦县相近的硖门乡和太姥山镇，受儒家文化影响较深，文风盛于其他乡镇；地处山区的管阳、磻溪等镇和地处滨海的沙埕、店下等镇，在生产方式与生活习惯上均有很大的不同……新中国成立以来，特别是改革开放后，福鼎各乡镇立足各自的区位特点和地方传统，抓住历史机遇，走出了各具特色的发展之路，在经济建设、社会治理、文化繁荣等方面都取得了长足的进步，变化可谓翻天覆地。

基于市情，我们改变常规文史工作立足县市层面，把视角下移，提出为辖下的13个乡镇、3个街道、1个开发区编纂文史资料并合出一套丛书的思路，使得政协文史工作更细致入微、更接地气。这一思路得到了福鼎文史界和各乡镇（街道、开发区）的积极支持和大力配合。为了做好这项工作，市政协总体协调，聘请文史研究员跟踪、指导、参与丛书具体编纂事宜，努力推进这项工程量巨大的工作。各个乡镇（街道、开发区）成立工作小组具体落实，有的乡镇与高校合作，借助高校的科研力量；有的乡镇聘请当地文史工作者，借助当地"活地图""活字典"的力量……可谓"八仙过海，各显神通"，使得丛书的编纂进展顺利。

本次系统挖掘整理各乡镇的文史资料，是文史工作的一次创新，而且以乡镇为单位编纂成书，使每个乡镇零散的资料归于系统化，实乃为每一个乡镇写史纂志，对各乡镇的文化建设意义重大。在工作中，很多史料的价值以文史的眼光审视得到重新"发现"，更有不少内容属于抢救性的挖掘整理，十分难能可贵。也因此，这项工作具有开拓性，也更具挑战性。自工作开展以来，镇里、村里的老干部、老"秀才"和"古董"们，市里各个领域的文史爱好者，以及高校研究人员，纷纷热情参与其中，为完成这项浩大的文化工程付出了艰辛的劳动。大家既科学分工，又团结协作，怀抱对乡土的热爱、对家乡的厚谊及对文史的关怀，兢兢业业，埋头苦干，无私奉献，终于使煌煌几百万字的"福鼎文史·乡镇专辑"丛书与大家见面了。该丛书的出版，拓展了福鼎文史工作的广度和深度，使福鼎文史工作有了新的突破、质的提升。

文史工作是政协工作的重要组成部分，是一项有益当代、惠及后世的文化事业，在传播优秀文化遗产、繁荣发展文化事业、推进建设和谐社会等方面都具有十分重要的意义。市政协历届领导班子有重视文史工作的优良传统，以对历史负责的求实态度，尊重社会各界的意见、建议，注重文史人才的培养并发挥他们的积极作用，守正创新，破立并举，推进福鼎政协文史工作长足发展，为福鼎地方文化建设做出了积极贡献。在此，谨向所有关心和支持这项工作的各界人士表示诚挚的谢意！

读史可以明智。历史是昨天的客观存在，是我们认识现实、走向未来的前提和出发点。迈入新时代的福鼎，正孕育着新的希望，让我们紧密团结在党的领导下，一如既往地秉承"肝胆相照，荣辱与共"的方针，与全市人民一道，团结拼搏，鼎力争先，不忘初心，接续奋斗，为加快建设宁德大湾区沙埕湾生态临港产业城市发挥我们应有的作用，做出我们应有的贡献。

是为序。

（本文作者为福鼎市政协党组书记、主席）

序：漫话白琳

叶梅生

说起白琳，让人记忆深刻的有"玄武岩""福鼎黑""白琳工夫""白琳老街""翠郊古民居"等，它们都是岁月沉淀的佳酿。

白琳原名"白林"，清朝雅化为"白琳"，关于它的来历一般有两种说法。第一，唐乾符年间，白水郎陈蓬，号白水仙，迁居白水江畔之后岐村，因当地有一片森林，故将后岐改名为白林。第二，最早迁居来的人看四处长满白箬，就将此地命名白林。宋人梁克家《三山志》就有白林的记载。清乾隆《福宁府志》载："茶，郡治俱有，佳者福鼎白琳、福安松罗……"可见，清乾隆时"白林"已更名为"白琳"。

白琳清初属福宁州劝儒乡遥香里二十都，乾隆四年（1739）福鼎置县后为福鼎县十五都。清末废都为区，民国初年沿为白琳区。1934年秋为第五区，编保甲自治。1940年更名为琳江镇，1946年为玉琳乡，后属点头区。1949年6月福鼎解放，白琳仍属点头区。1950年6月设白琳区，1958年8月成立白琳人民公社，1961年6月恢复为白琳区，1968年7月又成立白琳人民公社，1983年再为白琳区，1987年改为白琳镇至今。全镇下辖玉琳、康山、下炉、大赖、车阳、棠园、翠郊、岭头坪、牛埕下、高山、翁江、沿州、白岩、旺兴头、藤屿、郭阳、秀阳、外宅、坑里洋、鞭树岙20个行政村和白琳、白琳镇茶场2个居委会。2020年全镇总人口39482人。

一、历史悠久

1958年，福建省第一次文物普查在白琳寨、店基、湖（浦）尾山挖掘出新石器时代的石镞、石锛、陶片，证明早在4000年前就有人类在此繁衍生息。

东晋末年，孙恩、卢循余部就在八尺门活动，沿州的双头透有古人伐木为舟的痕迹。唐贞观初年，白琳人就在后溪建起潘山庵。藤屿古堡修建于明朝，是福鼎重要的抗倭阵地。明末清初，大量人口迁徙玉琳，玉琳古街始有雏形。清朝中叶，白琳就以出产茶叶闻名遐迩。

根据各姓谱牒记载，入迁白琳较早的居民主要有唐朝翁潭的"小溪黄"和"桑园翁"，唐末山后叶姓，元朝沿州周姓，明朝牛埕下雷姓、湖头杨姓、莘洋邵姓、王花屿袁姓、棠园张姓、玉琳董姓，清朝翁潭萧姓、瓜园蔡姓、水郊吴姓、统坪陈姓，先后迁往白琳。清光绪《福鼎县乡土志·十五都分编》载："环海而居者有垅乾、倪家地、宝桥、藤屿、王家屿、王宫头、东湾各村落，多捕鱼为业；水岐头、碗窑、瓜园、岭后、湖头、上下卢、柘底、黄涂头、车洋、南山里、天王亭、后溪一带则山居力田者也。民二万人，村二十有七，星罗棋布。"清末时白琳一带人口就有两万人，俨然大集镇。

二、文化深厚

悠久的历史，沉淀着深厚的文化底蕴。白琳域内有江南单体面积最大的翠郊古民居、气派的翁江萧家大宅和玉琳蔡厝，这些古民居体现出精湛的技艺和独特的风格，在南方民居建筑中独领风骚。旺兴头萧氏大墓气势恢宏，小溪萧氏墓典雅精致，代表清朝中期当地的造墓艺术。建于后梁贞明年间的白琳寨，虽早已无存，但后人把精美的地基石抬到山下作为他用，每块基石大小一致令人称奇；寨里缺水，用陶管从数里外的白水漈引水，可以想象古代白琳人的智慧。后周时期建造的天王寺为福鼎名寺，又是宋、元、明、清的驿站，数建数毁，几易方位，但每次重建都独具魅力。玉琳古街建于清朝，依山而建，别具特色。

白琳茶业历史悠久，"白毫银针"白茶"为五洲最"，"白琳工夫"红茶名扬四海，"莲心茶"绿茶风味独特，这些主要取决于白琳茶品种好，白琳茶师、茶农制茶工艺精湛。长期生产茶叶积累了各类茶叶制作窍门，沉淀了丰富的茶文化元素，培育出一批茶界风云人物，如杨仲框、邵维羡、吴观楷、袁子卿、蔡维侧、蔡维露、蔡维自、蔡维卿、詹进步、詹进班、吴芸九、林爵卿、吴观萧、叶诗相、陈鼎善、陈延策、张时定等。

白琳历来重视文化教育，文昌阁与社学培养了大量人才。根据谱牒资料，萧氏、吴氏、邵氏、许氏、蔡氏、张氏、林氏、杨氏等家族均办有各具特色的族塾、家塾等，也培养出了许多优秀人才。白琳翁潭小溪的黄诜是福鼎第一位进士，其九世裔孙黄楫于宋乾道五年（1169）中进士，黄楫之子黄沐之于宋庆元二年（1196）中进士。此外还有蔡文蛟、蔡文焕、萧梦轩、萧宗潜、吴大诗、吴开鳌、杨秀彬、许保昭等，均为当地文化精英。

白琳还是革命老区，柴头山一带以外宅为中心，1935年成立中共福鼎县上南区委和上南区苏维埃政府，刘英、叶飞等老一辈革命家曾率领部队活跃在此撒播革命种子。

据不完全统计，白琳从事与京剧相关的人员多达两百人。1945年，梁其媄等人创办了白琳京剧团。翁江姚仁贵创立的提线木偶，以京腔京韵开场白，创福鼎木偶戏之先驱；而康山徐氏提线木偶与之相比另有特色。布袋戏、嘭嘭鼓、翁江鱼灯、棠园双头龙灯、旺兴头青龙灯等在福鼎民间艺术长廊中都有一席之地。

白琳民俗节日丰富多彩，正月拜寿提点心碗、王花屿"三月三"、下炉清明节、端午龙舟竞渡、湖头"七月半"盂兰盆大会等，均有特色。

白琳民间手工艺如神天斗笠、碗头岗火笼、郭阳龙须草席、王家山筲箕篮等，远近闻名。

三、交通便利

白琳镇地处福鼎市中部，距离市区25千米，位于太姥山西麓，东临内海与沙埕港相通、与店下镇相邻，东南与太姥山镇接壤，西界柘荣县，西南与磻溪镇毗连，北与点头镇相接，面积130.3平方千米。

白琳自古为南北交通要道，城内古驿道系连着闽浙。唐时白琳就设有驿站，天王寺就是当时福鼎域内驿站之一。《福鼎县乡土志·道里》载："福鼎经岩前……过倪家地……越百步溪逾岭至白琳，上金刚墩……越五蒲岭……与霞浦官道接。"途径白琳的这条官道，是古代福鼎到霞浦的必经之路。又载："秦屿支路，自倪家地，经翁潭，至昭苍岭脚……逾岭至郭阳……过流坑……抵秦屿城。"这条古道是福鼎到秦屿的必经之路，至今还是附近村民往来的交通便道。另有5条支道，分别连接泰顺、柘荣、霞浦等地。

后岐码头在清朝中期就已是福鼎重要的商港，吞吐量仅次于福鼎增坪码头。除此之外，还有宝桥渡、倪家屿渡、八尺门渡，都与沙埕港相通。后岐码头今虽不复存在，但它是茶船古道的起航点：白琳在清代至民国是茶叶商贸区，茶叶往外运输都在后岐码头上埠，再经过内海运至沙埕港销往外地。清代与民国时期，白琳茶叶的繁荣与白琳发达的交通条件有着密切联系。现如今白琳的交通更有优势，八尺门500吨专用码头通过沙埕与东海相连，沈海高速公路互通口设立在八尺门，八尺门至白琳有二级公路相通，福鼎至白琳的白茶大道已竣工通车……便捷的交通为经济发展提供了有力支撑。

四、物产丰富

白琳依山面海，物产丰饶，宜工、宜商、宜农、宜渔。《福鼎县乡土志》载："白琳茶叶特盛，中外通商，白毫之良为五洲最，故商贾辐辏，居然一大市镇。"白琳茶叶早在明末清初就享有盛誉，直至清朝中叶，茶叶从沙埕港销往福州和上海、广东，再远销东南亚、欧洲。白琳工夫成为"闽红三大工夫"（坦洋工夫、政和工夫、白琳工夫）之一，闻名海内外。英国王室成员特别钟爱白琳工夫与白毫银针，坊间还流传英女王伊丽莎白非白琳工夫不喝的传说。民国时期，白琳老街设有36个茶行。

被誉为"东方奇石"的玄武岩矿山屹立在白琳大嶂山上。1996年10月，中国石材协会宣布"福鼎白琳大嶂山玄武岩为最大的建材矿山"。玄武岩优良的石材品质为国内外罕见，经过磨光、火烧等多种工艺，深加工后远销各地，受市场青睐。

五、经济发展

白琳常被人戏称为"人客地"，意思就是外来人在白琳容易生存，而且能发大财。清朝中叶，许多人看中这一点，在很短时间里聚集白琳而成集镇。清末至民国，广东与福建多地的茶商以敏锐的目光盯准了白琳特殊茶叶市场，源源不断地从这里赚取真金白银。茶业一直是白琳经济发展的主旋律，明清时期茶业开始发展，到民国时期走向繁荣。民国福鼎学者周梦虞曾撰文说："本邑凡百销场之喧寂，悉视琳山茶利之盈亏，其关系綦重，有如此者。"1949年后，国营白琳茶叶初制厂延续着茶叶发展的良好态势，福鼎国营茶场（翁江茶场）推广"福鼎大白茶""福鼎大白毫"茶苗到全国各地。

20世纪90年代随着石材行业的兴起，经济重心逐渐向工业转轨。玄武岩产业兴盛时期（1999—2006），成为福鼎三大经济支柱之一，白琳也因"玄武岩"矿山而名扬四海。白琳金山工业园区成立于1994年，2020年进行改造升级，430家石材企业整合重组为28家标准化企业和2家精深加工企业，建成标准化产业园。白琳石材从业人员一度达到2万人，足迹遍布全国各地的石材生产区。白琳在国家统计局2006年公布的全国综合实力千强镇测评中名列883位，入围福建省综合实力百强镇。

白琳镇坚持"生态立镇、工业强镇、旅游兴镇"的总体思路，以生态保护为立足点，发挥白琳茶产业历史品牌资源，高质量发展茶产业。2016年在白琳镇隧道口建设茶业加工集中区，十多家茶企入驻；以白琳老街复兴为抓手，结合翠郊古民居等旅游景点，在白琳老街恢复"步升馆""丁合利""同顺泰"等茶馆，茶旅融合已形成雏形。而发轫于20世纪90年代的石材行业，2020年完成石材加工区转型升级，以标准化产业园控规组建28家石材企业主体，着力打造现代化石材加工交易中心。

（本文作者为福鼎市政协原党组书记、主席）

目 录

山川故里

白琳姓氏概述 · 003
白琳的福鼎之最 · 010
白琳地名谈 · 014
玉琳八景 · 016
白琳寨 · 018
后岐码头：茶船古道的起点 · 020
后岐商港 · 022
八尺门 · 024
康山村人文历史述略 · 027
一山一水一洋话康山 · 029
20世纪70年代的康山溪改造 · 033
柴头山概略 · 034
大赖村 · 037
我的家乡东洋山 · 039
白岩村的变迁 · 041
湖头村与杨氏小考 · 043
白琳工业发展概述 · 046
白琳交通发展概略 · 049
大嶂山玄武岩开发记略 · 054
石材产业转型升级述略 · 063
玉琳古街 · 065
改革开放前后的白琳老街 · 068
白琳老街的三个油行 · 070

往事钩沉

白琳货币使用情况 …………………………………… 075
翁江萧氏说略 ………………………………………… 078
玉琳蔡厝与其主人 …………………………………… 083
大马路的"陈裕荣"轶事 …………………………… 086
白琳1930年土匪之劫 ………………………………… 089
1932年土匪串扰白琳 ………………………………… 091
同善社与大刀会 ……………………………………… 093
上南区往事 …………………………………………… 095
日寇在白琳的暴行 …………………………………… 097
我所经历的大黄鱼丰收年代 ………………………… 098
"农业学大寨"时的勤俭大队 ……………………… 100
勤俭大队的几件事 …………………………………… 101
柴头山上的"峥嵘岁月" …………………………… 103
亭头水库工程概况 …………………………………… 106
华光大帝宫的"变身" ……………………………… 108
20世纪80年代以前白琳用水情况 …………………… 110
忆福鼎三中 …………………………………………… 115

人物春秋

福鼎第一位进士黄诜 ………………………………… 121
明朝以来白琳人物拾遗 ……………………………… 123
琳江乡贤录 …………………………………………… 127
太姥文脉续瓜园 ……………………………………… 131
茶商邵维羡 …………………………………………… 137
萧仰山先生 …………………………………………… 139
名医杨楚卿 …………………………………………… 140
制茶师陈鼎善 ………………………………………… 142
"橘红"发明者袁子卿 ……………………………… 143
茶人叶诗相的匠心 …………………………………… 146

2

圣训长老	148
收藏家陈光华	150
萧宗潜先生	152
青芝长老	157
"插田状元"和"插田榜眼"	162
民间艺人姚仁贵	164
福鼎第一"高人"邵龙成	166
忆恩师赵炳发	168
"榜样茶人"张时定	171

茶韵悠悠

白琳茶史话	179
国营福鼎白琳茶厂简史	186
白琳茶叶"为五洲最"	192
白琳工夫的兴衰	195
车洋馆	200
祥丰茶庄	202
双春隆茶行	204
广泰茶行	206
恒丰泰茶庄	208
林仁记茶号	211
陈长春号茶行的沿革	213
民国时期的白琳茶馆	216
一份珍贵的白茶收据	221
白琳工夫及其制作技艺	224
我在白琳茶厂工作的经历	227
抗战时期白琳茶的畸形繁荣	230
福鼎县国营茶场	232
白琳的三所茶业中学	234
白琳茶叶的生产制作过程	236
新工艺白茶	239
我与有机茶的情缘	241

文教卫生

白琳办学述略……………………………………… 245
溪坪文昌阁学堂追忆……………………………… 248
白琳中心小学拆校还田追述……………………… 253
白琳镇医疗卫生发展轨迹………………………… 254
白琳业余京剧团…………………………………… 256
福鼎木偶和白琳新民木偶剧团…………………… 261
基督教在白琳的发展……………………………… 264
福鼎三中五十年…………………………………… 265
白琳镇中学创办始末……………………………… 274
平安堂药铺………………………………………… 276

文物古迹

白琳古文物选介…………………………………… 279
三福寺双塔及出土文物…………………………… 284
周仓古隘…………………………………………… 286
白琳宫庙…………………………………………… 289
藤屿古堡…………………………………………… 294
翠郊古民居………………………………………… 296
翁江萧家大院……………………………………… 301
翁江萧家大墓……………………………………… 304
"节孝"牌坊与"福寿"牌坊……………………… 306
白琳茶亭…………………………………………… 308
古道尚书岭………………………………………… 311

物华吟赏

白琳民间手艺拾零………………………………… 315
翁江鱼灯…………………………………………… 317
"廿四碗"和"八盘六"…………………………… 319

白琳小吃三例……………………………………………………… 321
白琳柿…………………………………………………………… 324
翠郊脐橙………………………………………………………… 326
旺兴头青龙灯…………………………………………………… 327
白琳沿海片的海鲜餐饮业……………………………………… 328

附录：
大事记…………………………………………………………… 330

山川故里

白琳姓氏概述

杨应杰　余定振

白琳宜居宜业，迁居至此的姓氏杂而多。白琳街道、玉琳村各姓氏居杂，没有形成大的宗族聚落，其中不少为清代至民国因经商或谋生而定居在此的。清末后岐码头为一方商埠，短短几十年间，就有30多个姓氏入驻。翁江茶场1958年创立，茶场员工来自福州与福鼎各乡镇，姓氏纷杂。

白琳有些村落宗族聚落比较明显，如王花屿裘姓、湖头杨姓、瓜园蔡姓、莘洋邵姓、山后叶姓、东阳山陈姓、三兜糕王姓等。

陈氏

秀阳村东阳山陈氏。唐际，陈昌因安史之乱，从中原南迁到长溪赤岸。其长子陈贤居赤岸上垟，贤生四子，长龚、次英、三武、四豪，陈豪即东阳山陈氏之始祖。陈豪见东阳山地形似一艘船，遂迁居此地，妣谢氏。后裔分迁至巽城、白琳、点头、磻溪、桐山等地。

玉琳村贵坪陈氏，始祖陈文超，清雍正五年（1727）从泉州府永春县迁入。

玉琳村统坪顶陈氏，清康熙年间迁入。

白岩陈氏，清康熙年间由苍南南水头迁入。

2022年白琳集镇远眺（刘学斌 摄）

车洋村陈氏，清雍正元年（1722）从泉州安溪迁入。

林氏

坑里洋村朱家洋岭后林氏，由林远望从长溪县（今霞浦县）赤岸太原井迁秦屿（今太姥山镇）才堡，后再迁入。

潭头村林氏，清康熙四十六年（1707）九牧林六房林蕴后裔林生达由汀州府永定县石白砂迁入。

坑里洋林氏，清康熙年间由赤岸林嵩后裔林仕彬从霞浦水门慈竹迁巽城，后由林世彬儿子林元凯转迁入。

大赖村火炮垟林氏，清康熙五十二年（1713）梓溪林七房派下林聪甫后裔林应彬由浙江平阳焦浦岭迁入，部分后裔迁白琳、福鼎市区等地。

棠园村茶园里林氏，清康熙年间梓溪林七房派下林聪甫后裔林文鸾兄弟由安溪蓬莱杏厝社迁入。

新洋三脚岭林氏，清同治至光绪年间林庆谟由管阳徐陈山柴岗迁入。

藤屿村赤竹垟林氏，清顺治年间阙下林尊后裔林妹（字秀扬）由浙江平阳南雁笠湖迁入。

旺兴头村赤竹垟林氏，明嘉靖晚期梓溪林六房派下林常春后裔林安西五世孙林华明由安溪谢厝迁入，部分后裔迁居白琳、点头等地。

沿州村西岭林氏，清光绪年间林定朗由江西百家庄迁入。

沿州双潮透林氏，清康熙年间九牧林六房林蕴后裔林秀峰四世孙林士乾由浙江平阳麻步新桥迁入。2015年造福工程实施，整村搬迁沿州。

竹岚头林氏，开漳林孔著后裔林兆远由浙江平阳山门迁入。

白岩村月兑山林氏，林敏一九世孙林大本由秦屿才堡迁入。

康山村岭尾林氏，明万历年间林义章后裔林遇二十一世孙林世魁由磻溪车岭迁入。

张氏

旺兴头张氏，元至正年间张俊一、张雅二迁入。

棠园张氏，磻溪后坪张氏分支，明初迁入。

秀阳旁堡（长保）张氏，一世祖张宗旺于明正德年间迁秦屿南门外，复迁吉坑笏六，因海盗之危迁墓岚下，再到岩马，终迁旁保。

翁氏

桑园翁氏，唐僖宗时期始祖翁宏济由河南尧州始迁长溪县翁潭（翁江），后因"逢猴指路，遇桑杰址"，迁居桑园。

翁厝里翁氏，清乾隆年间从苍南迁入。

黄氏

翁江小溪黄诜，唐乾宁二年（895）赵观文榜登拔萃科，黄璞之子，曾任左宣义郎、节度巡察判官。始迁长溪白琳翁江，后迁往侯官。

叶氏

康山村山后叶氏，唐开元年间避乱从河南滁州迁入，后分居白琳、过溪等地。

白岩叶氏，清嘉庆年间由点头翁溪迁入。

杨氏

车洋湖头村杨氏，杨九公于明洪武初年从温麻迁入。

车洋村杨氏，杨德龙于康熙年间从湖头村迁入。

郭阳村杨氏，源于潋城杨氏，清乾隆年间迁入。

蔡氏

瓜园蔡氏，清康熙十九年（1680）蔡宗善迁湖头居11年，后携眷迁居瓜园村，发家致富，成为白琳旺族。

下炉蔡氏，清咸丰年间从贯岭骆驼贝头迁入。

李氏

下炉李氏，明永乐二年（1404）于浙江余姚迁入。

车洋李氏，1865年自点头龙田迁入。

岭头坪李氏，从浙江衢州青莲迁入。

王氏

秀阳村三兜糇王氏，自赤岸迁竹楼苞再迁凤池半山，后于乾隆年间迁入。

白岩王氏，清乾隆年间由秀阳大丘头迁入。

周氏

坑里垟峚里周氏，南宋时期从河南光州固始迁绍兴，又迁泉州，再迁长溪，又到秦屿，再迁入峚里，部分后裔再迁车洋石床、秦屿吉坑。

沿州、白岩周氏，宋淳熙三年（1176）由湖北汉阳府迁至霞浦赤岸崎头，再迁沿州上坪，后发展成为沿州、白岩两村望族。

大赖坑尾桥周氏，清乾隆年间迁入。

车洋石床周氏，1720年自白琳坑里洋迁入。

岭头坪周氏，清光绪四年（1878）从磻溪黄岗迁入。

裘氏

翁江王花屿裘氏，明永乐二年（1404）从浙江余姚县官仓岭白马庙迁入。

邵氏

邵宣教于明永乐二年（1404）从浙江绍兴府余姚县迁白琳莘洋，为白琳莘洋肇基祖。

薛氏

藤屿薛氏，由薛维睿于1665年之前从瑞安迁入。

丁氏

玉琳丁氏（回族），从泉州陈隶迁苍南桥墩，清光绪年间迁白琳统坪顶。

许氏

康山村岭尾许氏，清康熙年间从泉州安溪迁入。

翁江村后岐许氏，清同治年间从透埕迁入。

雷氏

明洪武廿八年（1395）雷肇松一家6口由罗源北岭迁大旗坑牛埕下定居，是第一支迁入福鼎的畲族。

山前雷氏，明朝从福建罗源迁入点头大蛾，清末迁居现址。

蓝氏

康山村山前蓝氏，清乾隆年间从浙江苍南迁入。

大赖南门玲蓝氏，1887年由白琳天凉亭迁入。

岭头坪蓝氏，清嘉庆十六年（1811）由浙江平阳迁入。

钟氏

白岩钟氏，明永乐年间由前岐佳阳迁入。

康山钟氏，清乾隆年间从浙江平阳县迁入。

岭头坪钟氏，清嘉庆五年（1800）由翠郊迁入。

郑氏

大赖村郑氏，始祖郑泄于明末清初迁入。

萧氏

翁潭萧氏，清康熙年间自上杭县胜运里棉村移迁点头镇厎山，嘉庆二十二年（1817）举家徙居白琳翁潭。

董氏

玉琳董氏，明崇祯年间迁入玉琳统坪顶，后迁后路。

詹氏

下炉詹氏，清同治四年（1865）从翁江小湾迁入。

白岩詹氏，清乾隆年间由福安西山迁入。

赖氏

下炉赖氏，清康熙六年自江西永春迁入。

赵氏

下炉赵氏，1794年从霞浦迁入。

白岩赵氏，1871年由福鼎十字街迁入。

洪氏

下炉洪氏，清康熙五十五年（1716）由泉州永春柘仔里迁入。

涂氏

外宅坑下涂氏，清初从泉州德化迁入。
郭阳涂氏，清初从德化迁入。

方氏

岭头坪方氏，1960年由点头文殊溪迁入。

彭氏

岭头坪彭氏，1929年由宁德六都迁入。

刘氏

岭头坪刘氏，清咸丰六年（1856）从点头后岐迁入。

吴氏

坑里洋印墩吴氏，清代从磻溪青坑迁霞浦八斗后再迁入。
岭头坪吴氏，1746年由柘荣迁入。
白岩吴氏，清顺治年间由福清东门外迁入。

高氏

白岩高氏，清中期由福鼎西园迁入。

苏氏

白岩苏氏，清乾隆年间由泉州安溪迁入。

欧阳氏

白岩欧阳氏，清嘉庆年间由浙江迁入。

梁氏

白岩梁氏,明中叶由浙江水头北港迁入。

温氏

白岩温氏,清同治年间由浙江平阳迁入。

夏氏

岭头坪夏氏,清同治十年(1871)由浙江文成县迁入。

曾氏

岭头坪曾氏,清光绪六年(1781)由浙江平阳迁入。

(因资料有限,本文内容尚待进一步完善)

白琳的福鼎之最

杨应杰

人们在茶余饭后，经常聊起白琳有"四大"。哪四大呢？房子大——翠郊古民居；墓大——翁江萧家墓；人大——莘洋巨人阿龙；地名大——"管天下"。其实白琳何止这四大！白琳有许许多多福鼎之最。

最早的进士。黄诜，唐乾宁二年（895）赵观文榜登拔萃科，黄璞之子，曾任左宣义郎、节度巡察判官。始迁长溪白琳。有二子，长慕华，自白琳迁翁潭，官至水部员外郎；次慕风，自白琳迁侯官，官至给事中。其九世孙黄楫，为宋乾道五年（1169）进士；黄楫之子黄沐之为宋庆元二年（1196）进士，知丽水县。翁江小溪黄氏唐宋时期出了三位进士，黄诜是福鼎最早的进士。

交通发达堪称福鼎之最。位于福鼎中部的白琳是福鼎最主要交通枢纽，水陆皆可。浙江通往福州的古代大官道以前就从白琳经过，白琳因此成为南北通衢；还有六条省道与县道都经过白琳。沿海片通过八尺门渡经沿州可往巽城、南镇，或经瓦窑岗、柴头山至秦屿；桐山直接经过百步溪、翁潭、岭尾、周仓岭到秦屿。山区片经过石床举州可至管阳、泰顺，或经翠郊至柘荣，或经磻溪湖林至霞浦。便利的交通条件，是白

翠郊古民居（林钢生 摄）

琳成为茶业集散地的重要原因。白琳大官道上的过路亭数量之多（包括已毁的）居福鼎之首，官道上的周仓岭险峻崎岖堪称福鼎之最。

白琳寨，古称白林寨，建寨于后梁贞明年间，当时有重兵把守，扼守古官道。后晋天福四年（937），翁十四为白琳寨统领，与谢俨一同领军驻守白琳寨。宋开宝八年（975），宋太祖攻灭南唐，翁十四戎归故里，在白琳寨守卫长达36年之久。

柘里双塔，建于宋朝，重修于明永乐年间，再修于1986年，为福鼎域内现存唯一的双塔，维修时塔刹出土古钱、银佛等文物。该塔为楼阁式仿木结构，七层砖塔，实心六角，塔高八米，由36种不同形状的砖木砌成，结构精致，造型雅观。

明洪武二十八年（1395）雷肇松一家由罗源北岭迁福鼎白琳大旗坑牛埕下定居，成为福鼎雷姓始祖，是最早迁入福鼎的一支畲族。

清乾隆《福宁府志·食货志·物产》："茶，郡治俱有，佳者福鼎白琳……"白琳盛产茶叶，在清早期就有文字记载并载入地方志。清光绪《福鼎县乡土志·十五都分编》："白琳茶业特盛，中外通商，白毫之良，为五洲最，故商贾辐辏，居然一大市镇。"

翠郊吴姓大厝为单体面积最大木构建筑。原占地面积20多亩（含花园、晒场），有36个天井、5个大厅、18个小厅、3个三进大合院，有360根大柱。斗拱梁栋、花窗、匾额、楹联精雕细刻，屋内大厅、小厅、花厅、走廊、大小天井布局精致，颇值观赏。

萧家大墓（萧圣祥墓）位于白琳旺兴头，建于清道光二十六年（1846），占地面积774.3平方米。墓为风字形，由加工精细的青石砌成，有栏杆、挡风墙、龙柱、大埕、小埕、上埕、屏风、后土正神位、祥兴宝库、登台、封土堆围等，墓的题字和雕刻均有较高的艺术价值，是福鼎市最大的古墓。

翁江小溪萧家墓（萧梦轩墓）位于翁江小溪，建于清道光二十九年（1849），占地面积275.5平方米。墓为风字形，楼阁式，由加工精细青石砌成，有挡风墙、走道、围墙、墓柱、后土正神位、祥兴宝库、登台、墓碑、封土堆、围领等。墓前还有一面宽3米、高1米的青石镂空屏风。墓身石刻人物、花草、走兽、书法均精雕细刻，有较高的艺术价值，为福鼎做工最精细的古墓。

1863年1月6日（正月初七）福鼎白琳岭尾许兆璜赴平阳联系，愿做金钱会内应，于当日被捕。后许兆璜在安仁山的同党周阿岳等也于1月24日相继被捕，金钱会在福鼎的据点遭到很大的破坏（《温州近代史·太平天国时期的温州》）。许兆璜是参加金钱会起义福鼎第一人，其口号"我辈性忝如金石"至今留传福鼎民间。

1937年，玉琳古街建成，是福鼎域内集镇唯一爬坡式古街。玉琳古镇民居以茅屋居多，街道遇雨天泥泞，时任白琳区区长任廷雯动员白琳富商（茶商）捐资修路，并

萧家大墓（林钢生 摄）

以区公所借贷的形式，筹资将茅屋改为木屋。

1930年，合茂智茶行袁子卿发明白琳工夫红茶极品"橘红"，条形紧结纤细，含有大量橙黄白毫，特具鲜爽愉快的毫香，汤色似橘子般红艳。1934年由上海华茶公司包销。

民国时期白琳茶馆有36家，居福鼎各乡镇之最。白琳茶馆即现今的茶厂，集收购、生产加工、精制、包装、销售为一体，生产的白琳工夫、莲心、白牡丹、白毛猴等茶直销福州、广州，再出口欧美，一时名声大噪。36家茶馆较出名的有"双春隆""合茂智""广泰""恒丰泰""同顺泰""洋中馆""示范厂"。

莘阳阿龙（1937—2006），原名叫邵龙成，白琳棠园莘洋村人，身高2.2米，体重115公斤，脚穿52码的鞋，身高为福鼎之最。1949年后，福鼎鞋二厂、厦门鞋厂、温州康奈鞋厂曾专门为他制鞋。

1939年，为避免兵祸，福鼎一中前身北岭中学曾迁移到白琳翁江肖家祠堂仓楼里办学，为期一年。白琳翁江成为福鼎唯一抗战后方学校校址。

据2003年版《福鼎县志》，1950年4月8日中国茶业公司福建省分公司在福鼎白琳双春隆茶馆（查考后实际是广泰茶馆，笔者注）旧址成立福鼎茶厂，10月迁址县城南校场观音阁，占地32亩。该厂为新中国福鼎县成立的第一个茶厂。

1951年冬，完成土地改革的乡村开始组织农业互助组，白琳翠郊乡雷成回成立全县第一个制茶互助组。

1956年，全县的药店实行公私合营。白琳平安里药店合营后，盘点资金金额达18934元，列福鼎同行之冠。平安堂中药店创建于1936年，由吴世和（又名吴阿亥）创办。

1958年5月，福鼎县国营茶场在翁江成立，称翁江茶场，1962年迁至百步溪。茶场始建于1956年，试验、推广茶叶短穗扦插技术，同年响应县政府提出开发"万宝山"的号召，动用数千劳动力，用几万个工作日开垦荒山，后因大炼钢铁停工。该茶场是福鼎唯一的县级茶场。

1958年，福建省文物考古队率先在白琳浦尾（湖尾山）、白琳寨、店基发现第一批石镞、石锛。这是省文物考古队第一次在福鼎域内发现了四千年前先人留下的文物。

1958年春，福鼎茶业职业中学成立。先是在磻溪创办，1959年迁白琳初制茶厂，学制2年，收50多名学生，毕业37人。校长为张德海、李弟古，具体负责人马坚忍。学生半工半读，与白琳茶叶初制厂、翁江茶场结合，学习内容有白琳工夫制造技术、育苗技术，1960年再招生，后停办。同年，白琳农中创办，由王颖超任负责人，学生27人，创办1年即停办。1964年白琳再次创办茶业中学，学生50人，校长戴瑞民，1966年停办。1964年翠郊创办茶业中学，1966年有4名茶中学生被选送到北京参加国庆观礼。白琳成福鼎唯一创办过3个茶叶中学的乡镇。

1959年3月21日，福鼎县首届农业插田比武大会举行，白琳翁江陈家焕、陈家修参加插秧比赛，分获第一名和第二名，这是白琳农民在福鼎县农技比赛上首获大奖。

1965年3月，为响应号召，福鼎国营茶场李观味赴非洲马里指导培育茶叶生产，历时1年半，为福鼎第一个参加援外的农业专家。

1971年，开展"远学大寨，近学勤俭"的群众运动。白琳梗树岔大队改名勤俭大队，大搞农田基本建设，平整土地，改革耕作技术名闻遐迩，成为当时福建省农业学大寨的旗帜。

1972年创办的白琳老区彩印厂，是当时全县最大的乡镇印刷厂，生产各种商标、包装装潢以及文化用品，销往新疆等10多个省、市、自治区，1989年产值达81.9万元。

20世纪60年代，在白琳北斗坪大赖等地勘测出高岭土矿。70年代，白琳镇办起全县最大的瓷碗厂，利用北斗坪高岭土矿石烧制瓷碗、电线开关盒、保险丝盒。

1996年10月，全国石材矿山管理建设研讨会在福鼎市召开，中国石材协会秘书长当场宣布"福鼎白琳大嶂山玄武岩为最大的建材矿山"。福鼎玄武岩矿山的规模不仅福建第一，也是全国第一。

1988年，白琳镇成立白琳玄武岩开发公司，至1996年建立金山工业园区，有300多家石材厂家在白琳落户。该园区现为福鼎最大石材加工园区。

白琳地名谈

陈少华　杨应杰　郑仲进

白琳旧称白林。清末民初，归福鼎县第四区；民国时期白琳行政区划数易，为白琳区、琳江镇、玉琳乡、白琳乡等；1949年后，曾为白琳人民公社、白琳区、白琳镇等。以下就白琳域内一些地名谈一谈：

统坪顶　最早叫董坪顶。玉琳最早迁居者为董姓，原住在店基，迁玉琳街头顶后，故名董坪顶。后陈氏迁居董坪，方言"董"与"统"音通，且董姓已迁走，董坪顶便衍化为统坪顶。

翠郊　原名水沟。旧时翠郊发生地震，使溪流变为水沟，故名。清咸丰年间，秦屿文人到洋里观瞻古民居时，认为水沟太俗，雅化为水郊，得到当地乡绅认同。"水"与"翠"方言音通，1949年后更名为翠郊。"文革"时改称朝晖大队，后恢复现名。

洋里　原为一片田地，翠郊吴氏迁居此地后，把这片洋命名为"钱铺洋"，"钱铺洋"内叫洋里，"钱铺洋"外叫新岔里。吴氏在洋里建造大屋，现留下来的洋里古民居就是远近闻名的翠郊古民居。

康山　位于白琳集镇所在地东南方1千米处。民国时期实行保甲制度，康山称家山，因那时王家山自然村中有一姓卓的人充当保长附会得名。家山村名后改为昆山村，得名于大嶂山，大嶂山是白琳方圆几十里的一座大山，"昆"意为大。"昆"与"空"方言谐音，民间视为不吉利，土改工作队进驻该村时改昆山为康山。

王渡头　位于白琳集镇所在地东南1千米处，在康山溪南岸。远古时代，白琳是一片浅海和滩涂，一条源自太姥山麓的溪流由西往东经白琳流向大海。昔日，海水沿溪上涨，船只可以直达溪南岸的一个渡口。传说这个渡口最早是一王姓人家摆渡，所以人们习惯地称这个渡口为王渡码头，简称王渡头。王渡头作为当年白琳通往秦屿古驿道上的一个必经渡口，与周仓岭脚下的岭尾村遥遥相对，名气之大历来在白琳康山诸村之首。

石床　位于白琳集镇所在地以西3千米处，在百步溪上游。相传村西有一块由六根天然石柱铺的巨型石板，形如一张大床，故美其名曰"神仙之床"，简称"仙床"。清末，仙床突遭雷劈坍塌，只存残址，故改名"石床"。石床下首的溪边原有"石脚盆""石夜壶""石棋盘"等不同形状的石头，后因洪水冲刷淹没。

沿州　在白琳集镇所在地东北 18 千米的海滨，原名大沿、小沿。元朝天历年间周姓迁到此地后，把大沿、小沿统称为"沿周"，民国时衍化为现名。

八尺门　在白琳集镇所在地东北 10 千米的海滨，古时成群白鹭经常聚集此地，故称白鹭门。远眺峡口似百尺之距，又名百尺门，明嘉靖十三年（1534）周门梁氏捐建一特殊石亭，长、宽、高都为 8 尺，后衍化为八尺门。

八尺门是一个泛称，既是峡口又是沙埕港内港，原名白水江。据《乾隆府、厅、州、县图志》载："自东来注有岩前溪、王孙溪、点头溪、百步溪，自西注入董江达白水江，东流来会，水势宽广，形如湖泽。"

亭下　建于后周显德年间的天王寺，旁有天王亭毁于 1958 年。许多人认为亭下因天王亭得名，误也。在统坪顶还有一座亭，叫"亭后壁"，由山后叶姓与垅墘李姓捐助建成，建造与毁坏时间无考，在上杨府爷宫南下首还有亭基，亭下因在亭后壁这一过路亭下首而得名。

柴头山　清嘉庆《福鼎县志·山川》载"车头山"，车头山峰峦连绵数十里，旧时树木葱葱，木柴很多，且"车"字的方言与"柴"音同，因此人们叫成"柴头山"。

敖尾　清光绪《福鼎县乡土志·十五都分编》载："浦尾一区尤为要害，昔秦如虎荡寇曾屯军于此。"旧时称其为浦尾。1958 年，省文物考古队改其为湖尾，白琳人方言称其为敖尾。

翁江　一直以来都叫翁潭，清同治七年（1868）《翁氏族谱》载："始祖宏济公，河南尧州人，唐僖宗时迁长溪县翁潭。"翁姓人最早迁居，见其四处皆水，故名翁潭。五年后，宏济公不适居住海边，梦见"逢猴指路，逢桑结址"，迁居磻溪桑园。翁潭之名一直沿用，1949 年改为翁江，"文革"时曾名为满江红大队，后复为翁江。

藤屿　原名叫沉屿，因村前有两小山，各有一棵特大的米糠藤，两藤合抱，包抄小屿，故名。

周仓岭　当地人误以为三国时周仓与关公来此，认为是周仓造岭，称其为周仓岭，误也。周仓岭头叫"岭头"，岭下叫"岭尾"。清嘉庆《福鼎县志》载为"昭苍岭"。

勤俭　梗树岔村"文革"时改名为勤俭大队，因名气太大，现依然有人称该村为勤俭。

管天下　白琳最"大"的地名叫"管天下"，实为"贯垅下"，以讹传讹。

玉琳八景

> 杨应杰

清光绪年间,一群文人根据白琳附近一年四季人文自然景观的变化,以"玉琳八景"为题赋诗,只可惜原诗稿已佚,只留诗名,现逐一介绍如下:

四斗凌云 该景点位于白琳南部正面,山前半岭四斗村,在大嶂山的半山腰。春季,云雾缭绕于山腰处,一阵风吹过,亦幻亦真,时隐时现,山形地势,煞是好看。

渡头茶市 春天茶叶上市时,来自磻溪、湖林、黄岗、水郊、棠园甚至泰顺、平阳的茶叶都集中在白琳王渡头,人头攒动,熙熙攘攘,十分热闹,是为一大景观。

吉星暮蝉 吉星即现金山,位于集镇中心区低矮的山上。山上有许多树木,夏季到来,许多知了集中在山顶的树上鸣叫,此起彼伏,尤其是在太阳渐渐西下时,鸣叫声更隆。

神天山(林钢生 摄)

马鞍暑月　　在白琳西南方有禄马山,山上有马鞍石。夏天圆月当空,高挂在天上,从白琳仰视,抑或登临马鞍石,乘凉赏月,对酒当歌,好不快哉!

水漈瀑布　　白水漈在白琳正南方,上游没有水库拦截时,常年有水,水势湍急,落差巨大,形成的瀑布既长且大。当时白琳房子低矮,在白琳古街或在贵坪、溪坪、浦尾处,举目便是瀑布挂前川,尤其秋高气爽时瀑布更显壮观。

浦尾蟹灯　　旧时围绕着白琳老街有两条溪流,南部一支水流多且大,是康山溪;北面是一支小溪,经统坪、后路、浦尾与康山溪在溪尾潭会合入海。秋季,毛蟹从下游洄游到浦尾溪生殖,既大且肥。浦尾是河蟹生殖聚居地,晚上易捕捞,灯光一亮,河蟹便无所适从,用手直接就可捕捉。很多人了解河蟹习性,便专门制作用于捕捉河蟹的蟹灯,一入夜,蟹灯点亮,斑斑点点的灯光,沿溪蜿蜒,好一派景象。

姥妯归樵　　古官道从亭下、里溪头、金刚墩、五蒲岭到三十六湾,既可入霞浦龙亭,也可经长安岭上太姥山,从亭头至亭下的岭戏称"姥妯"。冬季农闲季节,自白琳、翁江、倪家地甚至点头的农夫到三十六湾、蒋阳等地,砍柴做薪,傍晚时分,归樵成群结队,唱着樵歌,又是另一番景象。

神天积雪　　从白琳正南处望去,最先映入眼帘的就是神天山。冬季雪下得不大时,街上无雪,神天山的顶则会有积雪,遥望去,白雪一片,就如山顶戴着帽子,煞是好看。

白琳寨

🍃 林振秋　白　杨

在白琳东北麓，有一海拔约100米的山，从玉琳街上仰望山顶，林木葱茏，依稀可见的是方圆三四亩的断壁残垣，这就是充满传奇色彩的白琳寨。陈希立《先访白琳寨旧址》道：

寨址今朝见，蓬蒿没胫愁。
丛深鸟惊起，墙厚基围周。
岗阜如锅覆，荒山缺路求。
寨营何所事，待考识前朝。

白琳寨顶有许多石条石块，石质很好。以前，白琳当地群众搞基建时，不断从山上搬运基石，如中街茶商林氏曾雇工从白琳寨把墙基石挑到自己的后花园建路。20世

白琳寨旧址远眺（林钢生 摄）

纪70年代，统坪吴姓人家建住宅，也用寨里的条石做地基。白琳寨有4口水井，今天都已是枯井了，寨顶没有水源，当年这水从何而来呢？据考，水是对面周仓岭上白水漈瀑布的水通过陶管连接，利用水落差冲力引上来的。在20世纪70年代平整土地时，人们还挖到长短不一的陶瓷管碎片。1958年，从寨顶上的枯井里挖了不少的金属器械，说明山顶寨里还有不少兵器。在白琳下竹干（原变电所）有旧房址地基，驻扎着99户白琳寨官兵的家属，而白琳的百姓们却历来盛传他们是白琳寨中行劫来往客商的强盗的家属。

白琳为何建寨？建寨始于何时？当时何人守寨？翁家修于清同治七年（1868）的谱牒，为我们提供了重要线索。唐亡后，中原之外分裂为十国，浙江属吴越国，吴越王为钱镠，闽王王审知为了巩固自己的地盘，预防吴越王的侵犯，征集大量民工在边境建关修寨，其中在福鼎域内就有建分水关、叠石关、后溪关和白琳寨等。白琳寨建于后梁贞明年间，当时有重兵把守，扼守古官道。后晋天福四年（937）闽王曦称帝，授翁十四（磻溪桑园人）银青光禄大夫（诰命将士郎）为白琳寨统领，与谢俨一同领军驻守白琳寨。后晋开运二年（975）闽国为南唐所灭，翁十四率部归顺南唐，继续在白琳寨任职，仍担任抗御吴越国的使命。后周显德六年（960），赵匡胤以陈桥兵变登基，改国号为宋，于开宝八年（975）攻灭南唐，翁十四全体兵勇也于当年解甲归里。从939年至975年，翁十四在白琳寨守卫共达36年之久，而白琳寨建寨的历史，自915年至975年则达60年。

在寨兵撤后的1000多年里，白琳寨留给人们的谜团很多，有人说它是集结江湖好汉的山寨，有人说它是在古官道上行劫来往客商的强盗寨，也有人说它是流寓游民暂住之所，众说纷纭。1958年福建省进行第一次文物普查时，就在白琳寨附近发现一批石镞、石锛和硬纹陶竹碎片，经专家鉴定为新石器时代人类用具，说明4000多年前就有人类在此生息。如今寨址已无痕迹，白琳寨留给人们的只能是模糊的记忆了。

后岐码头：茶船古道的起点

🍃 白　杨

　　清乾隆《福宁府志》载："茶，郡治俱有，佳者福鼎白琳……"可见，白琳在清乾隆以前，就因生产优质茶叶被载入史册。白琳产茶历史悠久，其茶叶是如何运往外地的呢？

　　明代至民国，茶叶基本依靠海上运输，少量走陆路到温州或福州。人力运输到福州需要 7 天时间，运力有限。福鼎域内有沙埕港这天然良港，具有独特的地理位置和海况，既是避风良港，又是闽越交界地，港道和港口条件十分优越。据清朱正元《福建沿海图说》：北起福鼎，南迄诏安，共 31 个口岸的商船寥寥无几，但沙埕港的商船还有 1000 艘，仅次于厦门港的 1230 艘，居第二位。清光绪《福鼎县乡土志》记载沙埕港："每潮长，鱼船商艘，参差环泊，动以百计。民居缘山坡而上，栋宇云连，高下相错。其中，士者若而人，商者若而人，渔者又若而人……迩者，轮船开通浙北、闽南，百货毕集。本海道要冲，为交通商界，则贸易之隆、泉源之阜可跂足俟也。"沙埕港海洋运输历史久远，海上运输能力强，超强的物流不仅吸引福鼎本地船只货运，而且有外地甚至外籍大货轮参与营运。

　　特别是在"五口通商"后，茶叶出口急剧上升，达到 13.4 万担，创历史新高。福鼎的茶叶被广东和福建茶商以及港澳客商订购，通过沙埕港外运。

　　《福鼎县乡土志》载："福鼎出产，以茶为大宗。二十年前茶商麇集白琳，肩摩毂击，居然一大市镇。""茗，邑产以此为大宗，太姥有绿芽茶，白琳有白毫茶，制法极精，为各埠最。"白琳成为茶叶集镇，而且制作的白毫银针精良，为全国之最。

　　自古以来，白琳盛产茶叶，周边的磻溪、点头、管阳、太姥山也是重点产茶区。茶农将加工的茶叶或刚采摘的茶青，通过陆路运至白琳大茶行收购，霞浦、柘荣、泰顺等县所产的茶叶也都会汇至白琳。清朝中叶以后，全县的茶叶都聚集在白琳，这与"广帮"与"南帮"在白琳设立茶叶采购点分不开。"广帮"是广州茶商与白琳当地茶商相结合的茶行，"南帮"指来自福州、泉州等地的茶商在白琳开茶馆收购茶叶。一段时期里，白琳拥有 36 家茶行。白琳成为茶叶的重镇，生产的茶叶经过包装后，再通过肩挑、人力车运或牲畜运输输出，最后是大船运输，把大量的茶叶销往世界各地。

　　大船运输的起点就是沙埕港。白琳没有陆路直接到达沙埕港，茶叶先是通过人力、畜力运输到就近的渡头，经小船装载运至沙埕港，再经二次转运至大船，航行到福州、宁波、上海、广州等地。原来距离白琳最近的有后岐、宝桥等渡头，但是后岐因地理位置优势，迅速发展起来，最终成为后岐商港。

　　后岐原是临海渔村，距离白琳8华里。后岐港到八尺门港道浅，只有小船可通行。后岐码头离沙埕港只有30多海里，小船往返两地转运茶叶远比陆路运输便利。

　　后岐在唐代因陈逢而闻名。据清嘉庆《福鼎县志》："陈蓬，号白水仙。乾符间，驾舟从海上来，家于州之后岐。尝题所居云：'竹篱疏见浦，茅屋漏通里。'又云：'石头磊落高低踏，竹户玲珑左右开。'"从县志看，后岐在唐乾符年间就有人居住，而且位于海边，风景绮丽。

　　后岐成为码头是在清乾隆年间，因为白琳的茶叶贸易而盛大。当时每日都有茶叶源源不断地运至码头装载，因而后岐港通宵达旦都有人来往，繁荣一时。满载白琳茶商的茶叶和磻溪方向来的竹、木等土特产从后岐码头运出，从南边泉州、广州、福州和北边杭州、宁波、上海运来的南北京杂货、鱼货、糖、面粉、煤油等在这里聚集，然后供应白琳、磻溪甚至周边的县乡。短短几年间，后岐码头装载货物量和吞吐量位列全县第三，仅次于沙埕港和桐山流美码头。"有人流的地方就有钱流。"经商的、做手艺活的、小本买卖的人纷纷从各处迁居后岐村。一时间，后岐码头旁一条长仅200米的半爿街，有商户、仓库，甚至有戏台、赌馆等，人流聚集，热闹非常。

　　茶叶运输到哪里？《福鼎县乡土志》记载："白、红、绿三宗。白茶，岁二千箱有奇；红茶，岁两万箱有奇。俱由船运福州销售。绿茶，岁三千零担，水陆并运，销福州三之一，上海三之二。红茶粗者，亦有远销上海。"从中可见，白茶和红茶全部由船运到福州销售，绿茶与等级较差的红茶通过水陆销往福州、上海。

　　福鼎茶叶物流主渠道是：白琳—后岐码头—沙埕港—福州港或广州港—国外。福鼎拥有沙埕港等海路，使得茶叶从福鼎县白琳等乡镇源源不断运出，运回大量的真金白银与生活物资，造福福鼎百姓。

　　1956年，有了直通福州的公路后，茶叶的运输才从海运逐步转为陆上运输。近年来，由于内海湾滩涂的河床逐步被污泥吞没而消失了，码头不复存在，后岐码头遗留下来的只有一些记忆了。但作为白琳茶叶外运的起始点，它已被载入史册。

后岐商港

朱挺光　杨义文

后岐概况

后岐又名下坪仔，位于白琳集镇所在地东5千米，地处内海，依山濒海，地势狭长，为沙埕湾商港之一。后岐为多姓杂居的客地，在原有300多个住民中（大多数居民现已搬迁），就有30多个姓氏。其中杨姓到此最早，清康熙年间杨氏墓道的碑刻，至今犹竖之路旁。旧时港中潮汐涨落间，有两条小港道流达八尺门外，小船沿港道在潮水涨半时即可先抵码头。陆上有来自白琳方向的溪流，直接注入本港。港道颇深，300吨位的船舶可以航行寄碇。如今港道已淤塞，码头也不复存在。

港口的开辟

本港开辟距今已有150多年之久，为福鼎东南一隅水陆交通枢纽，大量物资都在此吞吐。因此，肩挑负贩及出卖劳力者，纷纷来此谋生，久之成家立业，成为此地的主人。交通渐趋发达，货运日臻繁华，后岐港口之地位随着形势的发展，成为福鼎当年交通重要商港之一。

全盛时期

清末，至抗日战争爆发之前，为商港发展的全盛时期。磻溪一带村落出产大量竹木，而白琳、翠郊、黄岗等处盛产茶叶，皆遐迩闻名。时令到来，山区物产云集于此，待运出口，颇为壮观。

茶叶为白琳之特产，每值新春，茶商云集。来自泉州、厦门的客商称为"南帮"，来自广州、香港的客商称为"广帮"，他们来到白琳和当地茶商一同设馆制茶。当时正式茶馆多达36家，双春隆、恒丰泰、合茂智等字号声名远播。1937年，出口茶叶多达6万余担，都用民船由本港至沙埕港中转福州而后外销（见下页附表）。正因为有后岐商港独特的交通便利条件，使得"白琳工夫""白牡丹""白毫银针""莲心茶"得以漂洋过海。

1937年福鼎港口货物输出表

货名	等级	产地	运往何处	运输及包装	输出量	输出价值	每包重量
二五大斗白毫	上等	白琳	由福州外运	木箱封闭，民船运至沙埕出口	527件	91000元	43市斤
茅白毫	中等	白琳	由福州转运	木箱封闭，民船运至沙埕出口	80件	4950元	46市斤
二五工夫红茶	上等	本县各地	由福州转运	木箱封闭，民船运至沙埕出口	500件	16000元	50市斤
绿茶		本县各地	福州、上海	水运袋装或篓装	139500斤	31040元	
红茶		本县各地	福州、上海	水运箱装	549000斤	61000元	
白毛猴	上等	白琳、磻溪	福州、上海及国外	水运箱装	37800斤	45300元	
莲心茶	中上	本县各地	福州、上海及国外	水运箱装	1073000斤	11500元	
黄茶	中	本县各地	福州、上海及国外	水运箱装或篓装	959000斤	95500元	

进口物资，以百货为大宗，都由外地船运到此地，仅带鱼、带柳两种海鲜，每年就达数万担。一条长达二三百米的狭窄半片街道，拥有盐仓和大小商店数十家，大店如许长兴棉布号、大利南货行、菜馆、客栈、染坊、硋店等应有尽有。港口船只，经常停泊数十艘之多。每当大船进港抛锚或扬帆启碇之时，港内其他船只，都为之鸣炮迎送。自白琳至码头的十里途中，货运来往如流，盛况一时。

衰落

抗战时间，海口受到封锁，货运断绝往来，本港中转物资大受影响。1949年至1978年，商港还在发挥它特有的作用。改革开放后，公路通畅，车运活跃，本港比较偏僻，水路运输逐渐为陆运所取代。八尺门海域外建设外运重型先进码头后，本港码头为5里外八尺门码头所取代，完成了它的历史使命。

20世纪80年代，在政府的扶持下，原码头地段筑堤围海百亩，开发港边海涂养殖对虾、鲟、蛏等海产，目前势头很好。

八尺门

杨应杰　周孝端

八尺门东距白琳集镇 10 千米，是白琳镇古时通往桐山、店下、秦屿、沙埕、南镇等地重要的渡口。清光绪《福鼎县乡土志》中就载有八尺门渡，渡的北侧在桐城街道辖区的池干村，南侧属白琳镇藤屿村渡头自然村。渡口两山夹峙，港道在此收窄，水面看似平静，却是暗流汹涌。两渡之间有专门的船司职运输，南侧由藤屿汤姓族人掌舵，北侧由夏姓族人掌舵。渡船船票从 1949 年后的 5 分钱到后来的 5 元钱，一直延续至沈海高速公路开通之前。

八尺门原先并不叫八尺门，关于其地名由来有多种不同的说法。

一说古时成群白鹭经常聚集此地，称白鹭门，衍为八尺门；一说远眺港口似百尺之距，名百尺门，后讹变为八尺门；一说在八尺门南侧有石亭一座，长八尺、宽八尺、高八尺，因而得名。

渡口南侧的渡头自然村至今留存有经多次修复的八尺门古神龛（石亭）。神龛其实就一石洞，已半截陷入路基之下。新修建的神龛门口呈圆拱形，门口上方用苍遒有力的古篆体书写"八尺门"三字，龛内陈设简单，内壁上方石条横刻有"憩息问津"描边字体，下方有一石碑，碑的主体雕刻有阿弥陀佛像，佛像上方刻有"祈嗣"二

八尺门远景（林钢生 摄）

字，右刻"福宁州拾叁都大巽中境龙同陈大梁拾　石洞"，左落款"龙　嘉靖三十六年　巳岁四月二十一癸卯日"。神龛外面天地炉旁边还有一石碑，碑上石刻楷体文字依稀可见。碑的上方横刻标题"尘落十五都"，左侧首行有"合将重修葫芦门连阿弥陀佛……"字样，中有各出资人姓名，最后落款为"大清光绪三年拾月"。

古时，横渡过岸是周边村落人进城的必经之路，行人商贾在这里候船经常遭受风吹雨淋。明嘉靖年间，当地村民陈大梁，为求子祈嗣而行善积德，在渡口处挖个土窟，以方便候渡之人歇脚。因土窟形似葫芦，便以葫芦门窟相称。葫芦门在当地还有一种说法，俯瞰八尺门湾，内湾开阔，在此收窄缢细，形似葫芦，隘口细腰之处便称为葫芦门。

葫芦门窟后经多次修葺，逐渐演变成一个立方体神龛石亭。石亭依山而建，以弯条石拱成亭的顶部，像陕北的窑洞。因石亭长八尺、宽八尺、深八尺，于是又称为八尺门。20世纪60年代汤姓掌船人和测量水文的人都住在石亭内。随着年代的推移，八尺门一名渐噪，外来行人商贾多把渡口及两岸村庄泛称为八尺门，以至于鲜有人知道渡口南北两侧的池干村及藤屿村的渡头自然村，而葫芦门的名称更是早已淹没在历史的尘埃里了。

后北侧的池干村将村名注册更名为八尺门村，而沈海高速在白岩村设立互通口也以八尺门命名，当地及周边的群众多以南侧的渡头自然村为"正宗"八尺门，从而在沿八尺门港衍生出了三个"八尺门"，互成"犄角之势"，时有客商混淆而乘错车或寄错快递的情况发生。

八尺门内是沙埕港内港，原名白水江。唐乾符年间，白水郎族居白琳，船只进出此处水域，因而得名，八尺门渡口则是白水郎停船处。清洪亮吉《府、厅、地、县图志》载："自东来注有岩前溪、王孙溪、点头溪、百步溪，自西注入董江达白水江，东流来会，水势宽广，形如湖泽。"所述即沙埕湾内港桐山溪至八尺门一段。港内四面山丘环抱，南北长10.5千米，东西宽2—4千米，面积约为30平方千米（现由于围海造田滩涂养殖，面积缩小很多），呈不规则长布袋形，沿岸为白琳、点头、桐城三乡镇各村庄。八尺门由于出口狭窄，受风浪影响小，是优良的避风港。从此处水道分西、西北、西南三条支道，分别到达点头、外盾、白琳后岐。

八尺门内港常年平均气温18.3℃，八尺门两岸之间最短距离400米此地降水主要集中在5—9月，夏季多东南风，台风主要发生8、9两月。内港水深2.7—14.3米，历年潮位高潮最高4.15米，最低0.93米，平均2.48米；低潮最高0.44米；潮差历年最大6.82米，最小0.99米，平均4.13米。附近大潮6.6米，小潮5.6米，平均4米，是理想的潮汐电站选点，可建造36000千瓦潮汐电站。

八尺门原来没有码头，但内港中西有点头码头，西南有后岐码头，两码头分别是点头镇和白琳镇大宗物资的集散地。远在宋朝，就有外地商人经过八尺门到此地经商，但自宋迄清初的几百年中，海运并不发达，两码头作用并不大，到了清朝海运解禁，码头逐渐繁荣，白琳盛产遐迩闻名的茶叶源源不断通过八尺门港道远销海内外。1992年，八尺门建成了500吨级玄武岩专用码头——京琳码头，更多货流在八尺门码头完成。现如今已建有名京物流码头，为福鼎物流做更大贡献。

八尺门古时就有渡头，依靠人力小船连接南北交通，运力十分有限。2000年动工修建福宁高速公路福鼎A3标准的八尺门特大桥1300.57米，总造价8000万元，采用预应力混凝土连续钢结构，在2004年1月1日前完工，从此"天堑变通途"，八尺门大桥成为闽浙交通大动脉。沈海公路在八尺门设高速路互通口，通过10千米的二级公路连接白琳镇。2009年兴建的杨八公路（龙安杨岐码头至八尺门公路），2010年竣工后使白琳在公路运输方面更加便捷。

2016年，连接八尺门渡口两岸的另一座八尺门大桥也竣工通车。该桥全长约527米（修建长度455米，单跨跨度200米，宽33米），投资总额约为2.96亿元，是一座独塔斜拉大跨度钢箱梁景观桥。新建的八尺门大桥与高速跨海大桥相呼应，是实施城市发展"东扩南移面海环湾"战略的重要项目之一，也是城区未来向点头、白琳发展的枢纽工程。

康山村人文历史述略

陈少华

康山村民国时称"家山村",是因辖内的王家山自然村有一姓卓者当保长而附会得名,以示保长之"权威",突出管辖之中心。1949年后改为"昆山村",是因域内的大嶂山是白琳方圆几十里的大山,"昆"为大。方言"昆"与"空"谐音,称"昆山"犹"空山",无形中让大多数人产生一种不吉利的感觉。时值新中国成立初期,社会变革,百废待兴,土改工作队一进驻该村,就把村名正为"康山村"。

1968年6月,原来的白琳区公所更名为白琳公社革命委员会,辖下的所有大队名称也随之更新,康山大队改成了"复兴大队"。1971年1月,改用"康山大队"这一称呼。

古时,康山是一片浅海和滩涂,海水沿溪上涨,船只可以直达溪南岸的一个渡口。传说这个渡口最早是一姓王人家摆渡的,所以人们习惯地称这个渡口为王渡码头,简称王渡头。王渡头村作为当年白琳通往秦屿古驿道上的一个必经渡口,与周仓岭脚下的岭尾村遥遥相对,名气历来在康山诸村之首,在不少老人记忆里,王渡头就是康山,言康山必称王渡头。现在官井洋1300多亩良田和周边的溪坪、王渡头、坑门里、岭尾、柘里、下炉、竹栏里等村都是当年的浅海和滩涂。

1949年后,康山和全国所有农村一样,经历了土地改革、互助组、初级社、高级社和人民公社的发展过程。新中国成立初期成立康山乡,由14个村组成,有上半片与下半片之分,上半片包括山后、五箩洋、山前、半岭、屋斗、四斗、坑门里等7个村;下半片包含溪坪、王家山、王渡头、岭尾、柘里、下炉、竹栏里等7个村,其中的柘里、下炉、竹栏里3个村于1972年组成茶场划归白琳公社革委会直接管辖,时称白琳公社茶场。

昔日白琳有36家茶坊,小小康山就有多家,如洋中坊、桥头坊、广泰坊、胡信泰坊等。1950年,福鼎第一家茶叶初制厂在白琳开业,厂址设在广泰。当时全县公认的十大茶叶评审师,康山就占两名:溪坪村的陈延策和王家山村的颜其古。1958年,福鼎县茶业局与文教局联合在广泰开办两年制茶业中学,为培植茶园、评审茶叶、精制茶艺培养了众多的人才。

康山办学历史较早，1905年，热心乡村教育的溪坪村陈凌霄、"胡信泰"胡邦彦、岭尾村许春槐等人发起创办了时称区立玉琳高等小学堂，堂址设白琳溪坪文昌阁。1949年后，政府分别在山前、岭尾、坑门里、王渡头等村开设公（民）办小学。经1996年扩建后作为村级完小的康山小学，办学条件不断完善，教师和学生不断得到充实。2003年8月，为充分利用教育资源，进一步提高教学质量，市教育局将康山小学改为白琳第二小学。

1952年，福鼎县酿酒总厂继秦屿之后在溪坪村原桥头茶坊开办第三个酒厂——白琳酒厂，专门负责点头、磻溪、管阳等乡的黄酒专卖供应。1958年，福鼎县二轻局在王渡头村原洋中茶坊创办全县首家造纸厂，当时拥有120多个工人，整套工序全用手工制作，生产的民用纸张质地良好，供不应求。

王渡头村有一座远近闻名的水碓，是白琳四大水碓之一。新中国成立初期，苏氏和章氏从辗转多次的交易中，合股购买了这个坐落在溪梅树潭边的水碓，重建碓房，整修水渠，碾米磨面，便利民众。这个水碓在20世纪60年代初农村碾米机械兴起后破败消逝，约有百年的历史。

提起广泰徐氏提线木偶剧团，至今在康山上了年纪的老人心目中还留着挥之不去的记忆。徐振朝原是福鼎管阳天竺人，为躲避抓壮丁，改名换姓来到白琳，在康山广泰立脚。新中国成立初期，他凭借着自己年轻时能够操作提线木偶的本事，创办起了家族式的提线木偶剧团。提线木偶表演是当时农村中一种群众喜闻乐见的文娱形式，每逢春节或是农闲季节，徐氏提线木偶剧团就受聘活跃在白琳及其附近的乡村。"文革"后，徐氏提线木偶剧团与翁江姚氏提线木偶剧团组合成了"白琳京剧木偶剧团"，又活跃在白琳及其附近的乡镇，甚至远涉浙江泰顺、苍南等地。

沧海桑田，现在展现给人们的康山地势犹如一个葫芦，东面与南面是崇山峻岭，西面与北面是山地丘陵，中央平缓地带与翁江相连，一直通向五里外的大海。不管是浅海滩涂上衍生的村庄，还是深山老林里开拓的村落，历史的车轮滚滚，康山已然跨入了新时代。

一山一水一洋话康山

陈少华

康山地处白琳镇所在地东南方向，是白琳镇四大行政村之一。在其 4.5 平方千米的区域内，居住着 589 户、2400 多人，其中畲族 230 多户、720 多人，是畲族行政村。全村林地 3600 多亩，可耕地面积约 1500 亩。

康山东临太姥山余脉，西倚金山，南接白琳第一大山——大嶂山，北连浦尾山。康山溪从康山中央平缓地带缓缓穿过。青山碧水哺育了康山，使它成为富庶的地方。

大凡到过康山的人，一定会对一山一水一大洋印象深刻。这一山一水一大洋分别是大嶂山、康山溪和官井洋。

大嶂山

大嶂山在康山之南，从其正前方远远望去，高耸的山体宛如一顶半圆的将军盔帽扣下，威武雄壮，故名"大将山"，后衍称"大嶂山"。

大嶂山盛产玄武岩矿石，已经探明储量达 5000 万立方米，可开采量达 3800 万立方米。其矿石成条柱状，矿体结构酷似金字塔，被地质专家誉为"东方奇石"。

兵荒马乱的年代，不少氏族为避战乱图谋生，远离平原迁徙到深山老林繁衍生息。大嶂山是白琳第一大山，蕴藏着丰富的山地和林地资源，可以为人类提供基本的自然生存条件，因此成为不少逃难、迁徙者的落居之地。

大嶂山分南坡和北坡，北坡俗称山前，南坡习称山后。山前诸村聚居着畲族，山后诸村散住着汉族叶氏，他们都是当年迁徙者的后裔。

畲族雷氏祖先在明朝从福建罗源迁徙到山前，后来蓝氏、钟氏相继也迁来，他们在那里拔茅结庐，开山造田，以山前村为中心开拓屋斗、四斗、九斗等村落。叶氏祖先几乎也在雷氏迁徙到山前时，从河南滁州松阳迁徙到山后安营扎寨，筑田造林，以山后为基点拓荒五箩洋、半岭等地。

随着人口的繁衍、耕地的扩大，山前诸村的畲族慢慢地向大嶂山山麓发展。很久以前，大嶂山山麓三面环山，一面向海，较为平缓，向海一面传说有两座小山对峙，恰似山门，当地人就把这形似坑底之地称为"坑门里"。坑门里不仅保持着以雷、蓝、钟为主的畲族分支,后来也融入了吴、李、杨、严、涂等汉族姓氏,历史地形成了民族和谐的村落。

山前不仅是少数民族村,而且是革命老区基点村。早在土地革命战争时期,因这里森林茂密,人迹罕至,成为地下革命交通站,掩护地下交通员安全过境,提供农民暴动用的大刀、长矛。1930年前后,钟大湖等福鼎老一辈革命者,经常以这里为秘密通道,避开国民党反动派的围追堵截,绕过大嶂山与周仓岭交界处的章家山,前往当时福鼎县委下南区——白琳柴头山园坪村秘密集会,策划暴动,指导地下革命活动。

康山溪

一溪源自太姥山麓磻溪镇的五蒲岭,由西往东穿过康山中央平缓地带,人们习惯把流经康山这一段称为康山溪。

康山溪从白琳金山脚下流经康山的新厝、溪坪、广泰、胡信泰、王渡头、七箩岗、官井洋、溪尾潭等地段,在溪尾潭与从西南方向汇入源自大嶂山山麓的寒泠溪,全长大约2千米。

康山溪承受了历史上多次特大洪水的冲刷,曾经改道多次,形成了大小溪潭4处。上游的长潭也叫小孩潭,潭水清浅,潭底平坦,最深处只没到小孩胸脯,是孩子们夏天游泳的乐园。中游的梅树潭,因潭岸有一棵老梅树而得名。下游的水坝潭,是康山溪流经官井洋最深的溪潭,呈"U"形,潭水幽深,漩涡不断,是官井洋1300多亩耕地的天然水库。与翁江交界处的溪尾潭,潭面开阔,水流平缓,既是天然的游泳池,也是垂钓的好地方。

20世纪70年代,白琳公社革命委员会发动群众"大干快上"改造康山溪,康山溪被整治改造成了从金山脚下笔直地流向与寒泠溪交汇处的一条大水渠。这条大水渠虽然比整治改造前缩短了0.5千米,但是两岸土坝斜陡不一,受洪水冲刷随时都有崩塌的可能,或宽或窄的溪底高低不平,坑坑洼洼。康山溪昔日那优美的曲线流水和幽深碧绿的溪潭,从此在人们的视线中消失了。

2000年新春伊始,白琳镇党委、政府划拨专款600多万元,重新治理康山溪,向上游延伸到玉琳的后溪村,向下游延伸到翁江的小湾村。

一年之后,治理一新的康山溪以别样俊秀的面貌展现在世人面前。康山溪全段溪底拓宽至30米左右,而且全部浇灌上15厘米左右的混凝土;3米高度不等的块石溪坝分砌两岸,两岸道路宽敞,水泥线杆林立,民房鳞次栉比;岸边或安上整齐划一的水泥护栏,或等距离种上婀娜多姿的细丝翠柳和香飘四季的常青桂树,或筑起可以栽种各种花卉的护栏花圃和绿地。在溪岸上漫步，别是一番赏心悦目。

昔日康山溪，只在溪坪村上首的溪滩上铺就一小段碇埠，和在其下首的梅树潭上侧架设一座低矮的石板桥。治理之后的康山溪，在 1.5 千米的流程中，就有 5 座大桥飞架两岸。

康山大桥位于溪坪村与王渡头村之间，是康山村委于 1996 年 12 月集资在石板桥原址上拓宽修建的，长 30 米，宽 8.5 米，由钢筋混凝土浇灌而成；大桥灌有 4 个桥墩，桥面主通道宽 6 米，两旁人行道宽各 1.25 米；桥两旁各立 22 根水泥柱子，水泥柱子之间由空心镀锌管连接着。该桥于 2000 年 6 月再次拓宽加固，以确保行人安全。在康山大桥上游建有一座清河大桥，位于白琳第二农贸市场与王家山村之间，是王家山居士林佛教于 2001 年 11 月募资修建的。整座大桥只灌一个桥墩，桥身长 21 米，宽 7 米。金山大桥位于白琳金山工业区与柘里村之间，是白琳商会为缓解金山工业区运输车辆拥挤，于 2008 年 12 月集资扩建的。大桥厚实稳重，造型精美，灌有 4 个桥墩，桥身长 33 米，宽 9 米。在康山大桥与金山大桥之间，还建有两座大桥，都是位于金山工业区与王渡头村之间，一座名为玄武大桥，一座也叫金山大桥，两座大桥的造型、所用建材大致相仿。

源自大嶂山山麓流程约 1 千米的寒冷溪，是康山溪的姊妹溪。2008 年 3 月由福建玄武岩石材有限公司出资，疏通了溪道，加固了溪坝，还在其上修建了坑门里桥。

官井洋

康山中央平缓地带就是官井洋，它是南边的岭尾洋和北边的七箩冈的合称。自 1990 年大嶂山玄武岩矿山开发以后，又以康山溪为界，把北边的七箩冈开辟为白琳金山工业区，在南边的岭尾洋建立了农田保护区，在与康山溪毗连的溪滩上建成了移民新村。

七箩冈上的白琳金山工业区，是大嶂山玄武岩矿山开发的衍生体，归白琳镇政府管辖。区内建有 360 多家石板材厂，是白琳镇石板材支柱产业的集散地，年加工石板材 1500 多万平方米，年生产总值约 10 个亿。

岭尾洋农田保护区，耕地面积大约 1300 亩，是康山水稻主产区。保护区以康山溪和寒冷溪汇合点为起点，扇形似的向西辐射至王家山山麓，向西南辐射到大嶂山山麓。这一片耕作区主要由溪坪、王家山、王渡头、岭尾、坑门里等村农民承包耕种，仅单季稻年产粮食大约 65 万斤。

在岭尾洋农田保护区附近的山坡上，现在还隐约可见一条废弃了的水渠，那是 20 世纪 70 年代白琳人民的"红旗渠"。这条发自白琳金亭水库，流经神天山麓水电站的人工水渠，环绕岭尾洋后向下炉方向流去，是当年康山、下炉、翁江、旺兴头等大队的水利命脉。现在前往坑门里村的路口，还横跨着一条十拱渡槽，石块砌成，高5米，记下了当年白琳人民战天斗地的历史。

1998年2月18日，大嶂山玄武岩矿山发生严重滑坡事件，造成山前田头下村重大伤亡事故。为了山前诸村人民的生命财产安全，1998年8月，白琳镇党委、政府正式决定在官井洋与康山溪毗连的溪滩上建立移民新村。现在新村从山前诸村迁来的住户，连同1995年9月为扩大玄武岩矿山开发的需要从山后诸村迁来的住户，有200多户、600多人。

说起移民，山前诸村上了年纪的老人永远忘不了历史上的那一幕。那是1930年前后，国民党福鼎党部纠集大批人马，对作为革命交通站和革命大后方的山前诸村坚壁清野，用刀枪驱赶民众下山，美其名曰移民王渡头村。民众多有不从，明拖暗抗，但都无济于事，甚至还遭到毒打。被迫迁到王渡头村的民众，既不能上山砍柴，也不能回村种地，还常常受到秘密监视，或几户人家挤在一座破庙里煎熬，或分散寄居于王渡头村各户度日。

近几年来，官井洋移民新村在白琳镇村建部门统一规划下，与毗邻的王渡头村一样，到处楼房一幢幢，道路平展展，沿溪花圃绿地规整，街巷路灯通宵明亮。在新村繁华地段还建立起了"福鼎市白琳康山民族文化活动中心"，每逢正月十五就搭台举办"元宵歌会"，当地和附近的畲族山歌爱好者自发到场对歌，还邀请前歧、硖门等乡镇的畲族同胞参加。歌会台上，双方歌手身着畲族服饰，以畲族形式的语言、风趣的曲调，相互挑战又相互回应，气氛浓烈，不失雅兴。对歌形式应有尽有，有一人独唱，有男女对唱，有以一对数的挑战唱，还有一对一的对抗轮唱。每场歌会好不热闹，吸引着十里八乡的听众。

（本文参考了李学勉、陈明国提供的资料）

20世纪70年代的康山溪改造

郑 明

康山溪发源于小太姥山脉的五蒲岭，流至翁江下坪仔与内海交汇，原是一条弯弯曲曲、自然奔流的河道。1976年10月，白琳人民公社响应毛主席"以粮为纲，全面发展""农业学大寨"等号召，发扬愚公移山精神，改造康山溪，截弯取直，重造了一条高标准河道，变溪滩为良田。公社举全镇之力，按工程量分工到19个大队、258个生产队。10月6日，在竹栏里生产队召开大战康山溪誓师大会，田头和滩溪上竖着巨幅标语："愚公移山，改造康山溪""与天奋斗，其乐无穷；与地奋斗，其乐无穷"。3000多干部、社员自带工具、铺盖、伙食，入住附近村庄，没土箕自己编，没板车自己造，硬是一锄一铲、一土箕一板车，挖啊填啊，肩挑手提，一直干到大年三十才各自回家过除夕。当年才完成工程量三分之一，新溪也没有改通，过了年之后大家投入春耕生产。

直到1977年冬，又继续大规模展开改造康山溪运动，并加大力度，投入劳动力达5000多人次。公社的广播每天早晨5点就开始播音，金山和敖尾山顶上装着高音喇叭，军号声、歌曲响彻夜空："学大寨，还要大干，千军百马齐参战……""下定决心，不怕牺牲，排除万难，去争取更大的胜利！"大家天蒙蒙亮就出工，面迎凛冽的寒风，脚踏坚硬的冰霜，各大队支部书记、大队长带队，每3天按进行工程量评比，广播、专栏上进行公布，表扬先进，激励后进。经过大干苦干又一个寒冬，累计完成土石方几百万立方，新造良田1000多亩，使康山溪呈现新貌。

柴头山概略

蔡良绥

柴头山明代以前称"鹿洋山""禄洋山",明末改为"车头山",因福鼎话"车"与"柴"读音相似,20世纪中叶改称"柴头山"。

嘉庆版《福鼎县志》:"车头山,峰峦连属,绵亘数十里。东为印脂山,亦曰寿山。或云居此多寿。"

清乾隆四年福鼎建县后,柴头山属三都(白琳大部分村属十五都),位于白琳镇的东南方,正南与小太姥山接壤,平均海拔430米,山体多为花岗岩,土层厚度平均2.5米,占地81平方千米。

自古以来,通往山上有周仓岭、石狮岭、尚书岭、旺兴头岭、巽城岭、吉坑岭、柴岭等,其中周仓岭、尚书岭、吉坑岭是唐宋时期的古道。古道上建有几座茶亭,一是周仓岭茶亭(今废),只留遗迹和现代人所立的石碑;二是尚书岭中间的牡丹亭,现只留下四周墙体;三是吉坑岭的半岭亭,也只留下遗迹;四是巽城岭亭,又称秀阳亭,保存尚好。

柴头山片原有6个行政村,分别为郭阳村、秀阳村(大丘头)、坑里洋村(马仙宫)、外宅村、梗树岔村(勤俭村)、马山村(今属店下镇)。20世纪60年代,6个村组成小公社名外宅公社,办公地点在坑里洋的马仙宫。

郭阳村

郭阳村东与太姥山镇吉坑、彭坑两村相邻,南与太姥山镇才堡村相接,西与磻溪镇金谷村交界,北与本镇康山、外宅两村相连。973县道(原省道沙吕线)贯穿而过,是以前秦屿通往白琳的交通要道。距白琳集镇8千米,距福鼎市区30千米。全村耕地2002亩,茶园约2700亩,林地14512亩(不含郭阳林场),平均海拔约260米,最高海拔712米,山地资源丰富,花岗岩地貌,山清水秀,雨量充沛。全村有15个自然村,436户1863人。经济收入主要以茶叶、毛竹、水果为主。福建省级龙头茶企白天鹅茶业公司落户本村。

陈家洋自然村有一棵500多年的古榕树。刘坑亭自然村有一座建于清朝时期的双拱石桥和建于明朝时期的刘坑亭马仙宫。松坪自然村有一处落差近百米的石岭岗瀑布。郭阳林场占地约7000亩，动、植物资源丰富，生物多样性保护良好。

秀阳村

秀阳村位于柴头山东部，东临店下镇，西至坑里洋村，南靠太姥山镇，北接沿州村，距离福鼎市区40千米，距白琳镇区15千米。村所在地以陈氏、郑氏为主，保存有明清古厝。"东阳陈"为福鼎陈氏较早的聚居地。三兜树自然村为王氏居地，是闽王王审知后裔。彭家洋自然村为邱氏后裔聚居地。东阳山自然村是福鼎县土地革命时期成立的"福鼎县苏维埃人民政府"驻地，该村的陈鼎专为首任福鼎苏维埃人民政府主席。

秀阳村主要地貌类型为江南丘陵，周边山体坡势较缓、植被丰富，地面自然标高一般为海拔280—350米左右。地属亚热带海洋性季风气候区，海洋性气候特征显著，雨量充沛，日照充足，无霜期长。

2021年底全村总人口1800人，总户数490户，外出打工经商者80人。主要经济作物有茶叶、太子参、马尾松、毛竹及柑橘等。

坑里洋村

坑里洋村地处柴头山中心，是革命老区基点村，全村总人口1497人。距集镇15千米，东临秀阳、梗树岔村，西与下炉、翁江村交界，南与外宅村相邻，北与旺兴头村交界。全村主要作物有茶叶、水稻、林木、太子参、黄栀子等，平均海拔450米，适合高山茶种植。

朱家洋自然村林氏、岙里自然村周氏均于宋代迁居于此。福鼎县最早成立的农垦企业翁江茶场分场就设在此村，建有福鼎大白茶、福鼎大毫茶的良种采穗田本园。村民主要收入以有机茶叶为主，福建省级名牌企业裕荣香茶业厂房就坐落于村西北部，周围是该企业2000亩的有机茶基地。距裕荣香茶业厂房往西800米有一处明代抗倭炮台、清代通关遗址。山上空气清新，环境幽美，适合发展现代农业三产融合的旅游观光业。

外宅村

外宅村东面与秦屿吉坑为邻，西、北两面分别与白琳镇郭阳、坑里洋、下炉村相连，处于白琳、秦屿两镇交界处。村委会所在地距集镇11千米，距福鼎市区28千米，通村公路已实现路面水泥硬化。

全村共辖11个自然村，共295户、1089人，主要少数民族为畲族，约占全村人口5%。全村土地总面积为12025亩，主要为丘陵地形，地势起伏。全村共有耕地面积1485亩，其中水田848亩，旱地637亩，林地面积3762亩；林木蓄积量约4000立方米，森林资源丰富。

外宅村是革命老区基点村。刘英、粟裕、叶飞、林永安、陈振鼎等曾在该村开展革命活动，与国民党展开了艰苦卓绝、不屈不挠斗争。工农红军英勇作战，在国民党统治地区开辟闽东革命游击根据地，挫败了国民党的多次"围剿"。1937年8月31日晚，一批同志在外宅陈氏祠堂召开会议，由于遭到反动派袭击，林永安、陈振鼎等9位同志壮烈牺牲，这就是"外宅惨案"。为了缅怀先烈、激励后人，1984年福鼎县人民政府在此建有"外宅村因公牺牲之墓"。外宅自然村还有红军烈士墓，为1935年红军AB团杀害的红军遗骸墓塚。

梗树岔村

梗树岔村位于白琳镇柴头山东北部，距白琳集镇18千米，全村人口1160人，辖12个自然村，总户数302户。全村水田面积1320亩，茶园1100亩，林地面积2346亩。

20世纪70年代该村是福鼎县农业学大寨的榜样大队，时称"勤俭大队"。当时大兴土地平整，开展农业生产机械化运动，留下许多故事。村内有2座古刹，分别为上坑岭庵和棋盘庵。白琳镇政府在大山自然村建立了有机茶场，面积约290亩。

马山村

马山村位于柴头山最东端，现为店下镇所辖，距白琳集镇10千米，全村共有445户、1745人。全村耕地面积1280亩，其中水田870亩，林地面积9800亩。马山村与白琳所辖的柴头山5个行政村紧密相连，也是其他5村往店下镇的必经之路，曾是闽东红军的重要活动据点之一，是老区基点村。

大赖村

周国强　郑祖凤

"大赖"是闽南方言"到来"的谐音，传最早迁居大赖的村民，搬迁到外地几年后，又重新迁回（到来），故名。

清嘉庆《福鼎县志》："治南二十七里为十五都，原州遥香里二十都……柘底、汉山、大赖、南山里、天王亭、后溪。"可见，清中期大赖村即已存在。

大赖村有大赖、坑尾桥、火炮垱、上盘、西瓜坪、车坪、南门岭、五里牌、亭头、金堰等自然村。大赖自然村全部姓郑，约450人；坑尾桥自然村皆姓周，有300多人；火炮垱村民都姓林；西瓜坪、南门岭、车坪等村是畲族聚居的村落，其中西瓜坪村民姓雷，南门岭村民姓蓝，车坪村民雷、蓝、钟3姓都有。

郑姓先祖第一世泄公，生于明代，授户部尚书，自南京搬迁至大赖。郑氏先祖文山公（又名裕隆公）建造的寺庙大赖庵（又称上庵），建于清康熙十四年（1676），可见郑氏迁居大赖至迟在明末清初。位于村尾的大榕树，林业局标注古树树龄300多年，亦佐证了郑氏迁址的时间。郑氏宗祠与郑氏众厅也建于清代。

西瓜坪、南门岭、车坪自然村，有雷、蓝、钟畲族村民计300多人，占大赖人口22%以上。《福鼎文史》第十一集《福鼎县蓝氏畲族的来源与迁徙》记载：南门玲蓝姓九世邦武于1887年30岁时由白琳天凉亭搬迁至此，繁衍生息。

古官道从福鼎至霞浦经过亭头、金堰、南门岭、五里牌等自然村。坑尾桥自然村位于古官道支道上，从柘荣、磻溪、湖琳等地而来的村民必须从坑尾桥经过。坑尾桥因桥而得名。

古代的坑尾桥两端分别建有2座宫祠，西面一座供奉泗洲文佛，东面一座供奉白马爷。桥的下方有一口古井，盛夏季节直接饮用，清冽无比。桥的周围古树林立，形成了一个小气候带，清凉舒适，是盛夏纳凉的好去处。坑尾桥的建造都是周氏捐建或倡建。据考，周氏清乾隆年间就已经迁居坑尾桥，在上庵的下首建设下庵（今废）。

福鼎市金堰水库所在地就是金堰自然村，位于太姥山西麓的五蒲岭脚下。金堰水库1970年动工建设，1976年完工。金堰自然村有一座亭，立于亭头，老百姓均把金堰水库称为亭头水库，蓄水量达195万方。它的建设解决了白琳居民饮用自来水问题。

五里牌林场属于白琳镇办林场。"文革"后期，福鼎县各公社纷纷创办林场、农场，这是当时一项重大政治任务。白琳公社把林场选址五里牌自然村，发动全社农民种植树木一万多亩，林木主要有杉树、柳杉、松树等。其中，200亩的茶园作为森林隔离带间种。

自古以来，大赖村以种植水稻、番薯等粮食作物为主业，茶业、柿子、竹林和林木经济作物为副业。随着茶产业高质量发展，大赖优质茶叶被许多茶企信赖，大沁、大廷等茶企入驻大赖村，专门收购茶叶，逐步实现茶园基地化。

由于大赖的下游有金堰水库，优质的水源环境使大赖村云蒸霞蔚，而上游五里牌林场的大片森林，二者造成大赖的小气候特别适合茶树生长。加上大赖茶农传统种茶经验丰富，使得其茶叶品质优异。目前，大赖村已经规划1500亩高质量茶园纳入福鼎市现代产业园项目。

我的家乡东洋山

陈起兴

我的家乡在白琳秀阳行政村东洋山自然村，远离白琳集镇，属车头山片5个行政村七八十个自然村中最偏远的村庄，往村口西向步行到白琳镇，全程通常要走3个多小时。我中学到翁江学校和福鼎三中读书，用脚步丈量了五年的深刻记忆，每想到回家要登一个小时路程的尚书岭，就心里发怵，双腿发软。往村口东向的坑里岭，是村民清晨挑柴担谷去巽城交易的必经之路，回来还要挑数十斤或一两百斤的化肥、农药和日常生活用品等；夏天交统购粮和公粮期间，每天负重一两百斤，一个来回就大半天时间，尤其烈日之下，大汗淋漓，十分艰辛。为了避开回程被骄阳炙烤，多数选择清晨三四点出发。我外出读书和参加工作期间的来回，基本走这条路，走了十多年，每次经过此岭，就自然联想到族亲们祖祖辈辈负重攀登，内心震颤，久难平复。

于是，心想先祖为何选择这么一个偏僻的地方定居。翻开族谱，得知吾族系南朝陈叔明之裔孙，唐乾元元年（758），陈文风公因黄巢之乱，从中原南迁到长溪赤岸：长子贤公居赤岸上垟，次子才公迁处州白岩，三子智公迁横阳陈营，四子豪公即是东洋山陈氏之鼻祖。豪公居赤岸上垟，生有三个孩子，长子元守避靖康之乱迁夏楼岚（福鼎三都），元守公生憎公，见东洋山地形似一艘船，合藏风纳气之形，为宜居之地，便迁居东洋山，由此繁衍不息，丁口蜂起。

随着人口增长，东洋山地势已见逼猛，部分后裔便分迁至巽城、白琳、点头、磻溪、桐山、秀阳诸地。而固守祖地的族人，则分为上门楼、中门楼、下门楼三处，以三道树林隔开。每个门楼皆有2—3米高的石头围墙围起来，出入口的大门呈"之"字形回廊，大门的横眉上建有屋宇。目前，上门楼的围墙及大门横眉屋宇还保存完好，下门楼的围墙也保留较好，中门楼的大门城墙早已被毁，两边围墙还剩部分。我家位于中门楼第一栋的一、二榴，视野最为开阔，一开门就看到远山。

村里有两个传统节日特别热闹，一个是做立夏，来客比较多；另一个节日是春节。打鱼灯是春节传统娱乐活动。鱼灯的制作与绘图都是本村人自己完成，正月初二至十五日，是鱼灯至邻村巡游的时间。而鱼灯队伍出行前，必先到石笋坑请白鹤仙师，即用木板做一个香炉神龛，龛上扎一只竹编纸糊的白鹤，将白鹤仙师大炉中的香火接到神龛内。

从福鼎党史部门革命遗址资料中可看到，革命时期有一次重要的省级会议在东洋山召开，便得益于此处偏僻的地理条件。

1935年9月，国民党发动第三次"围剿"，驻闽第4绥靖区增调第9师25旅2个团到闽东，以6个团的兵力加强对福鼎至寿宁、福安至霞浦等县的"清剿"。闽东特委机关柏柱洋被占领，成为反革命据点，特委领导人遂率领党员干部及部队往偏僻的山区转移。10月5日，中共闽东特委叶飞等领导的武装与浙江刘英、粟裕率的挺进师在寿宁县境会合，成立了中共闽浙边临时省委和临时省军区，刘英任省委书记兼省军区政委，粟裕任省委组织部部长、省军区司令员，叶飞任省委宣传部部长，统一领导闽浙边的革命斗争。

1936年4月，闽浙边临时省委书记刘英到福鼎巡视时，决定在东洋山召开福鼎县、区干部会议，调整充实县、区干部。会议决定，林则涌兼任福鼎县委书记，刘德生任福鼎县委指导员，梁其泽任福鼎县委组织部部长，陈培康任福鼎县委宣传部部长，蔡爱凤任福鼎县委妇女协会主任，杨高庭任福鼎县团委书记，阮阿兰任上西南区委书记，蔡加义任下西南区委书记，梁其泽兼任西北区委书记，陈诗鼎任上南区委书记，周云卿任下南区委书记，陈珠佃（陈珠廉）任沿海区委书记。东洋山会议后，于6月成立了浙南人民革命委员会和浙南军分区，接着又成立6个县18个区级政权机构，浙南根据地初步建立起来了，福鼎地区党的组织进一步发展壮大。

闽浙边临时省委书记刘英在东洋山主持召开重要领导干部人事调整会议，是东洋山历史上浓墨重彩的一笔，是白琳镇乃至福鼎市的一个重要革命事件。

白岩村的变迁

周孝端

白岩村背山面水而居，狮头岗与马坪象鼻山两山左右环抱，向八尺门港延伸，与围垦海堤构成畚斗状地形。"狮象把水口，黄龙沿溪跑。谁人能得到，纱帽九十九。"一首当地乡谚道出了白岩村的地形。

白岩地名由来已无可考，但乡间流传"因村中有山（白岩里山），露一岩石人称公婆石，形伟如人，色白如玉，故名白岩"一说。

白岩村清初属福宁州劝儒乡育仁里十三都，乾隆四年（1739）福鼎置县后改编为福鼎县三都。1912年划属巽城区管辖。1948年为巽城镇管辖，称白岩保，下辖大白岩、小白岩、定心、核月寺、鱼寮、后尾沙、东洋里7个村落。1949年后归秦屿区巽城乡管辖。1958年为白岩大队，属巽城公社管辖。1959年4月并入点头大公社管辖。1970年7月划归白琳公社管辖。1982年8月改称为白琳区白岩乡。1987年7月始称白琳镇白岩村至今，下辖白岩里、桥头、深往、下尾沙、鱼科、月爿山、马坪、西山下、吴厝里、东洋里、浮湾11个自然村。

白岩村原为穷乡僻壤，交通甚为不便。古时，白岩村民要到藤屿村渡头（八尺门）或下尾沙人力摆渡过海，再步行经江边、玉塘方可到桐山等地。1960年，修建白琳至沿州简易公路途经白岩，但车辆甚少，村民到白琳集镇需步行15千米，极为不便，习惯上多以走水运在本村马坪下搭乘机动船前往城关或步行到巽城采购生产生活物资。也正因如此，白岩、沿州一带与巽城、桐山的联系相比白琳集镇更加密切，当地的方言口音与城关桐山话几乎别无二致，而与现管辖地白琳集镇的口音在腔调上反而有明显的区别。

1990年修建沿州至店下路段，但没有班车，多由三轮机动车人货共载运输，水运还是主要运输方式。1994年，5000吨级京琳码头在月爿山自然村建成，大吨位机轮船可达码头，白岩至白琳也修筑起了柏油路。

随着交通设施的改善，陆路车辆逐渐成为人们出行运输的主要方式，巽城至福鼎途经白岩、白琳、点头的中巴车也开始营运，水路载客逐步减少。2003年沈海高速福宁段通车后，在白岩村域内设八尺门互通口，白岩村到福鼎城区仅需十来分钟，使陆路交通有了质的改变，水运载客至此完全退出了历史舞台。2007年白琳至八尺门互通口连接公路竣工，又使白琳至白岩路途缩短3千米，沿海各村与白琳集镇交通也更加便捷。2010年，杨八公路改线通车使用，成为福鼎市中东部地区的沿海大通道。2012年，名京物流园项目在白岩村落户，建成多个3000吨级码头，同时打造一个集钢铁交易、物流中心、现货交易、网络电子交易、仓储物流等一体的交通贸易中心。2019年，连接八尺门港两岸的八尺门市政大桥竣工通车，进一步拉近了沿海各村与城郊的距离。也正由于交通路网的不断建设完善，使白岩村成为福鼎市中部连接城区、白琳、秦屿、龙安的重要水陆交通运输枢纽。

交通的大发展也带来了村庄的变化。在白岩村11个自然村中，2000年因高速公路建设征地需要，桥头与马坪实行整村搬迁，在中心村修建新村；2005年在造福工程中，浮湾、西山下、吴厝里、东洋里等山区自然村村民也相继搬迁至新村居住；2012年，由于名京物流园项目征迁需要，鱼科、下尾沙两个自然村也整村搬迁到中心村居住。至此，大部分周边自然村都在中心村集村并居，共享新农村幸福生活。

交通的大发展带来最显著的变化就是农村生活水平的提高。白岩村利用便捷的交通区位优势，努力探索道口经济、城郊经济、海洋经济，加强招商引资力度，发展各种产业，先后有渔业养殖、餐饮住宿、汽车修配、物流仓储等各种产业入驻，开启乡村振兴模式，农民的生产生活方式显著改变，就业渠道明显增多，生活水平大幅度提高，使这个昔日"边""远""穷"的贫困村，变成了如今商贾游客纷至沓来的新农村。

湖头村与杨氏小考

杨应杰

清光绪《福鼎县乡土志》载:"十五都……东南百步溪水源有二,一出石马岭,一出湖林头,汇举州、石床之水,逾俸洋,绕湖头,历瓜园,出宝桥入海,曲折七十余里,溪门宽广,竹筏可行。"湖头村就坐落在百步溪中下游北面溪畔,东以瓜园村界,相距2千米(其间相隔着坝田洋村);西毗连车洋村;南面溪对岸为箩山,翻过箩山就是白琳集镇所在地;北枕杨府爷岗与来龙岗。湖头村段溪面十分宽广,最宽处达80米,溪里有深潭多处,最深处达8米;常年出产花鳗鲡、鲗鱼、溪鱸、鳡鱼、鲈鱼、鲤鱼、毛蟹等,味极鲜美。

湖头村现有居民800多人,全村只有一户姓薛,其余全部姓杨。据《杨氏宗谱》载,杨九公,讳字逸,官拜建州御史,随父归南京致仕,徙温麻迁湖头,为肇基之始祖也。杨九公明洪武初年从温麻迁出,时大明初定,见湖头景色秀丽,依山傍水,东西两面

百步溪(林钢生 摄)

皆可开垦良田，富饶可居，遂定居于此。经杨氏几代人农耕运作，广置田产，家族产业颇丰。明清时期，白琳许多处地产属湖头杨氏所有：瓜园一带大片田产，白琳过溪杨家山，玉琳集镇中街段及点头马冠、叶莒、汉山等多处山地。

在村东头有一杨氏宗祠，始建于明朝，清乾隆年间重建，近年新建。村西头有两棵几百年树龄的大榕树。据老一辈人说，湖头古村落旧时房子建造十分有特色。从村东头进村经杨氏总厅到村西头大榕树，村中众多瓦房连成一片，家家户户间有回廊连接，无论刮风下雨，都不要担心遭雨淋。村落建筑结构严谨，杨氏旧家谱（惜毁于20世纪60年代水灾）曾画有整个村建筑图。从明朝到清朝中叶，古村落先后遭受三次火灾，后改建族内总厅后，就再没有发生火灾。湖头村出过虎患。《颖川邑陈氏宗谱·宗翼公传》载："公字道望……于康熙二年因迁移居二十都湖头杨家，四月二十六日黄昏时，坐在廊墟，忽猛虎突入，公喉咙被伤，一口气未绝，但不能言，张目流泪而终。"

另据《济阳瓜园蔡氏宗谱》载，康熙十九年（1680）有蔡宗善携眷迁湖头居十一年，后于康熙三十年（1691）迁居瓜园村，以务农为业，后发家致富，成为白琳另一大旺族。清末，蔡、杨两族曾发生械斗，死伤甚众，至今在坝田洋还有"验尸台"。

距湖头村西1千米处为车洋村，村民500人，大多姓杨，东半里地为坝田洋村，村民也都姓杨，三村落成犄角之势，三村村民皆系杨九公派下子孙。杨氏传至第九世杨伯泮生四男一女，女名瑞娘，生性刚烈，终身不嫁。明万历四十年（1562）杨伯泮去世，瑞娘也随父弃世，父女同葬，至今在白琳后溪杨家山留有著名的湖头"连子墓"。清乾隆年间，传至十二世杨德龙，此公年少时，经常放牛到西边的车洋村，见村中有一地方草长得十分茂盛，更奇的是此处终年热气腾腾，待年长后举家迁居至此，为车洋村肇基祖，建总厅一座。清乾隆年间，其第十七世孙杨孟朴发家致富后，又从车洋村迁居玉琳集镇，建有车洋馆、玉丰祥记等店，在白琳多处置业，成为当地有名富商，并培养其第三子杨仲框为官，官至六品州同。

清嘉庆《福鼎县志·寺庙》载："赤峰庵在十五都湖头。"赤峰庵始建于明朝，位于湖头村南面箩山的西侧，是杨氏家族施拾捐建。咸丰八年（1858），杨氏又在箩山的东侧建造一座寺，为金峰寺（据《福鼎佛教志》）。两座寺在同一座山，相距只一千米左右。湖头杨氏热衷于捐建宫舍庙宇，清雍乾年间，在白琳集镇地玉琳先后倡建玉琳华光大帝宫、后溪天后宫、中街杨府爷宫，还有古官道上的里溪头桥（现桥头立有石碑，碑文记首事为杨仲框）。杨氏在玉琳古镇建造众多的公共设施，自身施舍土地，还发动乡亲共同捐资建造。

湖头村七月半的盂兰盆大法会在白琳也是独一无二的。旧时，农历七月十四这一天，在杨氏宗祠内，搭起法师座和施孤台。法师座跟前供着超度地狱鬼魂的地藏王菩萨，下面供着一盘盘面粉制斋仔、米饭。施孤台正立着三块灵牌和招魂幡，过了中午，各家各户纷纷把"祖宗菜"——鸡、鸭、鱼及各式发糕、果品、瓜果等摆到施孤台上。主事者分别在每件祭品上插上一把蓝、红、绿等颜色的三角旗，上书"盂兰盛会""甘露门开"等字样。仪式是在一阵庄严肃穆的祠堂音乐中开始的，紧接着主法事敲响引钟，带领座下众法师诵念各种咒语和真言，然后施食，将一盘盘斋仔和米饭撒向四方，反复三次，这种仪式叫"放焰口"。到了晚上，家家户户还要在自己家门口焚香，把香插在地上，越多越好，象征着五谷丰登，这叫"布施"。布施之后放水灯。所谓水灯，就是一块小木板上扎一盏灯，大多数都用彩纸做成荷花状，又叫"水旱灯"。水灯就是为了给那些枉死鬼引路的，把枉魂引过奈何桥，接引西方。

  湖头村现在是车洋行政村的自然村之一，古村落旧貌依存。村内曾挖出一个口大250平方厘米、深3米，由鹅卵石砌成的石井，十分奇特，有待进一步考证。

（本文参考了周本栋、杨敬二、杨应山提供的资料）

白琳工业发展概述

> 胡亦清

白琳早期的工业以手工作坊为主，但也有简单的机械工业，如水碓、榨油坊。白琳域内的水碓很多，玉琳有1个，在后溪，毁于20世纪70年代，为夏氏所建；康山有1个，主人姓苏；翠郊村有2个；石床有1个；翁江分散有多个，分别在瓜园、王花屿、百步溪。水碓就是利用溪流的水流冲力与传动杆相连，借助水冲力带动石磨上的圆形石头，上上下下连续起落往臼里舂稻谷，使谷皮脱落成米的简单机械。榨油坊利用简单机械传动原理，用牲畜拉动压榨花生、油菜、油茶、乌桕的种子成油。白琳的油行有统坪陈氏油坊、街尾胡氏阿锦油坊、石门头占氏油坊。白琳老街旁有一条岭名字就叫油行岭，一幢大屋叫油行里，就与油有关。白琳早期手工业主要有制茶行业、做伞行业、酿酒行业、染布行业、制硋窑行业、酱园行业、糕饼行业、造船行业等。白琳制茶发端时间已不可考，明末清初已具相当规模，兴盛于光绪年间，有数十家制茶坊从事制茶叶采办。清光绪《福鼎县乡土志·户口》载："福鼎生产，以茶为大宗，二十年前，茶商麇集白琳，户摩毂击，居然一大市镇。"茶坊购销茶叶，带动许多农户手工初制茶叶，翠郊、石床、牛埕下、棠园一带农户掌握了初制工夫红茶、绿茶、白茶的技术。

一业兴，百业兴，茶业带动了各行各业的发展。白琳有多家染布，分别为许氏、曾氏、林氏、夏氏等所有。制伞业也有好几家。在白琳还有一传说，一制伞徒弟从师三年后回家，自己开了伞店，可是制作工艺学不到家，所制雨伞的伞头经常开裂。徒弟过年过节都会到师傅家送礼，一次送礼时，师傅不在，师娘接见，便问师娘说："师傅哪去了？"师娘说漏了嘴："师傅在里屋煮雨伞头。"哦，原来伞头不开裂是煮出来的！徒弟豁然而去。白琳酒肆众多，无形中促进酿酒行业的发展，1955年社会主义改造时，白琳酿酒业率先成立新君山酒厂，专业生产黄酒。白琳规模大的酱园有三：中街郑氏、石门头丁合利、统坪洪氏。白琳硋窑烧瓦、烧砖、烧碗的历史更加悠久，目前在白岩瓠弯自然村还有一个旧碗窑，据说有几百年的历史。石门头苏氏糕饼店规模很大，有五六间店面。沿州双头透造船业，主要制作舢板、漂白仔。漂白仔是当地特有的产物，现在技艺已濒临失传。漂白仔船长8米，首部宽0.3米，中部宽0.6米，尾部宽0.45米，是海上作业的工具，具有方便、快捷的功能。

　　新中国成立后，白琳茶坊全部被改造。1950年4月8日，中国茶业公司福建分公司在广泰茶行旧址建起福鼎茶厂。10月迁址县城南校场观音阁，改为白琳茶叶初制厂。1958年，创办福鼎国营茶场，地址在翁江，以培育、推广福鼎大白茶、福鼎大毫茶为主，并开垦茶园，至20世纪60年代末才进行加工、生产茶叶。1958年在白琳康山原洋中茶坊旧址建造纸厂，生产棋盘纸、草纸、棉纸等，"文革"中停产，1978年又恢复，由郑英尧负责，迁址天王寺。原材料以竹子为主，从原来的手工转为机械生产，用当时最先进的机制夹毯式生产方式，产品由县土产公司收购包销。创办于1968年的镇办算盘厂厂址数迁，原址在旧车站，后迁三中校内，再迁三垟栏畜牧场。1971年创办镇办企业蜡笔厂，由曾瑞都（浙江马站人，从福鼎国营茶场调入）负责，生产12色彩色笔，销往全国各地百货公司，随后又发展粉笔厂、印刷厂。1972年创办的老区彩色印刷厂是全县最大的乡镇印刷厂，在杨仁吹厂长带领下，生产的产品商标、包装装潢以及文化用品远销至新疆，1989年产值达81.9万元。1973年在白琳统坪建设瓷碗厂，由马绵雄负责。白琳岭头坪有高岭土矿，就地取材，生产各种碗具、保险丝开关盒等各种开关盒，后因技术、价格等原因停办。"文革"期间，白琳还集体创办农

玄武岩总厂（林钢生 摄）

具厂，厂址在中街，生产各种各样农业器械，工人达几十人。此外还曾在里溪头成立榨糖厂，在天王寺建草包厂，在下街尾办锯板厂等。

20世纪80年代末至90年代，白琳的工业有了质的发展，根据白琳乡镇企业统计报表数据，工业总厂值达10亿元人民币。在玄武岩矿山带动下，白琳石材加工厂如雨后春笋般发展，有乡镇办企业，有市局下属企业，有个体企业，有合股经营企业。最早创办的石材厂是1989年在原瓷碗厂上建立的白琳玄武岩板材厂（后为建安石材厂），由李赞校厂长负责，主要开发石材新产品，有市场开拓、技术工人培训等项目，1993年与京琳交通有限公司合并改制。该厂培训的工人裘石合、邵延丰、杨石练、缪月云等人后都成为白琳石材行业的中坚力量。私营企业最早的有金磊石材厂、三达石材厂与金井石材厂。1996年建立金山工业区，企业达300多家，流动工人达2万余人。白琳镇还创办示范性企业——玄武岩工艺总厂，其锯片厂创生产石材刀头之先河。早期金山工业区工厂培养的技术工人现已遍布全国各地，成为全国石材产区的领军人物。白琳玄武岩工艺精益求精，已朝着深加工行业迈进，产品远销海内外。2021年，石材行业实行升级改造。

白琳工业的发展正朝着新的征程前进。

白琳交通发展概略

杨应杰

1956年以前的交通状况

白琳位于福鼎中部，界于福鼎县城与霞浦之间，依山傍海，地理位置独特，自古以来便是福鼎的交通枢纽。白琳高山重叠，崎岖险阻，清蓝鼎元《福建全省总图说》云："自浙东海岸温州入闽，由福宁、宁德、罗源、连江至省城，皆羊肠鸟道，盘行陡峻，日行高岭云雾中，登天入渊，上下循环，古称蜀道无以过也。"但早在西汉元封元年（前110）汉廷为了征服东越王余善，分兵四路南下，其中一路就由浙江乐清县经福鼎至福州。岁月推移，历代政府与民间不断修建道路、桥梁，通往省内外的干路和县内支路，逐渐形成及改善，留传至今。白琳作为南北东西连接地，有多条道路经过，其中1条为古干路，还有6条支道。现分述如下：

古干路称"驿道"，又称"官道"。历代官家传递书信的兵丁换马歇脚于此，沿途设立了驿站。据宋梁克家《三山志》记载："福州……北抵永嘉……经十一驿。"福鼎白琳天王院、桐山栖林院都是宋代从福州通往温州的驿站。元明两朝仍承宋制，清后废驿设铺。白琳域内小部分干道坡较缓，阶级平整，宽约2米，大部分山岭崎岖，羊肠小道，坎坷不平，行旅艰辛。古干路为闽、浙通衢，南至福州，北至温州。清金钱会义军入闽，民国国民革命军北伐，解放军南下解放福州，皆取此道。古官道自南向北，经龙亭（霞浦县）、界牌洋、蒋洋、五蒲岭、白琳、点头、桐山、万古亭、骆驼、军营、分水关、桥墩，计130华里，合65千米。

白琳支道。清光绪《福鼎县乡土志·道里》载："秦屿支路，自倪家地经翁潭至昭苍岭脚，逾岭至郭洋，过流坑，下钩藤岭过才堡抵秦屿。南镇支路自岩前玉塘底，过塔下大厝基，渡八尺门，

古官道（林钢生 摄）

左向瓦窑冈，出白岩至沿周过后湾塘，抵巽城，逾岭为南镇。潋城支路自八尺门左上瓦窑冈，越车头山下纪坑，过佳洋，抵冷城。"这条路即现今的县道，倪家地、翁潭、八尺门、瓦窑岗、白岩、沿周（州）、车头山（柴头山）都在白琳域内。该路分支有三：

第一分支：桐山—点头—倪家地—翁潭（翁江）—昭苍岭脚—郭洋（郭阳）—流坑亭—钩藤岭—才堡—秦屿。

第二分支：桐山—岩前—塘底—塔下—大厝基—八尺门渡—瓦窑冈—白岩—沿周（沿州）—后湾塘—巽城—南镇。

第三分支：八尺门—瓦窑岗—车头山（柴头山）—纪坑（吉坑）—佳洋—冷城。

在白琳域内还有一条通往外省的省际道路，经白琳、石床、举州、管阳、西阳、天竹、沈青往浙江泰顺、庆元两县。

有一条支道是往磻溪方向的，还有一条县际道路，经白琳、磻溪、牛栏头（湖林）、桑园、仙蒲、土渤头（洋里）可至霞浦。

往翠郊方向，也有一条县际道路，经白琳、石床、翠郊、长岐可至柘荣。

陆路交通离不开桥梁，重要的桥梁都有人捐助兴建，有的桥屡圮屡建。《福鼎县乡土志》载，白琳域内有永安桥、万安桥、百步桥、宝桥、普渡桥、王家屿桥、鹿鸣桥7座桥。志书未记载的还有贵坪桥、通福桥、里溪头桥等。永安桥在车阳村，清道光年间里人建，2006年被"桑美"台风毁坏，2007年重建。万安桥在石床村，同治

清朝古桥（林钢生 摄）

年间萧承鹤两次独建。百步桥，在翁江村百步溪上，是古干道上的桥，旧桥已毁，建设年代无从考证，1970年前留有碇步；宝桥和鹿鸣桥在翁江村，后者为萧家独建；王家屿桥在翁江王家屿，建于清代，裘思成、裘应超捐建；普渡桥在王宫头（已毁无考）；贵坪桥又名溪坪桥，在贵坪村，占鸿、许春槐、谢锦新3人于1899年建成；通福桥，在天王亭村，始建于何年无考，1863年重修，1987年重建；里溪头桥，在里溪头村，始建年从无考，同治年间重修。通福桥和里溪头桥皆位于古干道上，是白琳通往金刚墩、五蒲岭的重要桥梁。

碇步，特殊结构形式的桥梁，又叫碇步桥或堤梁式桥。一般是在水流较浅的溪流中，用砾石或条石筑起一个接一个的石磴，形成一道堤梁式的"碇步"，多修建在洪水期短而水浅的地方。原大而长的碇步，有百步溪碇步（20世纪70年代建桥时毁）、溪坪碇步（康山溪改造时毁）、坑门里碇步（已毁），至今尚存石床碇步等。

水运交通，溪中有竹筏，海上有舢板、木帆船、漂白仔。《福鼎县乡土志》载："东南百步溪水源有二，一出石马岭，一出湖林头，汇举州、石床之水逾车洋，绕湖头历瓜园经王家屿出宝桥入海，曲折二十余里，该门宽广，竹筏可行。"百步溪因水面宽广，旧时在车阳、湖头设有竹筏运输。白琳靠海的村落有翁江、旺兴头、藤屿、白岩、沿州。旧时翁江村有倪家屿码头、后岐码头，白岩村有八尺门渡，沿州村有双头透渡，这些码头与渡之间靠舢板船、木帆船、漂白仔运行。清中期海运解禁，福鼎市第二大商业码头后岐码头发挥了重大作用，使白琳茶叶远销欧洲各国，闻名遐迩。

交通大变革时期（1956—2000）

岩前至白琳公路。古代陆路交通千百年来没有太大变化，直到1956年10月岩前至白琳公路开工才大为改观。该公路经宝庙、大山下、点头、龙田、倪家地、百步溪、白琳，全长19千米，路面宽只有7米，全为土石路。1957年修通至点头路段，1958年7月全线竣工。岩前至白琳公路是福鼎县自行施工的第一条县道，县里成立修建指挥部，沿途各区镇领导任指挥部成员，采取"民工建勤"形式，组织民工修建。

白琳至磻溪公路长7.5千米，1958年8月开工建设，1959年9月底全程竣工。自此贯通白琳至磻溪。

白琳至秦屿公路。1959年11月县交通局工程测量队首次测量，当时路线走向是从白琳经沿州、巽城、店下及秦屿，全长39千米。1960年3月全线破土动工，店下至秦屿路基当年完成，其他路段的路基也完成百分之七十。1961年5月因资金困难，工程"下马"。1973年8月，县交通局工程股组织力量重测白琳至秦屿公路，这次测量改1959年的沿海线走山岭线，新线全长21千米，与岩前至白琳公路接线，经康山山前、白水漈、周仓岭、郭阳、才岗、山兜、潋城、茶塘、董家沙至秦屿。白秦公路于1974年11月破土动工，采取"民工建勤"和按方计价相结合的办法施工。白水漈至周仓岭坡顶3.6千米，是白秦公路最险要路段，悬崖峭壁，开山工几乎无立足之地，都是身系安全绳索，悬索扶钎司锤，而且工程量大，需采石14.5万立方米，施工过程中多人伤亡。1975年8月全线路基土石方工程基本完成，1976年6月全线竣工通车。

乡村公路主要有：白琳至沿州公路，途经后岐、旺兴头、白岩村，全长17千米，于1960年建设，路面宽4米，原与店下、秦屿相通，后因经费问题停工，但白琳至沿州路段基本完工；大湾至棠园公路，全长9千米，1973年12月建成，路面宽4米；岭头至秀阳公路，全长12千米，1987年12月建成，路面宽4米；白琳寨至湖头村公路，全长3千米，1987年12月建成，路面宽4米；百步溪至后岐公路，全长4千米，1962年建成，路面宽4米；康山至大嶂山公路，全长4.9千米，1989年建成，路面宽4.5米。从1956年至1989年的33年间，白琳域内已初步形成了四通八达的交通网络，原来几千年依靠人力或畜力的交通，已由汽车运输取代，陆路交通有了质的改变。

值得一提的是两座桥的建设。其一是百步溪桥，位于沙昌线，为石台石墩钢筋混凝土双拱桥，桥全长81米，净宽4.2米。该桥1970年9月1日动工，12月9日竣工，由于投资省、工程时间短，"百步桥，百日成"一时成佳话。其二是秦白桥，位于康山溪上，是沙昌线秦屿至白琳段重要桥梁，为单拱桥，桥身全为条石、块石砌成，由石匠泰顺建造。

水运方面，1970年开始有了机动船运输，使海运更快捷、便利。后岐码头在20世纪80年代由于公路运输的兴起货运量逐渐减少，如今已经荒废。1994年八尺门500吨码头建成后，发挥着越来越大的作用，大吨位轮机船也能到达码头。从白琳方向上太姥山或五蒲岭要经过金堰水库，1974年水库建成完工后长达10年的日子里，必须依靠摆渡通过水库到亭头村再到五里排村上五蒲岭，直至20世纪80年代亭头至大赖道路建成后，水库人力摆渡才退出历史舞台。

交通跨越式发展时期（2000年以后）

2002年开始实行"村村通"工程，使白琳域内的水泥路网建设更加完善。各行政村之间原来不通公路的或有简易公路的，都变成了水泥硬化道路。各村公路建设时间、里程与相连的村庄分列如下：

2000年，秀阳至鞭树岔4.6千米。

2002年，周仓岭经外宅、坑里洋至秀阳9.8千米。

2002年，大湾经石床、棠园至翠郊8.3千米，投资300多万元。

2003 年，翠郊至牛埕下 4.2 千米。

2004 年，白琳至大赖 4.4 千米，投资 150 万元。

2004 年，白琳至八尺门互通口按二级公路标准兴建，连接下炉、旺兴头、藤屿、八尺门、白岩各村。白琳镇通过八尺门互通口与沈海高速相连接，再与全国各地的陆路交通联系，交通更加便捷。

2007 年，岭头坪分岔路至高山 2.3 千米。

2008 年，翠郊至上盘 6 千米。

2009 年，下炉至甘洋里 1.1 千米。

2010 年，八尺门至龙安杨岐码头的杨八公路开通。

2013 年，投入 1500 万元的白琳寨隧道实现通车，点头至白琳从此告别盘山而上经过白琳寨的历史。

2015 年，八尺门大桥实现南北两端钢栈桥贯通。同年，完成总长 14.5 千米贯穿翠郊、棠园、车洋 3 村生态休闲绿色景观带建设，乡村道路更加美丽。

2020 年，八尺门已有 4 个商贸物流码头启用，为福鼎交通物流提供便利。

大嶂山玄武岩开发记略

周光玉

一、发现

被誉为"东方奇石"的白琳大嶂山玄武岩,它的初始面貌非常奇特。海拔400—675米的山间裸露竖立着千百万根黑色大石柱,石柱呈不完全规则六菱形,表层较为完整。400米以下山腰堆积着几千万方黑色的石块,堆积最厚达38米,堆积石块形成无数怪洞,横的如鬼堡石屋,竖的深不见底。据当地群众介绍,他们的牛羊经常掉到石窟里,掉下去时只能听到凄厉的叫声,看不到,救不着。所以,数百年来人们对大嶂山玄武岩只有种种猜想和传说。

1957年春天,闽东南地质大队一行10人,为寻找地质理论中的"绿宝石",从下游沿着山涧找到大嶂山,驻扎在大山背后的山后村。他们披荆斩棘,在荒无人迹的石缝中,踏出一条条蛇径,踏遍大嶂山的每个角落。第二年冬天,他们只带着一包包石头碎片离开大嶂山。后来他们再度来到大嶂山,埋头石缝间又是一年半,还是无功而返。他们虽然没有找到绿宝石,但为大嶂山玄武岩搜集了宝贵地质资料,发现玄武岩的利用价值和可靠数据,为日后开采立下了不可磨灭的功绩,揭开了大嶂山玄武岩的神秘面纱。

经地质专家勘测,大嶂山的地貌是玄武岩石呈柱状节理发育,年长月久,加上地形陡峻,在风和重力的作用下,上方竖立的柱石大量断折下来,堆积山腰,形成上下不同的奇观。远看形如群群小猪下山,为白琳"神仙赶猪"的传说添了依据。

据福建省闽东南地质大队勘探报告:"大嶂山基性岩体为'橄榄拉斑粗玄武岩',

玄武岩顶部(周光玉 供图)

岩矿体面积0.21平方千米，总储量为3812万立方米。"报告表明，大嶂山玄武岩的地质年代为喜山晚期火山运动挤压出来的岩浆形成的。

　　大嶂山的顶部分为一洞、二洞和三洞。奇怪的是，整山的岩石都是竖着的，唯有这三个洞的石条是横插的。石洞未被开发前，每逢天气变化，在风力作用下，洞中会发出响声，声音变幻无常，有时沉闷，有时尖锐，有时如箫如笙，有时如鬼哭狼嚎，山里人用它的声响来判断未来两天的天气，很是准确。人们传说这是三个"妖精洞"，北宋年间洞内住着一族妖艳迷人的"荆棘精"，由于妖精祸害远近人们，被皇帝派兵歼灭，这些巨型石条就是用来封堵洞口的。

　　人们发现了一根根天然的大石柱，便联想到太姥山的"仙人锯板"。1983年，听说上海办起石材加工厂，能把石头锯成板，白琳人似乎看到希望，1986年，长乐的华法石材公司和寿宁、宁德、将乐三地的莱森柯板材厂相继开办。白琳人坐不住了，镇政府以当时的"企业办"为主体，于1986年成立开发玄武岩筹备组，开始了前期工作。

　　1993年，当矿山开采到"妖精洞"脚时，这些横插的石条不定时地掉落下塌，直接威胁到下方的采矿工人，发生多起安全事故。不久传出"妖精出洞"的谣言，一度动摇了采矿工人和投资者的信心。1995年，采矿工人用小火力松动爆破把"妖精洞"攻下，那些横插的石条就变成优质荒料，创造了3000多万元的价值。

　　经多方考察了解，玄武岩抗折、抗压、耐磨、耐腐蚀，磨光后光泽度可达100度，具有良好的材质性能，同时可以开发成石雕工艺品及用于保温、防火的多种岩棉制品。经反复采样送省水利电力勘测设计院测试，结果表明，玄武岩的化学成分和其他指标都非常良好。

福鼎市白琳大嶂山橄榄玄武石分析报告

SiO_2	Al_2O_3	TFe_2O_3	其中Fe_2O_3	MgO	CaO	Na_2O	K_2O	TiO_2	P_2O_5	MnO	CT_2O_3	烧碱	合计
47.68	14.58	11.81	8.91	7.73	9.22	4.16	1.99	1.95	0.57	0.12	0.028	0.81	0.658

室内岩石测试成果表

试样个数	肖氏硬度	比重	光泽度	耐酸度	抗压强度 kg/cm² 饱和	抗压强度 kg/cm² 干	容量 干 g/cm²	容量 饱和 g/cm²	总孔隙率%	开形孔隙率%	紧密度%	吸水率%	饱和吸水率%	抗折强度 kg/cm²	耐磨概 g/cm²	软化系数	放射性1
6	7.6	3.30	90—100	98.4	1403	1483	2.925	2.942	3.465	0.650	96.5	0.185	0.207	155—388	0.84	0.95	9.3

备注：求孔隙率时因试件比较完整，故用量测试法求得试件比体积。

种种结论证明，大嶂山玄武岩岩性稳定，性能良好，具有开采和利用价值。有了这些前提条件，1988年8月白琳镇正式成立白琳玄武岩石开发公司。在福鼎县人民政府的正确领导下，在县计划委、县矿管委等有关部门的大力支持下，全镇上下同心协力，经过数年的艰辛和努力，使大嶂山玄武岩开发顺利推进，1992年正式开采投产，到1995年成为"全国最大的建材矿山"和"全国十大石材出口基地"。

二、开采

开发初期主要的工作是取石头制样品，走科院搞测试，跑外埠求卖家，访名人盼引荐，找厂商寻合作。一块10×10厘米的样品要跑到福州塔头水利设计研究所才能完成，每次出差都得背上百来斤的石头样品。

上山也很艰苦，出发时除要带必备的干粮、柴刀、麻绳外，还要带上仁丹、痧药和治虫蚁咬伤的药膏，一来一往都是"起早上山摸黑回，自带干粮山里炊"。

客人来了一批又一批，陪上陪下，资料、照片寄往全国各个院、科、所。样品送完又磨，磨好又送，一个希望扑灭了，又冒出一个新的希望。

1989年正月，福州万德福石材有限公司带来一位日本客商，日本人看了矿山很惊讶，马上同我们签订了原条状（六边形）的荒料合同，数量100立方米。没过几天，作为墓碑材料的样品也已运到福州万德福加工。福州磊磊石材有限公司也派副总前来洽谈订货。

出路是有眉目了，但摆在面前又是一个难题，人家要货，没有公路石头怎么拿下山呢？

1989年春，通过在省城工作的一些福鼎籍的老同志引荐，省交通厅支持"乡村公路建设无息贷款"20万元，福鼎县计委支持5万，白琳镇领导干部也分头借钱自筹了七八万元，总共投入35万元，建了一条直通矿山的简易公路。又利用磊磊公司预付荒料款20万元向厦门叉车厂半赊购一台六吨叉车，配上三脚架、土吊机、缆绳，手工凿眼、黑硝爆裂，苦战3个多月，开采出170立方米荒料，用拖拉机、三轮卡运下山。可惜当时没有经验，这些荒料都是取自岩石表层，隐藏着风化裂隙，客户一验质量不合格，全部拒收。

1990年冬，福建省外贸五矿公司传来更坏的消息，该公司

矿山（周光玉 供图）

6000元钱采购的几立方荒料在长乐华法石材公司加工后都是废品，省外贸局因此论定"大嶂山玄武岩是不可利用的矿种"。磊磊公司也召回驻矿采购员，采下的石头堆放在福州马尾、福鼎梅溪、白琳后岐码头，连福鼎三中的大球场也堆满了日本人订购的六角菱形石条。货款拿不回来，还要付出堆场费。

到1990年底，公司共开采荒料1300立方米，账面亏损27万元，后面还有未付的开采工资、码头场地租、公路工程款、汽车和拖拉机运输费，有镇领导动摇了，说："不能为玄武岩的事再花钱了！"

多数人没有退缩，顶着压力，继续开采、测试、外出找合作伙伴，工作继续推进。

1992年，邓小平同志发表重要讲话，掀起了新一轮改革开放热潮，乡镇企业异军突起。浙江华平厂的胡正年先生第一个采用单片锯办起石材加工厂，最先拿到日本的订单，白琳发去12立方米的石头，跟踪盼望了一个月，等到加工的玄武岩产品被对方接收后才真正松了一口气。

接着，溪柄、霞浦晶磊和汉国玉也相继办起了小型石材厂，陆续来定购荒料。白琳十分珍惜这些客户，实行售后跟踪、质量三包，使矿山不断有了回头客。

矿山复活了，白琳再度把"开发玄武岩，为民作奉献"的红旗插上大嶂山。直到第二批荒料在浙江华平厂加工合格出口日本后，证明了玄武岩不是"不可利用"的石材品种，大家高兴地大声欢呼了。

人们把从华平厂磨出的刻上"开发玄武岩，为民作奉献"八个大字的石头立在矿山的大门口，号召全体员工像这块碑石一样坚定不移地开发大嶂山。

1994年，矿山开采加工规模逐步形成。凡是加工玄武岩的厂家都能赚钱，本地区所有石材厂都放弃加工其他荒料，专业加工玄武岩。闽东各县的石材厂也如雨后春笋地办起来，白琳镇在一年半之内就办起了270家板材厂，形成全省最大规模（占地45万平方米）的石材工业区——白琳金山工业区。

1995年9月，公司领导和镇党委书记应邀出席在北京召开的全国石材研讨会，全国大型矿山的老总几乎到会。白琳玄武岩研发公司在会上的发言语惊四座，玄武岩年开采产量已达3万立方米，当时号称全国最大矿山的山东石岛红年开采量不过1.6万立方米，全国闻名的蒙古丰镇黑产量不过1.3万立方米。白琳玄武岩开发公司的"一座山，一条路，一个主"的管理体制，也赢得大会的赞誉。国家石材行业领导人坐不住了，当场宣布："明年会议去白琳召开。"

实际上，从1992年开始，矿山有三个公司在不同的高标开采，其中：

北坡白琳玄武岩开发公司1988年开采，采场高标536—556米；

东坡福昌公司1990年进场，采场高标530—532米；

南坡华泰公司1992年进场，原是白琳镇采场，划给福鼎市政府，由香港冠顺、福鼎农业银行、金琳交通公司合资，采场高标604—609米。

为了加强协调管理，在福鼎市政府和市直有关部门的支持下，经过整合重组，福建玄武石材集团于1995年12月12日正式成立，福昌公司和华泰公司作为集团"紧密层企业"。集团下设玉琳车队和各部、办，统一调控荒料分配和运输问题。集团成立时，1995年12月15、16日的《中国地质矿产报》《中国建材报》《福建日报》都做了报道。

新成立的集团公司拥有储存量达5000万立方米的白琳镇大嶂山玄武岩开采权，一个占地45万平方米的白琳金山工业区，有3家核心龙头企业，100家核心紧密层和半紧密层企业，200多家松散层企业，从事开发、生产、经营以玄武岩为主的多种板材、异形材、工艺品及金刚锯片、磨具等。1995年玄武岩荒料生产量为5万立方米，加工板材250万平方米，产品畅销国内外市场，被国家建材局列为全国十大石材出口基地之一。

1996年10月18日至20日，全国石材矿山管理建设研讨会在白琳召开，国家建材局副局长杨志之、中国石材协会理事长宗本木、中国石材协会秘书长张文波等亲临会议。当时汇集全国各省石材业、矿业的领导、专家、企业负责人，共110人出席，美国矿山开采专家、中国台北矿业专家、意大利石材专家一行慕名前来参会。

与会同志现场考察白琳玄武岩矿山和开采管理，连称"这是奇迹"，对白琳玄武岩矿山开采规划、管理给予高度评价，意大利专家连连点头喊"OK"。中国石材协会秘书长宗本木说："福鼎白琳大嶂山玄武岩为全国最大的建材矿山。"当时《中国建材报》报道称："全国十大石材出口基地——白琳镇。"同年，福建玄武岩石材集团公司被列入"福建省乡镇企业300大""福建省明星企业""福建省纳税大户"和福建省农业银行"AAA"级信用企业，此后连续六年被地、市评为"先进企业"，这时已然成为中国建材行业中耀眼的明珠。

玄武岩产业不仅成为白琳的经济龙头，也是福鼎全市的主导产业，在它的带动下，白琳、点头、秦屿等乡镇办起500多家石材加工厂，分布在全国各地的经销点达500多处。玄武岩板材由中国建材局命名"684"，闽南、江浙市场叫"福鼎黑"，广东、深圳市场称"珍珠黑"，玄武岩从此以响亮的名字占领了国内市场，远销欧美。

1996和1997两年，实现税利3000万元，为福鼎市财政作出巨大的贡献。那时福鼎流传着这样一句话："白琳玄武岩，胜过大油田。"

产业发展中，新的问题也不断出现。各乡镇盲目办厂，荒料供给紧张，为了控制"僧多粥少"的局势，政府和集团出台了用"户头"控制办厂的土办法。规定：必须要有集团批准的"户头"，才能买荒料，没有"户头"的厂家，矿山不予供应荒料。"户头"可以转卖，一台锯"户头"可卖20至30万元。

为规范分配秩序，矿山把所有"户头"编号，划分为 16 个"轮份"，矿山每个发货日只准许一个"轮份"厂家上山，一般一个"户头"一次分配三车。"轮份"相当于购买荒料的"指标"，"轮份指标"也可以转卖。一个"轮份"（按 6 车计算）最高可卖 5 万元。

"轮份"发挥了很大作用。比如，扶持重点企业用"扶大轮"，扶持村（居委会）集体经济用"富村轮"，解决职工福利待遇用"职工轮"，为扶持龙头企业发展壮大，帮助村（居）发展经济，实现强村富民起到积极的推动作用。

当年闽东南地质队在大嶂山没有找到绿宝石，但今天的玄武岩成为比绿宝石更具价值的宝藏，20 年来，玄武岩产品以优良的品质占领国内外石材市场，成为白琳 20 世纪跨世纪的主导产业，也为福鼎市的工业发展和财政收入作出巨大的贡献。项南同志曾挥笔写下"中国玄武岩之乡——白琳镇"10 个大字。时任福建省委书记陈明义、副省长何少川先后亲临矿山视察，何少川还为矿山题赠"奇山异石，世之稀品"8 字。1997 年 11 月，时任全国人大常委会副委员长田纪云来白琳视察，看了玄武岩制品后亦给予高度赞扬。

三、"2·18"灾害

1998 年 2 月 8 日，分管生产安全的副经理报告："里埕口发现一条 30 米长 5 厘米宽的裂缝！"这时，公司预感到可怕的情况即将发生，马上报告镇政府，召开班子扩大会。会议布置：一、24 小时对裂缝跟踪观测；二、抽调干部职工，成立应急抢险小组，紧急疏散山下村民 40 户；三、租用旧工商大楼和玉琳村老村部，落实临时安置住房。当晚，安排驻矿 24 小时值班，镇政府组织的巡逻队也在 24 小时上村巡回，防止有人返回山村。

在部署防患措施中，最大的失误就是没有把青楼下 10 户人家列入疏散范围，错误认为青楼下离裂缝地段横距 1000 多米，没有危险。

2 月 18 日凌晨 5 点，一声轰天巨响，可怕的灾害发生了，原来有预防地段未踢，而在距裂缝向西 500 米埕口下方的堆碴场大面积下滑，巨大的冲击力冲垮北坡下方的一条山岗，废碴与山体的 50 万土石方合力冲向山前又拐道青楼下，淹埋了山前的 3 个自然村和青楼下 10 户人家，造成 18 死 11 伤的惨剧。

当天青楼下一位村民办寿宴，部分客人尚留宿该村，还有一些已经领到公司安置补贴款的村民也私自回村寄宿，以此全村合计 49 人，当场惨死的 17 人，逃出 22 人，受伤被救 10 人（2 人重伤，1 人抢救无效死亡）。滑坡冲毁山林 235 亩，农田 95 亩，公路 530 米。灾害发生后，福鼎市各套班子在家领导、市直有关部门、白琳镇全体干部紧急出动，于清晨6时多赶赴灾害发生地实施抢救。在福鼎下乡的时任地委副书记钟雷兴、军分区司令王建国也立即赶往现场指挥，成立抢险救灾指挥部。地委书记、行署专员冒着大雨赶到现场组织抢险救灾。在一线抢救的有1500名海军官兵、公安武警指战员、预备役部队、民兵、干部群众和医务人员。

福建省委、省政府领导十分关心重视救灾工作。时任省委书记陈明义、省长贺国强分别打来电话，指示要尽一切力量抢救遇险群众，《福建日报》1998年2月24日刊发《福鼎白琳"2·18"山体滑坡大营救纪实》报道，详实地报道了这场"黎明的劫难"中干部群众和部队、武警指战员奋力展开救援工作的事迹。

"2·18"灾害发生后，宁德地区行政公署遵照省领导指示，组织监察局、劳动局、安办、地矿局、建委、地质四队、水土办等部门组成调查组，结合铁道部科学研究院西北分院、武汉岩土力学研究所勘察结论，把这次灾害定性为"2·18山体滑坡"。灾害成因有三个方面：地质水文、天气、矿碴堆积。对镇政府和公司主要领导按"失职行为"和"决策失误"责任追究。

灾害之后，灾民和矿山周边的4个小村256户、800多人的群众都得到妥善的安置，他们除了田园、财产获赔了大量资金外，还由新公司出资统一建房，移民白琳康山，公司每年给4个自然村各种补助金额达300万元之多，每人每月差不多200—300元。

四、整合重组

灾后，福鼎市对福建省玄武岩石材集团实施整合，矿山由市政府出面整合，矿山开采权收归福鼎市，改为股份制公司，股份配比为华泰30%、福昌30%、白琳40%，政府派人员任董事长兼总经理。后来，福昌的30%股权被市公司收购。

玄武岩历年产量明细表

联合前三家公公司开采产量											
年度开采量	1989年/m³	1990年/m³	1991年/m³	1992年/m³	1993年/m³	1994年/m³	1995年/m³	1996年/m³	1997年/m³	1998年/m³	1999年/m³
集团公司	70	1036	3001	7008	17168	16317	22139	25154	41300	灾害恢复期间	
福昌集团			82	906	2600	3200	6000	8000	18000		
华泰公司						200	1350	18960	22000		
合计	70	1306	3083	7914	19768	19717	29489	33154	81300		

联合后福建玄武石材有限公司开采产量										
年度开采度	2000年/m³	2001年/m³	2002年/m³	2003年/m³	2004年/m³	2005年/m³	2006年/m³	2007年/m³	2008年/m³	2009年/m³	2010年/m³
产量（M³）	90277	80260	89799	89000	80387	86000	30000	26800	23000	20000	

在矿山鼎盛年代,曾有不少专家提议:"留下一块,作为旅游观赏。"

也有民众呼吁:"资源不可再生,采一块就消失一块,开发等于破坏,应该留下来作为'地质公园',才是取之不尽的财富。"

然而当时的玄武岩肩负福鼎市支柱产业的重责,历史的使命使它的步伐"只有前进,不能后退",开采量只能增加,不能减少。

新公司联合后,原来三个公司的工作面统一规划,生产上统一开采、指定堆碴,没有边界纠纷,大大减少了安全事故,但灾后的遗留问题和新的矛盾不断,占据了公司主要精力,矿山也在艰难中运行。为完成市政府下达的批示任务,新公司不断加大开采力度,采用大机械大火力,取得了丰硕而短暂的经济效益。

从数字可以看出,从2006年开始,矿山开采量呈直线下降,目前白琳的300多家板材厂只剩下100家开机生产,200多家关厂停机,靠出租"户头"和"轮份"获得收入。有幸的是玄武岩产业20年来培养了白琳大批的石材能人,这批石材大军用从玄武岩身上积累的技能和资本,到全国各地投资办厂、开矿,去赚全国各地的"石头钱"。

这座神奇美丽的大嶂山玄武岩资源渐渐面临枯竭,"美丽的石头会唱歌"的年代也将成为过去。作为亲历开发大嶂山的"玄武人",是功?是过?有待后人来评说。

附:

重大灾害记略

1994年12月6日,华泰的碴场滑坡,冲毁田地、树木上百亩,淹没民房2幢。

1995年6月13日,华泰碴场再次滑坡,淹埋了整个山后村,鸡狗无存,幸而事前疏散及时,未压死人,经济损失达600万元。

1997年3月6日,福昌碴场滑坡,废碴带动山体数10万立方米直冲四斗村后门,冲坏公路,造成沙吕线交通阻断一个月。

1998年2月18日,碴场山体滑坡,当场死亡17人,受伤被救10人(2人重伤,1人不治死亡),冲毁山林235亩、农田95亩、公路530米。

关于储藏量的质疑

人们不禁要问,勘探报告大嶂山玄武岩矿体面积0.21平方千米,总储量为3812万立方米,而从开采到现在产量不到90万立方,怎么现在就要枯竭了?对于这个问题,做如下解释:

第一,当时测算是从海拔400米以上开始的,按孤岛状金字塔体质计算,而开采到深部才发现不是金字塔状,而是不规则的蘑菇状,显然,当年专家的评估计算公式有些错误。

第二,因内部岩质变化,玄武岩储量不能代表可以利用产量。也就是说,储量不等于都可以锯板材,大嶂山玄武岩开采到深部岩质发生变化,虽然也是玄武岩,但不具备锯板材的条件,如果把玄武岩石用作块石、石子之类的产品,储量显然是不同的结果了。

第三,因开采方法也有一定的影响。比如常用TNT炸药,普通的药量杀伤力达15平方米,部分的整石被破碎,连续爆破会大大地影响成材率,必然会改变可利用储藏量。

石材产业转型升级述略

曾云端 蔡雪玲

进入新世纪以后,白琳石材产业发展平稳,有许多可圈可点的地方。最值得一提的是:2017年,白琳石板材加工业进入绿色革命时代。

白琳石材产业经过30年发展,市场成熟,曾经为地方财政作出巨大贡献,税收一度约占福鼎市财政收入的40%。但也面临着产业规模小,企业无序发展,工业园区噪声扰民、粉尘飞扬,污水排放不达标等发展问题。2017年,中央生态环境保护督察组进驻福鼎,巡视、督察石材园区入海悬浮物未能稳定达标排放、环境承载力逼近极限等问题。面对白琳金工业区的环保问题,督察组提出两种解决方案:一是关门停业,二是转型升级。

前一种方案,大多数人不能接受,谁都不愿意让市场成熟、如日中天的产业说停业就停业。第二种方案自然有回旋的余地,但也有不同声音和看法。厂子好好的,能赚钱就好,为什么要拆了重建?多建几个污水处理厂不就可以了?据白琳石材商会首任会长吴初峰介绍,早在20世纪90年代,白琳石材产业也曾经进行一次改革,想把"零散小"转向规模化发展,但由于种种原因没有实现,历次改革都遇到不小的阻力。

福鼎市白琳石材产业的发展症结,许多从业者深有体会,并大声疾呼。2016年,石材产业从业者欧阳世乐等人,向福鼎"两会"提交了《关于白琳石材行业转型升级的提案》,被大会列为重点提案,引起市委市政府的重视。2017年,以中央环保督察为契机,在产业高质量发展和环保压力的双重"挤压"下,白琳在完成中央环保督察问题交账销号的基础上,自我加压巩固整改,全力推动传统石材产业转型升级,让产业可持续高质量发展。2017年8月14日,福鼎市委召开常委会,决定以白琳为中心,打造石材加工生产标准化产业园。

转型升级主要采取原址原建"破旧立新"办法,通过资源整合,园区面积由655亩精缩至485亩,厂家数量由乱、散、小的348家整合为28家标准化企业和2家精深加工企业,矿山户头数量由947个整合为28个。

白琳镇将石材产业转型升级作为重中之重的事情来抓,成立了工作小组,派出一个分管领导为组长。注重挖掘发动社会多方力量,按照"认领一块、攻克一块、成熟一块、拆除一块"的工作思路解决安征迁工作,有的放矢对签约率高的成熟地块重点攻坚,对涉及租地性质等困难地块加大力量攻克;同时将旧工业园划分成28个地块,以小组负责制的方式推进。

整合初期,原有石材加工企业较小且无股东意识,在矿山开采量减少的情况下,对产业前景信心不足,整合意向低下,投资严重不足。白琳镇将劝导教育和依法打击相结合,广泛开展宣传教育,强调环保严峻形势,确保企业在思想上认识到"不该生产",并且通过逐家走访和集中座谈等方式积极宣传税收、信贷、收储挂牌、资金补助等优惠政策,多方协调金融机构解决融资难、矿山供料等企业高度关注事宜,逐步做通企业思想工作。

针对有意愿进行转型继续发展的企业认购地块,不采用政府回征土地、再卖给企业的方式,而是按照第三方评估价格,直接将赔偿款打给退出企业,为企业节省了资金。同时,由福鼎市玄武石材有限公司负责建设基础配套设施,建设资金约1.7亿元,进一步完善工业区生产服务功能。

一些看到发展前景的老石材人积极行动起来,不仅出资认购地块,还成立了3个小组,加快推进安征迁和转型工作。此外,通过逐家以缴纳入园意向金形式认领地块,一步步化解资金难题,筹措完善资金拼盘,渐渐打开工作局面。2018年10月8日,白琳金山工业园区进入历史性时刻,原企业全部停止生产,进行原址拆建。经过近两年的攻坚克难,2019年底基本完成园区拆除工作。

至2021年8月份,18家石材企业试生产。又经过一年多努力,园区所有企业全部建设完成投产。

玉琳古街

杨应杰　陈明亮

玉琳古街，也称白琳老街，从统坪顶三岔路口起，逶迤至石门头、大马路、五级岭，经中街、平厝里到下街尾、浦尾（敖尾），全长约1.2千米。从白琳寨顶往下看，宛如一条从葛藤岭山出洞的巨蛇，弯弯曲曲，蛇尾在统坪顶，蛇头在八角亭（镇政府后山上，现亭已毁）岗上，故玉琳街俗称"老蛇街"。想当年，这条狭长爬坡式的古街商贾云集，宾客如织，如今，古街在历经繁华后已渐渐归于平静。

玉琳古街形成于清朝雍正、乾隆年间。据最早迁居玉琳的董氏和陈氏谱牒载，后路董氏是明崇祯年间迁玉琳，统坪陈氏是清康熙年间迁统坪顶。又据湖头宏农郡《杨氏宗谱》载："乾隆年……店基一透在白琳下街前至大街，后至杨府爷坎下，东至加修店墙界，西至玉丰已店壁界，例年地基租大洋壹拾伍元正。"由此可见玉琳古街在清初就有雏形。老一辈人回忆："古街道不成街，遇雨天就泥泞不堪。"直至1937

玉琳古街——五级岭（林钢生摄）

年任廷雯区长号召有钱的乡绅多出钱，没有钱的群众多出力，用三合土改修街道，同时通过区公所借贷的形式，将沿街两旁的茅草屋改革为木屋瓦房，街道才真正成形。

古街的大马路和中街分界处有台阶5级，古街多处有斜坡，是一条极富特色的爬坡街。一条干道贯通全线，几条支道从干道旁侧生出。在石门头街有两条支路，一条叫油行岭，通往后路、店基、对面山。还有一条叫坪头园弄，通往坪头园与岗子。在大马路街有后溪巷，通往后街宫（天后宫）和后溪、过溪。中街的支路最多，五级岭有一条支路通往街头下、后路；中街的三中巷通往杨府爷岗，岗上有杨府爷宫（现为三中）；中街的蔡厝弄通往浦后，平厝岭通向贵坪、溪坪。

从民国初至今，玉琳古街火灾不断。据不完全统计，至少发生过13次火灾。民国初年，街尾胡氏油行发生火灾，大马路许氏亲身来当铺发生严重火灾；1930年，土匪何金标劫掠白琳烧毁大马路几十榴房屋；1932年，土匪历木恭劫掠白琳放火烧毁春生茶馆20榴；日本兵过境时烧毁街头下5榴房屋；居民不小心用火引起火灾多起。值得一提的是位于五级岭上梁其媄房屋（原是客栈，房屋契约交易签订时间为清道光年间），不管是对面的房屋发生火灾，还是旁边的房屋火灾，他家的房屋都安然无恙。马路平安堂12榴房屋原被土匪何金标烧毁，20世纪30年代一度成为校场，火灾后地皮由吴世和购买，于1937建起一整排房屋，轰动一时。

玉琳古街沿街两旁建有1—2层木质构瓦房，房屋前有1.5米左右的廊檐，一律用石礅礅托着木柱子，无论雨雾风霜，均可在檐下歇息或营业。街宽3至4米不等。有的房屋纯粹居住用，有的开店经商，有的办加工作坊，有的为食杂店。民国时，玉琳古街统坪顶段界限从三岔路口起，到丁合利店止。统坪顶段商业相对落后，沿街店面偏少，平时人流主要是翠郊、棠园、侼洋、石床、大赖、亭头、磻溪方向的人上街或赶集，挑柴或农副产品到集市去卖。统坪街路段单向共有60多榴房屋，街面宽约4米，路面弯曲度较大，比较出名的有陈氏油坊、周忠杰茶馆（先后改为公社与医院）、洪氏豆腐作坊、林氏雨伞作坊、示范茶馆（后为双春隆茶馆、供销社化肥门市部）、吴逢记茶馆、陈恒隆茶馆（后为供销社土产门市部）、郑春隆客栈、丁合利店等。石门头街段从丁合利店起，至和尚馆止，沿街单向有40榴房屋。石门头是极具特色的建筑，它的大门由3块大石条砌成。石门头街有一条斜坡，从坪头园弄到丁合利店，沿街坡度达15度。街两旁以民房为主，石门头上段有苏信春饼坊，中段有最出名的石门头茶馆（詹振班茶行）与詹氏油行。还有就是和尚馆，其前身是亲身来当铺，后因有和尚居住而得名，1943年成为同善社总部，白琳、磻溪、点头的大刀会经常在此集会。大马路段从和尚馆起至五级岭止，有沿街单向50榴房屋，有2条斜坡，上斜坡坡度为20度，下斜坡坡度达30度。大马路在未成街前，往来客商的马匹常牵套在此处，或许由此得名。清到民国时期大马

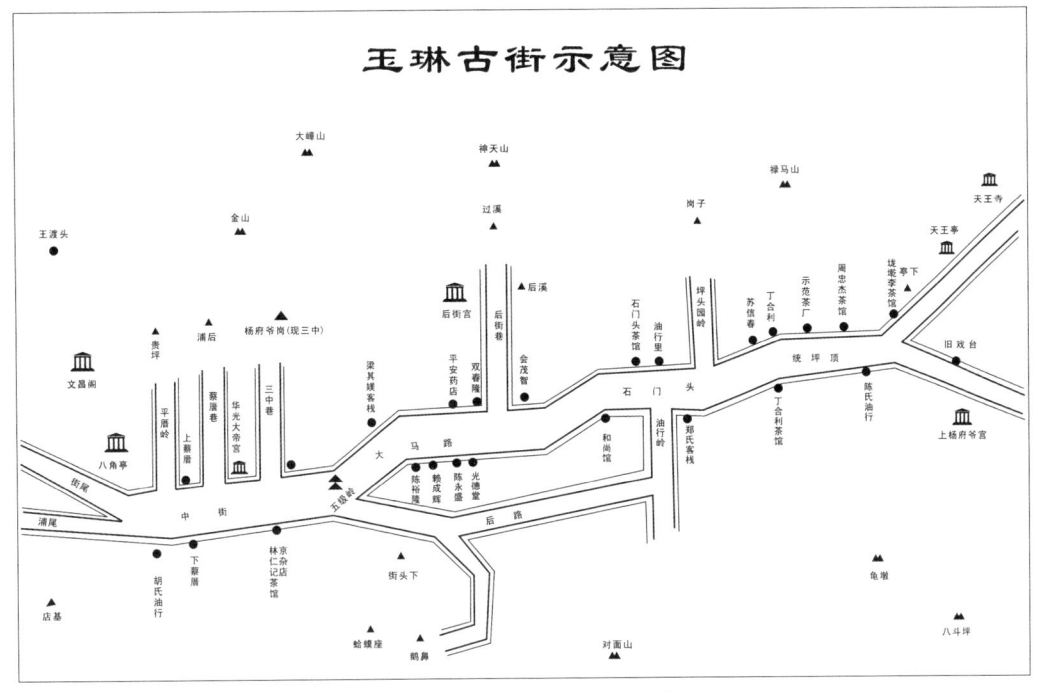

玉琳古街示意图（陈明亮 绘）

路十分繁华，沿街建有1—2层古代木质结构瓦房连家店，出名的有合茂智茶馆（清末为车阳茶馆，后为粮站、公社办公场所）、双春隆茶馆、平安药店（为经营茶业发迹的吴世和所有，后为药店与供销社）、陈永盛京杂南货店、林氏米行、赖德记茶行（后为饼业社）、陈裕隆布店、光德堂药店、德裕堂店，还有客栈、膏药店等。1924年后集镇市场一度聚集在这条长200米的大马路街上。中街路段从五级岭起至平厝里止，沿街有60榴房屋左右，有小小的坡度，街中央是集市中心，翁江、旺兴头、倪家屿、藤屿、白岩等沿海村落当日从后岐码头上埠的海鲜，和当地蔬菜、猪肉都集中于此，形成一个市场。中街最出名的标志建筑是华光大帝宫（俗称帝爷宫，先后改为电影院、市场、自来水厂），民国时期为民团驻地，内有戏台，后楼上台阶供有神像。华光大帝宫经历史变迁，现已拆除，当年气势恢宏、檐牙高啄，是玉琳街著名的公共建筑。沿街有林仁记杂货店、万河里店、林氏染布行及茶馆、酒肆、豆腐店等。蔡厝里（分上下蔡厝）有蔡家3个茶行，由蔡厝弄直达。下街尾较为冷清，主要因为街的右侧是山（俗称老蛇墩，岗上有八角亭），只有零星的几榴房屋。下街尾最出名的就是胡氏的阿景油行了，其左侧水田一片，有3块石条衔接土石坝上，和浦尾（敖尾）相连。

  徜徉在充满浓浓古风古韵的玉琳古街，那木板的门缝、雕花的窗格、斑驳陆离的木柱，能让人感受到小街特有的宁静、雅致，体悟到古街厚重的历史和文化。

改革开放前后的白琳老街

林忠坚

民国时期，白琳有36家茶馆，为个体经营。1949年后茶叶由国营茶厂或茶站经营，原来的茶行、茶馆都不复存在，大的茶行房屋、场所经过土地改革，成为公有制资产。大米、面粉、布匹、海鲜、猪肉、油、盐等物资不能由私人经营，分别由粮站、供销社或集体所有制的单位经营。总体来说，白琳老街的店面偏少。

白琳老街从街头顶开始，地名分别是"统坪顶""石门头""大马路""五级岭""中街""街尾"。

大马路一段最繁华，改革开放前分布着白琳公社、粮站、供销社、饼业社、药店、京果南杂店、菜馆等。大马路以后溪弄为参照坐标。后溪弄是一条长长的弄，直通到后溪，与白琳至磻溪的公路相接。

与后溪弄同侧往街头顶方向分别是粮站经营店、食品猪肉店、供销社水产品与盐经营店、小货郎经营店、米粉经营店、青草店、修补铜制品与杆秤店，往街尾一侧分别是医药店、供销社的百货店与南杂经营店。后溪弄正对面是集体所有制的菜馆，经

白琳老街街景

营着煎包、粿汤、年糕、米粉等小吃。往街尾分别是光德堂、南杂店、食杂店，糕饼店（饼业社）、修手表与刻印店。

计划经济年代，粮食、大米、油等副食品，布匹、火柴、糖、煤油等日用品，都要凭票凭证供应，猪肉、水产等都需要凭票购买。居民户口成人每月供应大米只有28斤，价格0.14元/斤，猪肉凭票供应，价格0.72元/斤。

大马路的街面是农副产品的集市区。清晨时分，沿海一带靠讨小海为生的渔民和白琳附近的菜农会把海产品和自产的农产品挑到大马路沿街叫卖，人声鼎沸，遇上端午、中秋等节日，整个大马路街人头攒动。1987年建设了专门的农贸市场，大马路的拥堵状况才缓解。

石门头的店面比较分散，有粮站分店和米厂、兽医站、膏药店、布鞋店、豆腐店等。全镇居民烧火用的木柴、竺萁草、树枝集中在石门头。草料木料大都比较早被采购，半上午后石门头显得比较冷清。

中街一带许多店面被农机、农具占据，有专门的打铁店铺，锻造各种农具。电影院在中街，一到晚上，遇上好的影片上映就马上热闹起来。1976年上映《草原英雄小姐妹》热闹空前，造成影院二楼塌陷，所幸没造成人员伤亡。中街有三中巷，是福鼎三中的学子从白琳老街往返校园的必经之路。

医院是统坪顶最重要的机构，平时人来人往络绎不绝。供销社土产收购站承载着许多儿童的梦想，平常收集的鸡毛、鸭毛、牙膏皮以及当地土特产都可在此换成零花钱。

改革开放后，各类物资增加起来，粮食、布匹、衣服、布料等都可以自由买卖了，从统坪顶到街尾的沿街增加了许多店铺。

白琳老街的三个油行

吴思希

在白琳老街有 3 个油行，专门加工、销售食用菜油与茶油。把油料果实变成食用油，需要一套特定的加工器具，还要有专业操作技术人员，3 个油行经营直至 20 世纪 60 年代被机械设备榨油替代。

3 个油行分别是统坪顶三岔路口的陈氏油行、石门头詹氏油行及街尾的胡氏油行。清末民初，秀阳东洋山陈氏三兄弟来白琳谋生，几经创业，在统坪顶办起陈氏油行。詹氏油行是詹振班、詹振步兄弟经营广泰茶行发家后兴办的产业。胡氏油行始于清代，由宝桥胡氏兄弟创办。

油坊内一般设有磨坊、榨油坊。磨坊有大石槽，直径 10 米，一次性能加工 100 斤油菜籽。100 斤的油菜籽能出 30 多斤菜油。磨坊有谷皮灶、蒸灶、铁箍 50 个，一般需要 3—4 个雇工干活。

福鼎一带的油料作物主要是油菜花籽和油茶籽，较少种植花生。原料一定要洁净、干燥，才能榨出好油。

要把籽实中的油榨出，需把籽实加热，先用文火把籽实炒热，这是技术活，也是最关键的程序。炒制时火候掌握得好，出油率就高。

榨油的一般操作流程是：

第一道工序是油菜籽过秤后，放入大锅爆炒一定时间，再倒入石槽内。

第二道工序是把烧热的油料籽实在石槽里碾成细末。碾子用大石头打造，中间有轮轴，以水牛带动轮轴，使碾子转动起来，把籽实充分碾成细末后再倒入铁丝圆箍（内垫稻草）。

第三道工序是榨油。设备设置巧妙，利用杠杆原理，把装有碾碎的菜籽用稻草裹实，再一个一个叠起来，用石板进行压榨。粗大的木头两端还用几个绑好备用的石头逐渐加重。在这样的压榨下，油就会从石槽里流入木桶中，油香四溢，弥漫周围空间。

第四道工序是卸掉榨具，把圆箍里的菜籽渣沥干，用手一块一块掰好装入蒸笼，蒸约 40 分钟后，倒入石槽继续碾，之后再放入圆箍内，将原先稻草重新裹好，进行第二次压榨，直到无油溢出为止。

纯手工榨油的作坊，历经采集原料、磨胚、蒸胚、包坨、压榨、沉淀成油等多道工序，榨出的油质纯、色亮、口感好。

油品榨完了，留下的圆形菜油渣（方言称为"菜膏"，油茶种子榨油后的渣称为"茶膏"），广泛用于土壤改良，是很好的有机肥。茶膏还可以在洗头时当洗发精用，可以"毒"鱼——用热开水泡过，倒入小溪，溪里的泥鳅、小鱼会浮出水面，便于捕捞。

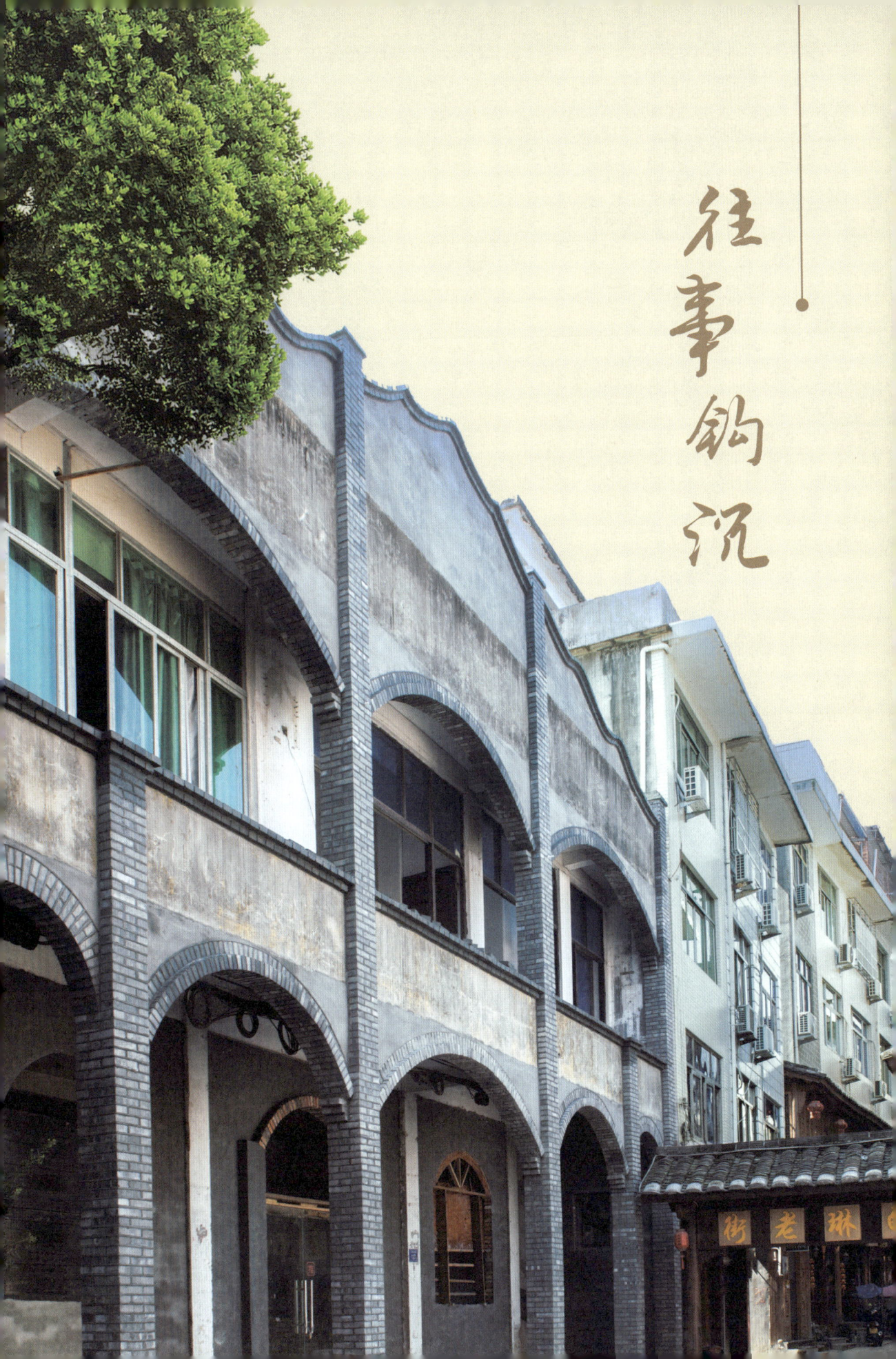

往事钩沉

白琳货币使用情况

杨应杰

明清两代的货币是银圆、铜钱兼用，民国时期货币比较混乱，1914年政府确定以银币为中华民国国币，铜圆为辅币。1935年，国民政府实行法币改革，后因法币贬值严重，民间自动重新使用银圆、铜圆。1948年，政府又发行金圆券，不到1年金圆券贬值，又复使用银圆、铜圆。许多茶商在茶季上市时，发行本茶号钱票作为辅币券，便于向农村零星茶户收购茶青和发放厂内拣茶工人工资。1949年前后，中国人民银行发行了人民币。当年工商业发达的白琳，各种货币是怎样流通与使用的呢？

清光绪年间，清政府大量铸造银圆，俗称洋钱、大洋。光绪年间的银圆上面有一条龙，称为"龙洋"。"五口通商"白琳市面流通的银币有光绪十四年（1888）光绪元宝和宣统二年（1910）大清银币等，后宁德三都澳被辟为外国通商口岸和外国海军基地，外国银圆流入白琳。墨西哥商人带来墨西哥银圆，也叫"墨银"，上面有一只鹰，又称"鹰洋"。民国初期，白琳市场流通有"袁大头"和"船帆"银圆。白琳人统称银圆为"番钱"或"东关"。

清末、民国时期最容易使人混淆的货币为铜币、铜圆、毫银三种。铜币，俗称"钱仔"，中央开方孔，铜铸造，宋、元、明、清各朝铸造的铜钱在白琳均出现过。清光绪二十六年（1900）停铸铜钱。一贯铜钱（1000文兑银圆1元），1913年市面流通十分广泛，1925年后逐渐停用。市面停止流通后，白琳富商嫁女时，常以铜币为贯，作为压箱钱。铜圆，俗称"铜片"，流通时间最短，圆形，无方孔，从清末始用到1949年，只短短40多年。清末与民国时期，市场上的铜圆有"光绪元宝""大清铜币"等各种铜币（各省还自行发行铜币），每枚重2钱，含铜95%，白铅4%，锡1%。民国初期，1块银圆可换铜圆100枚。毫银也是用银铸造。两广总督张之洞创办的广东钱局，于光绪十五年（1890）开始铸造银币。其中，银圆就是

船帆银圆

二角毫洋

用纯银九成铸造，重七钱二分；毫洋就是用纯银八二成铸造，有重一钱四分四（俗称"双毫""双龙"）和重七分二厘（俗称"单毫""龙角""单龙"）两种，平常百姓管叫"毫洋"，分别是为1角、2角。白琳还流通一种地方性毫洋，俗称"12年角"，属于海军系统在福州郊区洪山桥设立铸币厂铸造的毫洋。1935年，民国政府实行法币改革，禁止铜圆、银圆上市。国民政府规定，中国银行、中央银行、交通银行（后增加中国农业银行）所发行的钞票为法定货币，同时禁止银圆在市面上流通，并强制白银收归国有。当时法币流通的面额有10元、5元、1元、2角、1角、5分等6种。1937年法币发行总额不超过14亿元，1948年法币发行额竟达到660万亿元，面额大至5000元、10000元，以致白琳市面上出现如下情况：

墨西哥银圆

袁大头银圆

在霞浦把一头牛卖掉换成钱之后，回到白琳只能买到一只鸡；

法币被拒绝使用，交易都用银圆、铜圆或谷子来论价；

商户用法币来裱褙墙壁……

1948年8月19日，国民党政府对法币贬值及通货膨胀无法制止，企图用金圆券这一特殊货币的发行，扼制日益崩溃的法币。规定：金圆券1元折合法币300万元，纯金1市两折合金圆券2元，每4元金圆券折合1美元，持有金圆券者可以购买外汇。不到一年，金圆券贬到500元只能兑换银圆1元，信誉丧失殆尽。中华人民共和国成立后，人民政府以1元（第一套人民币）兑金圆券10万元的比率，把金圆券收回作废。

民国时期，白琳的稻米还不能自给自足，许多农民还要大量地食用番薯丝（俗称地瓜米）。米谷乃值钱之物，许多人家里都没有隔夜粮，地主或有钱的人购有较多的田地，租给农民而进行收租。在白琳广泛流传着这样的故事：霞浦壮汉饭量大，劳动力强，来到白琳找活干，几天没有找到活干，不幸，饿昏在统坪天王亭戏台旁。一个做豆腐老汉得知他的情况后，就准备雇他，因夫妻俩尚未歇业，便叫他先到厨房吃饭，夫妻俩在锅里煮的饭一下子被饿汉吃了精光，肚子还只是半饱。饭后，壮汉请豆腐老汉安排活让他干，豆腐老汉一看锅里的饭全没了，自个儿小本生意可请不动这种食量大的壮汉，便直言把他打发走了。正往回转的时候，又一老汉家里有重活需雇壮汉帮忙，当晚带他到家里吃晚饭，壮汉因有前例，遂只装一碗饭便不敢再吃了，没想到饭后老汉就打发壮汉回家。壮汉问是啥原因不雇他了，老汉说："看你的饭量这么小，在我家干力气活，要与我儿子对手干活，你肯定撑不下去，还是趁早回家吧。"壮汉哭道："没想到会吃饭没活干，不会吃饭又没活干，惨啊！"老汉问："这又怎么说？"壮汉把中午的经历给老汉说了，老汉得知情况后，马上说："那你再吃啊。"于是，壮汉一口气吃了三大碗饭。一年下来老汉家里也丰收，壮汉一年都能吃个大饱，又得了十多个银圆回家，生活日渐殷实起来了。

铜钱（钱仔）

银圆、铜圆在白琳购买力如何呢？一担谷子折合货币为两个银圆。收成好的年份，1担稻谷为1.8银圆，收成差的年份涨至2.2银圆，1斤猪肉约1个毫洋（单毫），10个毫洋等于1银圆，5个双龙（毫洋）也等于1银圆。1尺棉布约需1个毫洋，1双尼龙袜需1个银圆。1941年茶贩陈义至福州贩茶毕，为新婚妻子买了1双尼龙袜，

铜圆（铜片）

其父咬牙直呼："花去半石谷子，岂不惜哉。"那时，在白琳3个铜板（铜圆）能购买1碗粿汤，两个铜板买3个光饼，剃1次头需12个铜板。

每年茶季来临时，白琳有实力的茶商如广泰、双春隆、同和春、恒丰泰等茶馆临时发行一种变相的辅币券——钱票，面值从不高于壹角、伍分，作为补救解决毫洋、铜板的大量供应不继的问题。这些钱票可用于向农村零星茶户收购茶青，发放厂内拣茶工人的工资，而且这些钱票在白琳市场上可以流通，店铺与商贩都十分认可。一到茶叶收场阶段，即由原发商号陆续收兑注废，从无发生倒账或挤兑等现象，对整个地方金融市场没有造成混乱或不良影响。

中华人民共和国成立之初，白琳市场基本上仍流通银圆、铜圆，市场交易以金银为计价单位，有的以米谷代用。人民政府采取一系列措施进行宣传，加强市场管理，稳定物价，抑制通货膨胀，积极收兑黄金、白银、银圆，树立人民币信誉，使人民币得以推行使用。人民币共发行五套，第三套人民币自1962年发行，有1元、2元、5元、10元、1角、2角、5角，有7种面额。这个时段人民币很稳定，正常人伙食1个月7元左右。一共发行16种证，粮食、布匹、副食品凭证供应，居民粮食由粮站凭证供应，1斤米只需1角4分，猪肉凭证供应每斤7角，白琳到福鼎车票价格为6角5分，5—10个鸡蛋1角钱。第四套人民币自1987年发行，发行面额为1角、2角、5角、1元、2元、5元、10元、50元、100元等9种面额的人民币；1992年6月1日至8月20日发行新版1角、5角、1元硬币，市面上才有新的50元、100元面额的钞票，改变了1949年以来计划经济市场下人民币只有10元最高面额的历史。

翁江萧氏说略

◎ 陈启西

福鼎当地流传一个动人的神奇财富传说。高山柳氏在野外偶然挖到聚宝盆,"柳"地方话谐音"挖";高山柳氏发财后将女儿嫁给秦屿文渡江氏,"江"地方话谐音"抬";文渡江氏发财后又将女儿嫁给桐山玉塘里夏氏,"夏"地方话谐音"运";玉塘里夏氏发财后再将女儿嫁给白琳翁江萧氏,"萧"地方话谐音"烧"——从高山柳"挖",到文渡江"抬",再到塘里夏"运",最后翁坛肖"烧",就此轮发了四个家族四代人。福鼎域内的财富神话转手四个家族,在最后一个封建王朝的覆灭前夕,"聚宝盆"一烧就没了,悄悄地画上了句号。翁江萧氏的财富传奇已烟消云散,但留下了豪华的墓葬、经典的古民居等。

翁江萧氏先世于清康熙年间,自闽西汀州府上杭县胜运里棉村移迁点头镇岽山。始祖萧汉华生子三,天爵、天禄、天成,分乾、坤、泰三房。嘉庆间因邻舍失火,旧屋化为灰烬,泰房萧天成举家徙居白琳翁江。萧天成生五子正玑、正奎、正枢、正谟、正伦。移迁翁江后,泰房下又分仁、敬、孝、慈、信等五房。萧氏迁居翁江后,不出一代人就暴富,此后整个家族积财万贯,家族产业遍布各地,族群发展至一个高峰,先后建成三座宏伟壮观的屋宇、令世人惊叹的墓葬群以及美观精细的泰房宗祠。这么短的时间内,萧氏是如何积累巨额财富的呢?

美好传说,撬开财门

据翁江萧氏后人介绍,关于萧氏财富来源有个传说。萧氏兄弟五人在福宁府(今治霞浦)一连开了13家的布店,生意做得很是红火。据说有一年,几个"下南客"(闽南人)船停在霞浦埠上,一连几天阴雨绵绵,客商看天气不太好,就将13担零一头(箩)的染料,寄存在萧家布店里,说好半个月来取,可是过了好几个月都无人来取。恰巧邻街一家布店缺染料,向萧家借一头,但萧家自己没有多余的染料,只有廊下寄存了十几担客商的染料,在邻街布店的多次请求下,萧家自思反正都是染料,便将客商寄存的暂借一头与之,能帮助邻里,有什么不好呢?于是将客商寄存的一头染料借与邻家布店。一般来说像邻家那样的小布店,一头染料足以生产半个月。可是不出三天,邻家布店老板又来借染料,邻家老板的行为有点反常,引起萧家主人的注意。到了晚间,悄悄将客商寄存廊下的染料,细查一遍。不查不知道,一查吓一跳,原来这些染料只是面上一层,以下俱是白花花的银子。于是这些巨额财富俱归萧氏。后来,萧氏布店、茶庄等生意顺风顺水,财源广进。没几年,一个富甲一方的新兴家族就此突起。传说美妙动人,但颇不足信。我们从萧氏后人所传家族发家史的只言片语中似乎找到了答案,萧氏发家多半是因经营布店、茶庄等生意赚了大钱。

据介绍最巅峰时,族间公轮田,年可收租5000担;泰房支祠堂田,年可收租5000担;另外仁、敬、孝、慈、信五房每房年有田租5000担收益,还留有书灯田若干。萧氏祖上之所以置有如此丰厚的公轮田、祠堂田,据说主要防止万一将来五房子侄败光家产,留下的这些祠堂田、公轮田,足以确保子孙后代经久不衰,源远繁昌。

三泰茶庄,盛极一时

随着商品经济的发展,茶产业的经营群体逐步壮大。在福鼎众多茶商中就不得不提翁潭萧氏三泰茶庄了。萧氏三泰茶庄以其雄厚的实力,成为当时闽东极具影响力的茶叶商号,至清咸丰初年达到了鼎盛。

旧时茶商因在茶叶运销中的职能不同,大致可分为收购商、茶行商和运销商,而三泰茶庄是一条龙经营,家里收购茶叶,开茶商号,运销上海。起初萧正枢兄弟5人在霞浦开布店,并无涉及茶业;嗣因地方产茶叶,发现经营茶叶颇有利润,因而试探性地兼营茶行。据有关资料载,萧氏经营茶叶始于清嘉庆二十年(1815)前后创建三

萧氏祠堂(林钢生 摄)

泰茶庄。"泰"即"通","三泰"取意收购、茶行、运销三通,寓意财源亨通。道光二十一年(1841)五口通商后,福州、厦门成为茶叶出口口岸,大大促进闽茶的发展。随着我国茶叶市场的逐渐繁荣,上海形成当时中国最大的茶叶交易市场,于是茶叶生意越发亨通的萧氏,将三泰茶庄开进上海滩,使茶庄经营进入巅峰期。

上海三泰茶庄创始人当为萧正枢。萧正枢(1788—1853),字梦轩,副贡生,少颖异,29岁时就被其父委为总理家政,管理翁潭萧氏所有产业。时三泰茶庄主营绿茶,兼营白琳工夫等。萧正枢将三泰茶庄立足上海时,正值中国茶叶占世界茶叶出口的绝对份额,销路极好,利润也高。没几年,三泰茶庄得到空前的发展,在国内许多地方设有分号,贩茶所得利润更是高得惊人。于是萧氏将所得巨额财富广置田地,大兴修建宗祠、祖坟等。据了解,巅峰时萧氏拥有的田产遍布福鼎、霞浦等地方,田产年可收租3万担以上。不久又于虎头山右侧大兴土木,兴建泰房支祠。祠堂鼎建后,萧氏就又大建祖墓。

乐善传家,代有显人

翁江萧氏发家致富后,不仅代代乐善好施,且广交善缘,接纳地方文人墨客,一方面提高家族声望,另一方面希望子侄领略各方文风熏陶,搏击科场,以壮家族声望。据统计先后驻足翁江水竹湖的文人墨客、达官显贵有魏敬中、王聘三、王守锐、王祖望、林步蟾、吴念祖、萨镇冰、王翼谋、智水、江本侃、孔昭淦、黄寿祺等几十人。

乐善好施。据不完全统计,萧氏自移迁翁江起,前后捐资地方公益事业达万金之巨。先有咸丰五年(1855)福建提督学政都察院左副都御史彭韫章送匾"福臻畴九",后有萨镇冰送匾"乐善好施",今两匾尚存。

翁江萧氏始迁后,有始祖萧天成,字位茂,例贡生,每遇岁歉,罄所蓄平粜,按户口分给近乡无粮食者,其乐善好施事迹载入《福鼎县乡土志》。萧崇岚,建厦济急,救荒造桥亭,修庙宇道路莫不为之;清道光二十四(1844)年,邑修河坝,建考棚,公之孙功超为董事,捐资助举。道光二十年(1840),孝廉高云坨倡兴建之议,萧正枢首肯并任总理,既修河坝以护城,建文昌祠、忠孝祠遂创考棚,置实兴田若干亩,为乡会试资捐数千金。萧承鹤,同治年间岁歉,辄减价平粜;出资独建石床万安桥,长十余丈,屡圮屡修,前后费金数千,不少吝。迨清光绪戊戌年(1898),岁大饥,哀鸿遍野,五房萧正伦之曾孙萧仰山,尽出仓谷,减价平粜,全活者无数,萨镇冰额以匾曰"乐善好施"。

贞烈有闻。据《福鼎县乡土志·贞烈》载:"翁江萧熊妾钱氏,江苏常州人。有侠气,谙武略,熊以千金纳为箧室。"清咸丰年间,浙江金钱匪乱,一股土匪窜入白琳翁江，村民惊而逃命。独钱氏不惧，并取出嫁时其父所赠长剑，戎服上马，驰骋30里，使之惊而窜逃，一时传为佳话。后萧熊病危，已入膏肓，钱氏救夫心切，割下股和药救夫。不久萧熊病殁，钱氏捶胸大痛，当盖棺时，钱氏以头撞棺盖，几乎气绝。当夜，钱氏服药而亡，年仅36岁。

倾心教育。萧立三，县武学生员，居福鼎点头，创办点头小学；后返回故里，倡议设族学，培育人才甚众。黄寿祺作《立三公六十寿诗》："灵峰毓秀产英奇，太姥山阿识有谁。蕴算才堪媲郐目，穿杨枝不愧由基。十年久舞闻鸡剑，周甲欣斟酗兕诗。积德长垂大雅后，莱庭绳武有佳儿。"萧宗潜，萧立三子，字希陶，1934年毕业于华北大学教育系，后任福鼎县教育局督学、北岭中学校长等职，系福鼎北岭初级中学筹建发起人之一。他首创福鼎简易师范学校，创业维艰，多有成就。1949年后当选福鼎县首届政协常委。萧宗潜少与黄寿祺同学，后又同游于燕京，交情甚笃。1984年8月，黄寿祺为萧宗潜立传，并撰诗曰："远隔幽明卅载余，忽看遗像涕涟如。长溪左海燕山夜，忍记芸窗共读书。"

时运不与，败落有期

"人有悲欢离合，月有阴晴圆缺。"一个族群也有其繁盛与败落。一个家族的衰败，往往是以当家主事人的沉浮为标志的。萧氏经历一段时间的平稳发展后，萧正枢年岁渐高，就由其长子萧凤（字纯书，号竹湖）总理家政。这个时期萧氏还在上海开有茶庄，老大萧凤在家里收购茶叶，老二萧熊在上海开茶庄，成为三泰茶庄在上海的第二任老板。老大在家乡连采五年茶，耗资不菲，此时国际风云突变，外国同类产品的茶叶挤占市场，而老二萧熊未能审时度势，认清形势，大量囤积茶叶，导致萧氏茶产业的资金链中断，由此连锁反应影响到萧氏的其他产业。

经此风波后，兄弟就开始离心了，各房要求家产分化管理，一个家没有一个英名的"舵手"，家族的败亡指日可待。再者，家族间因历年举巨资做善事，费资不菲；族

萧氏民居（林钢生 摄）

间子侄渐染上抽大烟、赌博等恶习，无心料理生意；外商抢占中国市场，传统产业日渐萧条……萧氏家道中落，五房各自的产业俱败没，仅剩族间的公轮田、祠堂田尚在，勉强支撑门面。家财万贯的翁江萧氏，渐渐重归于寻常百姓家。

萧氏自移迁翁江200年间，崇儒施教，人才辈出，代有显人。至清末，计有举人1人（萧骏，名焕椿，号逸九，光绪丙子科乡试中式第73名，特授南靖县教谕），例贡、捐贡等贡生16人，庠生、武庠生11人。

截至目前，翁江萧氏共繁昌600余人，其中尤以二房（敬房）人口最为昌盛，约占五成。在新风尚的熏陶下，越来越多的萧氏后人自己再建新房搬出去住，原本喧嚣一时的萧家大院，没几年渐渐沉静下来。唯有那高大的马头墙和气派门楣，依然向世人昭示着曾经的辉煌。

玉琳蔡厝与其主人

陈启西　杨应杰

白琳集镇亦称玉琳，东南有百步溪穿流而过，逾车洋绕湖头，历瓜园经王家屿出宝桥入海，蜿蜒70余里，溪门宽广，竹筏可通行。白琳古镇向来茶叶特盛，尤以白毫茶品质冠绝五洲，中外通商，商贾辐辏。古镇历史悠久，至今还保存福鼎最为完整的古街，光滑的青石路面东西逶迤里许，想见往日繁华。几乎是在古街发展至高峰的清乾隆年间，瓜园蔡氏一分支入迁玉琳古街。

据了解，瓜园蔡氏源自莆田，先世因丧乱居无定所，于明天启七年（1627）迁福安七都白石坂，历4世。清康熙十九年（1680），有蔡宗善挈眷迁白琳湖头居11年，康熙三十年（1691）定居瓜园水木山庄。蔡宗善生子六，分智、仁、信、义、忠、和等6房。瓜园蔡氏先世以务农为业，后起继之读书，但求识字不求仕宦，同居9世，相睦相亲。族群至清嘉庆间发展至一个高峰，人才辈出，其中尤以蔡文蛟、蔡文焕、蔡文聘等人最为显名，人称"瓜园三蔡"，在地方享有较高的声望。而玉琳古街至今保存完好的蔡氏民居，就是对发展高峰时蔡氏的最好见证。

过去，只要在地方有声望

玉琳下蔡厝（林钢生 摄）

玉琳上蔡厝（林钢生 摄）

的家族，对自己的原始财富积累，都编有种种离奇的传说。玉琳蔡氏也有。据传，蔡氏先祖从湖头杨家分出后，做鱼鲜生意，有一年贩海鲜路过周仓岭，因出恭拔芒草，为草所割而得遗银意外致富，从此掀开蔡氏的发家史。另有《济阳蔡氏宗谱》载，有瓜园智房蔡日亿，于乾隆初年首迁白琳玉琳街。蔡日亿，字可万，号舞台，以封山育林起家。蔡日亿蔡其包父子以善于种树，搞养殖发家致富，积累了一定的财富，算是小康之家，但还没有能力建大厦。传至蔡其包第二子蔡文聘，以行医起家，兼营茶庄，获利颇多，终建成玉琳首座光大门庭的大厝，即下蔡厝。白琳现存蔡氏民居主要有上蔡厝与下蔡厝两座，是玉琳古街中街较为气派的古民居之一。

蔡氏民居坐南向北，南向映入眼帘的就是神天山，据说冬季雪下得不大时，街上无雪，高山中有雪，神天山的顶帽也有积雪，山顶戴着"帽子"，煞是好看。上蔡厝与下蔡厝俱是两进式，下厝较精致，上厝较朴素。上下厝主体保存完好，雕刻精细，琉璃装饰，门厅临街，及两庑。上厝与下厝依山势呈级级上升之势。较早建成的是下蔡厝，传为蔡文聘所建。上蔡厝2016年毁于火灾，现改建成砖混结构房屋。

蔡文聘（1798—1855），字廷徵，号莘畔，有兄弟4人，居二。文聘幼时，敏而好学，年仅23岁取入福鼎县学。不久父亲去世，两弟还很小，为了全家人的生计，文聘放弃仕进志向，操持全家事务，历尽艰辛，节俭持家，终建成下蔡厝，光大门庭。蔡文聘为人好义，清咸丰三年（1853），适逢灾年，乡民缺粮，山匪四出剽掠，地方政府束手无策，他挺身而出，发动志同道合的乡绅订乡约、编保甲、平谷价，很快地方治安平稳下来，百姓得以安居。蔡文聘过世后的一年，福鼎县令赵大桢督办白琳事务，白琳乡民哗而攻之，赵大桢铩羽而归。福宁知府王广业亲自带兵到白琳剿灭，周边村民为之震动。瓜园村摄在中间，王广业路过时，兴致很高地说："这里面一定有像陈促弓、王彦方一样很有修

县令送蔡母的牌匾（林钢生 摄）

为的人，周边乡民都群而作乱，独此立地平静！"这就是要算蔡文聘敦族的功劳了，他经常告诫族间子弟："土著诸豪右横甚，祸将作矣！汝曹勿效所为，庶免于难。"现下蔡厝还保存清道光七年（1827）福鼎县令邓贤澍为蔡文聘母亲李氏赠匾，上书"画荻遗徽"。乡贤周梦虞赞曰："甚矣天之报施，善人不爽也！"蔡文聘生有4子，鲁孟（邑庠生）、鲁镐（候选州同）、鲁溱（监生）、鲁望。上蔡厝为文聘第三子蔡鲁溱所建。据《瓜园蔡氏族谱》载，蔡鲁溱善承父志，建成上蔡厝。

蔡鲁溱（1824—1895），字仰旗，号济五。年轻时，勤俭创业，披星戴月，经营鱼鲜十余年。积攒了一定的财富后，就在玉琳街开商店，专营生活用品，日渐丰盈，后建成上蔡厝。缘于历史上白琳茶叶特盛，周边市民得惠于茶，出了不少的豪商、富户。玉琳蔡氏也不例外，在经营茶叶上获利不少。上蔡厝的后门建成门楼式，门楼过去据说就是上蔡厝蔡氏的重要产业——蔡氏上茶馆，与此对应的蔡氏下厝还一处称下茶馆。除此之外，玉琳街大马路还有一处茶庄，1930年寿宁土匪何金标窜入白琳纵火抢烧玉琳街时被毁。后茶馆遗址一度作为校场，后转手卖给本地大茶商吴世和。吴氏重新建成白琳最大的茶馆——双春隆茶庄和平安药堂，如今100多年过去了，吴氏家业旧貌犹存。

蔡鲁溱有子四，咸令习举子业，其诸子每夕归自塾，鲁溱无论多忙，都要抽一点时间亲自课督，经常夜深人们都入睡了，他还督促子弟努力学习。蔡鲁溱上承祖世德，仗义疏财，倾身地方公益，如倡建白琳文昌宫，广辟学舍数十间，为本都人士诵读之所。文昌阁建成后，四围通道有争议，新建文昌阁无路可走。蔡氏想了个办法，请县老爷视察文昌阁。因无路可进，故让轿夫绕阁转圈。县太爷觉得奇怪，拉轿帘方知，于是路得解决。

玉琳蔡氏历来善应诉讼，有蔡文聘孙蔡维俊与县太爷争诉辩获胜的故事。蔡维俊（1865—1934），号宅卿，白琳著名茶商，妻吴氏系福鼎县丞吴锡铭之女。坊间传闻，有一次蔡维俊与县老爷争辩，气不过，一怒之下，掀翻县太爷案几，只是其人聪颖，把案几向外翻，好像县太爷自己踢倒案几，最终打赢官司。

风雨沧桑，蔡氏民居历200年，上厝、下厝基本保存完好。时至今日，越来越多的蔡氏后人再建新房搬出去住，没几年，原本喧嚣一时的蔡家大院渐渐沉静下来，但古厝房梁上下的精细雕刻，尽显往日的豪华与尊贵。

大马路的"陈裕荣"轶事

陈明亮

我的曾祖父陈启拳原居白琳秀阳村东洋山自然村。清道光年间，其长子陈鼎玺迁居点头街头顶，次子陈鼎鼐迁居玉琳大马路，三子陈鼎汶留守东洋山。此后，陈启拳一门五代人与大马路结下不解之缘。

穿越马路

清末民初，白琳是闽东乃至闽浙边界著名的产茶区和茶叶交易重地，诞生于此地的白琳工夫誉满天下。三十六家茶馆雄列玉琳街两侧，商贾云集、车马喧嚣、人声鼎沸，大马路大埕则居于玉琳街繁华闹市的中心标志地带。

大马路横亘于南来北往的交通要道，从永嘉（浙江方向）来的客商，投宿于桐山栖林院驿站，清晨出发，经点头过百步溪，进玉琳街，黄昏到达大马路，于大埕上的水井边拴马喂草，补充旅途必需品，晚上在玉琳天王寺驿站住宿，次日晨，牵马走金堰塆，登五蒲岭，绕三十六弯出龙亭，入福宁府或福州界。

玉琳老街大马路（陈明亮 绘）

大马路是白琳老街的一段，从五级岭起，至和尚馆止。昔日，大马路大埕是"玉琳茶叶交易市场"，南来北往的商贾把马和驴拴在大马路大埕饮水、喂草、歇息，"大马路"之名或由此而来。

每逢茶季，磻溪的湖林、黄岗，点头的大坪、举州等地的茶农，将茶青用马驮、驴驮、人挑，下葛藤岭、经统盘顶、越街头顶、过石门头，来到大马路交易。各家茶馆收购的茶青，经过加工后装箱，挑或运至后岐码头，经海路，北上温州、上海，南下福州、厦门、广州，经港口销往国外。

陈裕荣布行门前是宽敞的大马路大埕。埕中心有一水井，其边有马槽，供往来马匹饮水。右边有一幢木构两层茶青仓库，左边是双春隆茶馆，背临杨武爷岗和后溪宫。大埕建筑于1930年被匪首何金标烧毁，后来这片土地被大财主吴成和（阿亥）买去，盖成一整排两层沿街店面，后为白琳供销社百货商店。昔日大马路，商铺毗连，繁华一时，一边是赖成辉茶馆、平安药店、双春隆茶馆、陈永盛店、光德堂，另一边是梁氏客栈等。

裕荣崛起

祖父陈鼎鼐少时随父母于玉琳街大马路旁结庐而居，白天在大马路茶市打工，兼营小本生意，之后开杂铺小店。经过多年的经营，有了一定的积蓄，拆草房盖瓦房。后翻修扩建，始成初具规模的沿街三榴房屋，前为商铺，后为住房。多年后又购买后门大片坡地，盖起后园（1949年后为白琳饼业社，作为条面加工厂、面埕及豆腐坊）与柴房。商铺取商号"陈裕荣"，是玉琳街远近闻名的布行。

儿时听伯父陈光华说起陈裕荣布行临街的三榴商铺，有二层高，三榴的第二层各有一扇花窗，精雕细琢，双层推拉。各榴均悬樑斗拱、双龙飞舞，厝两侧有高矗的防火墙保护，是玉琳老街少有的精美建筑，可惜1930年被土匪何金标烧毁。

陈裕荣布行是白琳周边唯一的布店。在春茶交易时段，大马路上人山人海，一派繁忙，陈裕荣布行前人来人往，店铺内人们买布匹、抽干烟、喝茶水、谈天说地，一派繁荣景象。

风雅韵事

祖父陈鼎鼐一生，栉风沐雨、披荆斩棘、不辞劳苦、艰苦创业，又恰逢白琳茶市最火热时期，卖布发家，一帆风顺。

祖父原配夏氏，桐山玉塘旺族夏树公之女，因结婚多年未能生育，遂从东洋山抱养族亲三岁男婴为养子，取名陈光华，字世芝，生于光绪丙午（1906）六月初六。次配乃桐山北山亭杨阿徬之女，生有二男二女，长子陈光霖，号雨林，生于1929年七月初八；次子陈光绸，字世美。

当年，大马路陈家两件事在玉琳老街坊间名噪一时，为众人茶余饭后谈资。

一是养子陈光华大婚。陈光华从小入私塾读书直至成年，精通诗文、篆刻、书法，喜收藏古玩，平时外出戴高帽、穿丝绸，一表人才、风流倜傥。陈光华到了婚娶年龄，祖父陈鼎萧不惜下重金聘礼，为他迎娶巽城海尾财主何克昌女儿。陈光华大婚时，雇去巽城海尾接新娘的轿夫就有四十八人，压杆一人。大花轿上的二根抬杆各镶上一条金箔，金光闪闪，以炫耀大马路陈家的富贵。

二是陈鼎萧在原配病故多年后娶次配杨氏，又在不惑之年得子。儿子满月时，用水缸里舀水的"水瓢"（方言"浮头"）来做特大"红龟"，雇用四名挑夫用大箩筐装上，分二组从街头到街尾，街上街下亲朋好友，家家户户都送上一份，分享喜气，以彰显大马路陈家的大方和气派。

飞来横祸

1930年，寿宁匪首何金标啸集匪徒数十之众，于2月10日凌晨3时许到白琳老街，沿街烧杀掠抢，茶商、富豪的金银财宝悉遭洗劫。

陈裕荣布行因在白琳街名气不小，早已被土匪盯上。匪首何金标一众从街尾一路破门抢劫，并特意到大马路平安药店、陈裕荣布行撬开店门，将店里财物全数装车运走，洗劫一空后，放火烧掉大马路平安药店十一榴、陈裕荣布行三榴店铺。陈裕荣布行从温州刚购进的一批高档布匹和店内贵重财物全数被劫。

临街商铺财物被抢劫时，陈家人都在后三榴厢房。因后门有铁皮包裹，石条顶住，劫匪未能进入。商铺起火后，后门三榴有天井隔离，又有防火砖墙和铁皮包夹大门顶住，陈家人幸免于难。后来，陈鼎萧把后园的三榴柴房拆下来，在临街三榴原址上重建店铺。

凄风苦雨

房铺被烧，财物被劫，大马路陈家也一蹶不振。

油尽灯枯一摊泪，人去楼空两闲愁。晚年，祖父陈鼎萧是在家道中落、金尽裘敝、疾病缠身之中艰难度过，但他始终坚持不卖房产，说留下房子子孙才有栖身之地、立业之本。临终前他还嘱咐儿女，他过世后不要花钱买棺木，用草席包裹一下入土下葬即可。

因家道没落，陈光华携儿子陈招弟（后出继海尾何家）、陈明星和小女儿，以收藏的历代书画、瓷器为基础，在桐山百货对面开一家陈万古古董店，聊以为生。

白琳 1930 年土匪之劫

☙ 白 杨 郑 明

白琳自清朝发展成为茶叶集散地，俨然一大集镇。民国延续茶业兴隆态势，源源不断地从广东和福建闽南、福州等地回流银圆，从而带来了白琳经济的繁荣。1930 年，土匪何金标在白琳集镇中心大马路放火抢劫，严重影响了白琳的经济发展。

民国《福鼎县志·大事记》载："十九年（1930）一月十一日夜，屏南匪首何金标率徒数百人由霞浦柘洋星驰到白琳，所过管阳、浮柳、仁山、石床等乡悉遭劫掠，而白琳受害尤甚。阅半日飑去，综计遭匪地方，房屋被毁者数十，人民被掳者百余，备受戕虐，勒赎多金，久乃放回。其被害而死及被胁而从者约十余。财务损失，尤更仆难数云。"

据文献考证，何金标并非屏南人，而是福建省寿宁县托溪乡圈石村杨梅栏人。为匪前，他家境贫寒可又不事生产，偷窃、赌博、嫖荡无所不为，逞强斗狠，当地乡亲对他又怕又厌恶。眼见在家乡无法立足，他便流窜到顺昌、建阳一带为人伐木。伐木危险又劳累，不安分的他，总想做一番没本钱买卖。1923 年，福建督军兼省长李厚基被皖系徐树铮与孙中山的北伐军联合驱走后，其兵溃散。何金标纠合了 6 个同样不安分的伐木工埋伏在一股溃兵的必经之路，当溃兵经过时，他们以巨木滚下，当即压死压伤几个兵士，其余的兵跑了，于是何金标缴获了步枪 6 枝，开启劫掠的第一步。此后他纠集起 100 多亡命之徒，拦路抢劫、烧杀奸淫。顺昌、将乐两县派兵会剿，何金标见势不妙前往寿宁一带徐图发展。1926 年，何金标的势力得到了很大的发展，其时有匪 600 多人、300 多支枪。他以寿宁为老窝，祸及邻近数县。

《柘洋 1930——何金标土匪破城始末》一文翔实记载何金标攻破柘洋城（今柘荣县）的前前后后。1930 年 1 月 29 日上午，地处福安县与霞浦县上西区交界处的上白石佳浆村窜来了大批的土匪。土匪进驻村庄后，不意下起纷飞大雪，直至 2 月 9 日，何金标一行才向柘荣开拔。土匪大队正拥往湄洋，而后向柘洋西门外源源而来。千人的队伍在旷野中分外醒目，柘洋城守城壮丁正等待土匪们攻城搏杀，出乎意料他们却是沿城外路折转向北门外，经水碓边往福鼎。

何金标从柘洋远道深入突袭白琳，是因其深知白琳是富庶之镇，而且探悉白琳一无地方团警的戒备,二无电话通信设备。

1930年2月10日凌晨3时许,何金标率匪百余人到达白琳。居民尚在酣睡,户肩如壁,匪众即在沿街各门攻打,吓得众人身不及衣,跳窗跳楼,四处奔避,猝不及逃或在逃中途被擒者计70余人。只有位于白琳街头下教堂边一带的居民,急不暇择地闯进教堂,幸教堂地较偏僻,又因时已将晓,匪众急于离琳,逃匿堂中居民赖以安全,其余沿街商店的金银财货悉遭洗劫无遗。妇女遭奸淫者不少。有赌棍蔡钦古顽强不畏,伺匪于门后,匪入,击之扑地,匪号叫一声,群匪蜂至,钦古拼命挣脱逃逸,匪怒,放火烧屋,株连100多间,大马路一带商店顿化灰烬。

到上午7时许,匪恐官军闻讯来剿,不敢久留,吹角叫哨,捆货绑俘,拔营沿原来道路向连山而去,所有人质均捆索带锁,匍匐道中,被掳往寿宁匪巢。之后,由中间人作代表,议价回赎,赎款有多到千元或百数十元者不等,被囚时间有二月、数月甚至长达一年的;时有无力或无人备款往赎,惨死匪窟的,如丁姓呆子和许姓老头;亦有被匪荼毒虐待,严重残害了身心健康,带病返抵家门而死者,如北平大学毕业生蔡铭山、医生徐心俊。此次匪劫,致白琳损失约值银圆百万元。

1932年土匪串扰白琳

蔡香圃　郑明

民国时期，闽东一带民不聊生，土匪作乱，何金标在屏南、政和、寿宁一带，厉木恭在霞浦、柘荣一带活动。1930年白琳历经何金标劫掠后，痛定思痛，成立民团以自卫。

厉木恭为霞浦县南路下首人，离霞浦县城五十华里，家财富裕，中等文化程度，因与军警摩擦而心生恶念，初纠合100多人，出没于城南一带，以勒饷派粮为给养，后逐渐扩充至约500人之众。

1932年农历三月间，该匪帮由霞浦南路窜到柘荣，由柘荣人孔永酌引领窜扰管阳，以"造饷为名"驻管7天。管阳乡头人即派人给予接待，群众惊逃。此次计纳去"饷款"800元，由大洋、道南、西岐尾盾、碧峰等片筹集送交，纳款户出款几元至几十元不等。

厉匪当时在管阳还拟算计进袭点头。据称，点头一地沃民饶，二不曾受过任何灾害，三无地方团警之组织，不像白琳尚有自卫团。不意有白琳鼎炉里人张彩雨结交厉匪，为匪内应，提供白琳军事、经济情报，引诱厉匪以六倍白琳自卫团的火力和16倍的人数，分途进攻白琳。按当时白琳自卫团只一个排，匪数有500余人（内配备枪弹完整者为200多人），厉匪到来沿途叫喊："只打自卫团，不抓老百姓。"自卫团亦早有准备，相应分发士兵分别扼守于高岗要隘之处严阵以待，当匪逶迤前进时，团兵先开枪射击，而匪散开不还击，个个弯腰低头挺进，自山下向上步步包围进逼。自卫团以众寡悬殊，自料难敌，弃守而遁，匪遂占领白琳，安营宿寨于自卫团原驻地的杨府高岗之巅，利用张彩雨为中间人（即所谓代表），号令商民回店，照常营业，但民不敢信。张彩雨指示人们献粮、献猪、献燃料外，还将应派饷款名单分送各户。饷款依限交缴，如有怠慢，即由张彩雨乘舆率队下乡挨户催缴。对踊跃应募、缴饷送货上门者，必鞭炮欢迎，以此人敢与近，匪亦自得。讵料匪盘踞到第五日上午7时许，白琳禄马山、神天岗机枪声、炮声朝着匪营狂风暴雨似的隆隆响，剧烈扫荡，山林草丛里，隐隐约约地活动着无数身着草绿色戎装的军人，吓得厉匪仓皇失措，纷纷溃逃。临逃前说白琳人古怪，一边与他好，一边请兵去打他，便于自卫团团长夏寿田屋放火，连烧80多间，下街一带房屋为瓦砾之场。其实此兵并非白琳人请来，而是当时福建保安八、九两连奉命自福州专轮开抵秦屿上岸，绕道太姥山下郭阳一带，至此包围厉匪也。有关当日被遣下乡催饷款的部分匪徒，中途闻讯未能归队，狼狈逃窜被宝桥船民胡金伏路射击一部分，被迫投水而死者也不少，侥幸逃跑之匪沿途亦受群众截击，有所死伤。厥后白琳办清乡，张彩雨知罪不负，逃匿，于大赖村的叠石脚被捕伏法，民众称快。

厉木恭逃离白琳后，趁夜开回管阳，天亮以后整队原路串往柘荣而去。厉匪此次劫琳以派捐为主，被派饷户多未缴纳，突援军踵至，赖以幸免。有关厉匪据琳5天费用和被焚商店民房估计损失，约合银圆14.5万元。

后来厉木恭被海军陆战队诱骗开往福州，船至马江，时被陆战队包围，厉本人被击毙，一些匪众被击毙或落水而死，其余溃散。

同善社与大刀会

郑 明

同善社是五四运动后泛起的历史沉渣，一些封建思想顽固者哀叹"世风不古，道德沦亡"，叫嚣要以"三教合一之宏义"来"挽狂澜而拯劫运"，因此结社设堂，鼓吹"率性修道"，狂言"天命之谓性，率性之谓道，修道之谓德"，标榜"忠义勇恕孝信和平"为八纲。在抗日战争时期，他们被敌寇、汉奸收买，利用群众愚昧无知的弱点，设坛惑众，为虎作伥。白琳同善社1937年设立，活动地点在白琳和尚馆，馆内设立社堂，演习静坐练气，诵经讲道。白琳队（包括点头）队长王兰卿、潘少伯（均白琳人）归匪首陈家绣直接指挥，人数约180人，土枪若干支，法衣齐全；翠郊队（包括长岐）队长吴家本（翠郊人），人数60余人，刀矛等齐全。

1942年前后，同善社接受汉奸的指示，要在全国范围内制造一次不同形式、不同程度的武装暴动，以配合日本帝国主义和汉奸在军事上的垂死挣扎。他们利用扶乩降神散布谣言、蛊惑人心，进而赤裸裸地指令各地同善社出面组织大刀会等反动武装叛乱，以扰乱我抗日后方，牵制抗日力量，以配合日本帝国主义霸占东亚与东南亚的侵略战争。

1943年上半年，福鼎大刀会准备公开暴动，定于九月初九全面开展行动。白琳原是大刀会总据点之一，是刀匪总司令部所在地，匪首李子章、陈家绣等经常在白琳指挥，因此各乡刀匪均陆续向白琳集中。当时县长王道纯得到消息：磻溪大刀会杀死磻溪乡长陶兆贻，打开仓库，抢走粮食，并到白琳集中，准备参加攻打县城。所以，他派一个保安队驰往白琳镇压，但保安队官兵深中大刀会宣传流毒，也相信枪炮不入的说法，进到百步溪时便趑趄不敢前进，后见刀匪迫近，乱放几炮后掉头就跑。接着，王道纯又派一个中队人马进剿，结果还是未打先逃。最后，王道纯决定指令军事科科长康捷成率带一个中队，配备机枪两挺并短枪队员30名驰往白琳痛剿。行至倪家地三板桥，康捷成便把队伍分两路，企图迂回向白琳包抄，一路由甲队长率两个分队取道湖头村，向石床岔挺进，包围白琳后路，堵截刀匪溃逃路线；一路由中队副率一个分队向王渡头包抄。康本人深知大刀会只惯于弄刀使棒，没有战斗力，只要首先用机枪扫射，把刀匪杀伤一大批后，其余定当溃逃，故自己带短枪队兵数名，走在队伍前列。进至百步溪桥头，他便命令机枪手向白琳方向扫射了约3分钟，因不见动静，便继续前进。走过百步溪便发现小山坡上有几十个农民打扮的刀匪出没，便叫人喊话："大兵到了，赶快准备投降了事，政府保证宽大处理，不杀一人，不抓一人。"连叫几次终无反应，康便下令准备射击，自己也带几名卫队大踏步走上百步亭门口，不料突现几柄梭镖已贴近康的左右胸胁，不待挣扎他便被刺死倒在血泊中。随身的两名卫队员虽然也拉开盒子枪打了几梭子弹，但终因心情慌乱，不但没把刀匪击退，反而也被刺倒跟康死在一块。原派出的两路截击官兵，听到康捷成死讯，也就不战自溃，狼狈逃回县城了。自康捷成被刺死后，刀匪声势益发嚣张，各村匪众均陆续向白琳集中。之后，李子章、陈家绣等布置攻城计划，于9月19日分兵两路，企图杀尽县政府人员和家属，结果却被政府军居高临下开枪射杀，伤亡惨重。溃败的刀匪，全部退回白琳。不久，省里派大军到闽东各县剿办大刀会匪案，引起各地同善社头子和大刀会首要分子惊慌，他们深感大祸临头，纷纷畏罪潜逃，同善社和大刀会因群龙无首自行解散。

上南区往事

陈起和

上南区是指中共霞鼎县委在1934年以白琳外宅为中心，包括秀阳、郭阳、梗树岔、坑里洋及秦屿潋城、吉坑一带地区计有30多个村庄设立的一个区。书记先后由蔡加诚、刘德深、陈诗鼎、黄瑞杏担任。同年6月，在外宅成立上南区苏维埃政府，下辖外宅园坪、郭阳等村苏维埃政府。上南区创建3年间，正值国民党部队对浙南与闽东苏区进行"围剿"阶段，因此发生了许多重要的事件，集录几件如下。

流坑亭战斗

流坑亭位于郭阳村，是秦屿通往县城的交通要道。1935年5月初，中国工农红军闽东独立团政委叶飞率独立团特务队30多人，从寿宁出发，绕过敌人严密的封锁线，进入霞鼎根据地进行革命活动。同年6月4日，叶飞率特务队抵达白琳郭阳流坑亭村时，获悉驻秦屿敌军派一个排护送军用品给驻白琳的敌87师531团，便决定设伏打一场伏击战。流坑亭是敌军必经之路，四周森林茂密，有利于我军隐蔽作战，于是叶飞当机立断命部队设伏于松坪岗上。待敌军经过，一声令下，枪声阵阵，敌军慌乱一团，四处逃窜。此仗速战速决，大获全胜，打垮敌人一个排，缴获步枪10余支，军用品30多担。

秀阳东洋山会议

1936年3月，刘英率领闽浙边临时省委机关进驻鼎平，成立中共浙南特委，书记郑宗玉，下辖瑞平泰、鼎平、福鼎三县委。为进一步加强基层党组织的建设，4月，闽浙边临时省委书记刘英到福鼎视察时，决定在白琳秀阳的东洋山召开福鼎县区干部会议，调整充实县、区干部。会议决定，林则涌兼任福鼎县委书记，刘德深任福鼎县委指导员，梁其泽任县委组织部部长，陈培康任县委宣传部部长，蔡爱凤任县委妇女协会主任，杨高庭任县团委书记，阮阿埕任上西南区委书记，蔡加义任下西南区委书记，梁其泽兼任西北区委书记，陈诗鼎任上南区委书记，周云卿任下南区委书记，陈珠佃（陈珠廉）任沿海区委书记。东洋山会议后，福鼎地区党组织进一步发展壮大。

地下交通员运送物资不利

1935年至1936年，国民党全面"围剿"中共福鼎县委建立的游击根据地。白琳的地方民团对广大群众发放良民证，对照指纹身份，严查户口，对陌生人严加盘查，封锁进入上南区委根据地的道路，企图困住上南区委。上南区委在康山山前村设立地下交通站，派兰德生、兰天费父子担任地下交通员。当时，上南区最需的物资有子弹、手电筒、鞋子等，怎么置办这些物品呢？交通员找到石门头的杀猪祥（又叫坏仔祥，当时为乞丐头，经常与国民党民团人员鬼混在一起），让他从民团手中盗出子弹，然后以一定代价换取。交通员把子弹藏在跳鱼篮底，经过重重封锁线送达山前交通站，然后护送至上南区。交通员们冒着生命危险反复运送紧要的物资，为上南区革命提供了强有力的后勤保障。

1935—1937年，中共福鼎县委在外宅建立交通总站。主要路线为：外宅—鞭树岔—下炉—资国寺—岐角—丹岐—莲花冈—三门里，外宅—后阳—东洋山—岭门后—马山—巽城—小巽—屿前—南往—乌岩，外宅—苏家山—郭阳—蒋家—五蒲岭—后坪—霞浦县委。

趁雾反包围

1937年春，福鼎县委书记刘清扬率领机关工作人员和红军部队100多人进驻朱家洋村。一天，巽城民团头子陈日煦带领巽城、坑里洋民团33人，并纠合联甲兵100多人"围剿"朱家洋。陈日煦壮着胆子，气势汹汹，根本不把红军放在眼里。我军接到情报后，趁着弥天大雾，埋伏在后门山竹林中。中午伪军散到群众家中吃饭，我军趁机包围了村子，枪声大作，吓得敌人丢下饭碗四处溃散。我军把顽敌压到外宅梧桐弯，展开了一场剧烈战斗。一部分敌人溃逃而去，一部分敌人被我军追到悬崖绝壁跌死。战斗结束了，到处是敌人乱丢的枪支。这一战，我军没有损失。

（本文参考了中共福鼎市委党史研究室及李学勉提供的资料）

日寇在白琳的暴行

☙ 蔡香圃

1945年5月，距离日本宣布无条件投降还有3个月。鉴于美国海军、空军频繁活动于西太平洋，盘踞在厦门、福州的日本兵已无法通过水路返回，于是经陆路，由连江、罗源过宁德、霞浦，再狼奔豕突到福鼎，5月20日经过白琳时歇宿两夜，所过之处，奸、焚、掠、杀无恶不作。

此前，日寇到达霞浦犯下罪恶罄竹难书，其劣迹早已传到白琳。当时琳江镇政府组织民众，挖沟毁桥，力图延缓日军到达白琳的时间。日军过境如蜂拥蚁蠕，逢湾、逢岔、逢岭就不断开炮，防我方有埋伏。从五蒲岭到金刚墩时，日军军官的马匹因道桥毁坏而摔死，日军恼羞成怒，把竹岚下民房20间毁于一炬。当时，有钱乡绅携带细软逃往磻溪方向或神天山、潘山庵等地避兵祸，一般民众也四下躲藏。日军到白琳后，即四向搜索，在大马路三角埕（和尚馆隔望）、白琳寨亭、禄马山、浦后、浦尾等地埋锅造饭。日寇忙于架电话，布岗哨，四处觅食渔色，掠夺财物。遭殃最严重的莫过于京杂店，店中的糖、盐、油、米等副食品被抢、被糟蹋。日寇还把粪便解于人家米缸、酱缸、饭锅、花瓶中。凡距白琳五华里内的村庄，靡不受破坏。有不幸被擒者，男则迫充夫役，女则尽被奸污。有一林姓者，在神天山的树林里，往白琳窥视，便遭日军哨兵枪击，子弹从他头上嗖嗖而过，差点毙命。第二日，日军还纵火烧毁街头下民房一大座和倪家地民房80多间。第三日晚日军拔寨而行后，一些当地居民还迟迟不敢回家。日军在白琳犯下罪行累累，罪恶滔天。

我所经历的大黄鱼丰收年代

杨应杰

　　林上鏊老人已经 90 多岁了，曾在白琳供销社水产批发部工作 27 年，至今对那一段岁月记忆深刻。

　　民间说的"咔磕"就是"大黄鱼"，也叫"敲罟鱼"。因为大黄鱼头上有两粒砂，在水里听到黄戟木敲打的咔磕声或敲盅声，头就会发晕，成群结队的大黄鱼就会往渔民围好的大围缯里游。因为大黄鱼惧怕咔磕声，"咔磕""敲罟鱼"就成了大黄鱼的别称。

　　1953 年，林上鏊被招入白琳供销社工作，分配到水产批发部。一开始人员很少，到了 1960 年初，工作量渐渐大起来，水产批发部（旧址在今玉琳西路供销社老人会）改由县水产公司和白琳供销社双重领导，并且成立水产组，由张庆略任组长，林老担任业务总管，吴云其、林石妹负责采购，陈仁丹、方德古、林时滴、林梅生等负责水产组门市部及其他临时任务。那一年，粮食供应锐减，许多人都吃不上饭，唯有咔磕非常多，可以当饭吃，白琳当时人口 3 万多，人均 1 斤鱼，每次水产分配是 300 担。当时水产批发部敞开供应新鲜大黄鱼，每 4 至 5 天分配 300 担，鱼价为每斤 8 分钱至 1 角钱，略有浮动。每次分配鱼都在白琳后岐码头上埠。后岐码头有一水产仓库，内设鱼池两个，由陈维通负责。鱼上岸后先按每个大队人口数进行分配，一部分分配到供销社各代销点，主要有翠郊、沿州、勤俭、郭阳等大队的代销点，大部分鱼由板车或拖拉机运至白琳水产批发部当天进行销售。没有销售的鱼怎么办呢？就用盐腌放入鱼池进行储存后出售。批发部只有两个大池，每个大池能腌 200 担鱼，加上后岐码头两个池只能腌制 800 担大黄鱼。有时鱼池不够腌，就由供销社出面向白琳茶厂、白琳纸厂甚至私人的染布坊借用大水池。腌制就像如今用手工抄水泥一样，把鱼倒在地上混合上盐，1 斤鱼用 0.15 斤的盐均匀搅拌，然后装入水池，储存两三天进行出售，售价每斤 0.25 元。

　　大黄鱼量实在太多了，腌制后依然卖不掉怎么办呢？当时采购员吴云其在温州水产交易所得到一信息，腌制的大黄鱼每斤批发 5 角钱。那时福鼎县政府是不允许咔磕外运销售的，只鼓励当地民众消费，可是群众购买力有限，而且很多家庭吃腻了。码头与批发部的库存都存放不下，还多出130担，供销社领导林主任得知这一信息后就派林上鳌押运咸咔磕到温州，雇了一艘木帆船，因风信不好，船在海上航行两天才到温州水产交易所。采购员吴云其不在温州，林上鳌人生地不熟，普通话又说不标准，幸好带着一张白琳供销社的介绍信。鱼在交易所时，身体有点发黑了，卫生防疫部门赶来认为鱼有些变质不让交易，要求晒干后才能出售，林上鳌央求交易所的领导与供销社林主任直接联系，最后达成协议，每斤按0.35元交易。过秤时，原来130担的鱼因损耗只剩下112担，林上鳌要求钱直接汇回供销社，留下20块钱做盘缠。交易成功后，林上鳌心里不知多高兴，到五马街、江心屿等处逛逛，偶遇一个福鼎口音的人，两人一起到福鼎驻温州办事处歇宿一晚方回。

据2003年版《福鼎县志》记载，福鼎县1960年从广东引进敲罟作业，捕获大量黄鱼。沙埕公社水生大队曾创一网捕获大黄鱼665吨的记录，轰动一时。1960年，全县仅敲罟一季，产量达2.71万吨，占全年捕捞总产量的91.1%。但这种残酷的捕捞方法，给大黄鱼资源造成毁灭性灾难，1964年便被禁止。

（本文根据林上鳌口述整理）

"农业学大寨"时的勤俭大队

> 郑 明

勤俭大队原为"文革"前的梗树岔大队、墩头大队和棋盘大队合并的（当时实行小公社体制），地处海拔600多米的柴头山上，九岗十三弯，弯弯下深坑，80%的农田挂在山腰上，梯田、排田、蛤蟆一跳过三丘的斗笠田，土地贫瘠，地理条件极差，吃粮靠回销。20世纪70年代初期，大队响应毛主席"深挖洞、广积粮、不称霸""手里有粮、心里不慌、脚踏实地、喜气洋洋"的伟大号召，开展"农业学大寨"活动。广大社员群众艰苦奋斗，平整土地、农改田、大养其猪、大积农家肥，一改过去只种单季稻老皇历，种上双季稻，大面积开荒，新种高产免耕茶园，办茶叶加制厂。山高水冷，早稻不易发芽，他们改串灌为轮灌，精心管理田间，做到"三无"（田里无稗草、田埂田边无杂草、无病虫害），因此得到上级党委的重视和支持，县革委会主任赵思冠和其他领导隔三差岔五到大队的各自然村检查指导。勤俭大队成为全县"农业学大寨"的先进单位。县委发出文件通知要求全县掀起"农业学大寨，赶勤俭"热潮，引起省内外不少兄弟单位的关注，福安专区各县，浙江省的遂昌、龙泉、庆元、云和、江山、文成、泰顺等县组织一批批人员，登上旺兴头岭（当时全镇唯有白琳至旺兴头一条简易公路，至此舍车登岭，山路险峻，有的上了年纪登到半岭不敢再往上），到勤俭大队传经送宝、参观学习。浙江省委书记谭启龙也曾登到梗树岔检查指导。特别是"双抢"（抢收、抢种）时节，田间地头人声鼎沸，县里、公社组织大批干部、职工支农，省话剧团全团成员到当地"三共同"。每个生产队支农人员多则50多人，少的也有20人，他们挑着铺盖，自带伙食，徒步50多华里从城关经八尺门江边上柴头山。他们冒着酷暑，披星戴月，一天劳动十几个小时，与当地社员同吃同住同劳动，直至完成夏收夏种。

如今事隔50多年，时过境迁，但那战天斗地的回响依然在不少人心间回荡，就像总有人提起早就不用的村名"勤俭"一样。

勤俭大队的几件事

林秋厚

"农业学大寨"的1972年,我们农业局干部被派往白琳公社勤俭大队驻点宣传。勤俭大队原是梗树岔大队,"农业学大寨"时改名,是全县"农业学大寨"的典型,成为省、地、县闻名的大队。当时在大寨精神的鼓舞和上级党委的支持下,广大人民群众艰苦奋斗,平整土地,串灌改轮灌,大积农家肥,单季稻改双季稻,改造旧茶园,大面积开荒新茶园,大大推动了农业生产。

回忆往事,记忆犹新,亲身经历几件事更是难忘。

大割"资本主义尾巴"

勤俭大队地处山区,主要种水稻,其他经济作物和副业门路很少。为了让生活变得更好,社员除参加集体劳动以外,想种些经济作物或开辟一些副业,可在当时"以粮为纲"的形势下是不允许的。社员反映:"吃粮靠集体,用钱靠自己。"钱从哪里来呢?他们只好利用自己空闲的时间到山上开些什边地种杂粮和瓜菜,或上山砍柴割草挑去卖,以增微薄收入。按当时政策规定,社员只允许在自留地上经营生产,如个人开荒或搞副业,就是走资本主义道路。针对存在的问题,大队召开两委和小队干部会议,研究对策,决心要全面、彻底、干净地割掉这个尾巴。除不定期的突击抓外,还根据农事季节,大队干部和包队工作组,分片包干,结合田间生产检查,发现社员个人种植杂粮和瓜菜决不留情,统统挖光。社员群众对此有意见,却不好出气,只能自认倒霉。

组织社员搞政治评分

评分的主要依据是:思想觉悟高,表现出大公无私、热爱集体的精神,不搞小私有;劳动态度好,能吃苦耐劳,积极肯干,效率高质量好。之后,再按不同的农业工种和技术水平,评给社员应得的工分。评比结果要经社员会讨论,大家一致表示同意才行。实际上,却只能靠队长和评工员。如收工时评分,大家围在一起,互相观望,一言不发,评工员提出张三、李四的工分,却无人赞成或反对,便评不出合理的工分,只好按原来社员的工分（只按年龄大小、体力壮弱、技术不同）评给。这样做影响社员劳动生产的积极性，有的社员是出工不出力，有的人则是集体劳动当休息、个人劳动"三突击"（早上集体未出工先干自己的活，中午、晚上收工后干自己的活）。不少的生产队因此误了抢种抢收季节。

全面推广早稻化

勤俭是山区，海拔高 200—400 米以上，气温与低海拔地区差异较大，山高坡陡，故有人形容为"九岗十三湾，湾湾下深坑"。耕地 1086 亩，其中水田 762 亩，基本是梯田、排田、岗田，还有不少冷水田，土质薄又瘦。当时没有根据当地自然条件，全面推行"单改双"，违背了生产规律。如县上要求"五一"节要完成早稻插秧任务，"八一"前要完成晚稻插秧任务，而根据实际情况都是要推迟 7—10 天。如 1974 年春季气温回暖迟，播种后烂种烂秧严重，插后不但转青慢，甚至还烂苗，早稻收获又被推迟，也影响了晚稻插秧，结果抽穗不齐，结实率很低，出现不少茎包穗，粮食生产受到很大损失。

大养其猪

那时，把要不要养猪提高到路线斗争，号召为革命养猪，为广积粮养猪。干部要亲自下小队抓点，以点带面，排除各种干扰，坚决完成任务。记得 1973 年，要求各生产队一半以上实现集体养猪，年底实现一片红。每队集体养猪 20—30 头，每农户 3 人以下养 1 头，3—5 人养 2 头，6 人以上养 3 头。到 7 月 1 日做到户平均养 2 头，到 10 月 1 日做到户平均养 2.5 头。全大队养猪 771 头，其中母猪 33 头。规定每头猪由生产队划给一块饲料地，每头猪年积肥 40 担上交集体，按质议价每担评 4—5 分。公社还规定社员交售一头生猪给国家，奖售粮（稻谷）50 市斤，化肥 100 市斤，回销猪肉 11 斤，以鼓励集体和个人养猪的积极性。社、队对养猪确实抓得很紧，而生产队集体与个人都无法完成。因为买小猪没有成本，粗料一时供不上，精饲料供应更困难，再加管理不好，疫病时有发生，养了不少"皮包骨"的猪。

柴头山上的"峥嵘岁月"

叶永成

1969年2月2日,三五十个青年男女,集中在白琳戏场——大帝宫开会。几名"革委会"领导先后拿着喇叭筒用夹杂着方言的普通话发言,对告别福鼎三中学生生涯,即将奔赴农村广阔天地务农的知识青年表示欢送和鼓励。

白琳柴头山,像一座座驼峰,横卧于白琳集镇的东面,平均海拔500米左右,山高路陡,土地贫瘠,有郭阳、外宅、坑里洋、秀洋、梗树岔5个大队(行政村),人口约4000人。

下午,安置到柴头山的近20位男女,身着洗得发白的粗布绿军装,挎着在当时颇为时髦的粗布黄背包,打着方方整整的被包,怀着一颗"毛主席挥手我前进,上山下乡闹革命"的赤胆忠心,向广阔的天地——柴头山坑里洋集结。

寒洋村边的松树岭(又称尚书岭)并不险峻,但很漫长。岭的一侧,十几棵几百年古松历尽沧桑仍傲然挺立。一群人走走歇歇,经过3个多钟头,终于到达坑里洋。这时,个个已大汗淋漓,疲惫之极。

隆冬的日光短暂,匆匆吃过晚饭,他们便在马仙宫大队会议室席地而眠。

次日,依照安置,他们三四人一组,分别到外宅、秀洋、坑里洋安家落户,正式开始了艰难的磨炼。

劳动的第一天是翻水日,就是将收割后的稻根锄倒。初出茅庐,稚嫩的双手紧握5斤重的锄头,显得十分笨拙。不到一个小时,掌上已红肿起泡。更累的是,一锄下去,泥土紧紧地胶在锄面,要翻倒稻根,得费不少气力。看看周边的农民,都不紧不慢,得心应手,不禁暗中佩服。终于,太阳落山了,一个个像一只小水牛似的,满脸、全身是泥。得了4个工分(每10个工分值7角钱),这是平生第一次劳动所获。

时光流水,渐渐地手长茧了,力气足了,不仅学会了农活技能,而且懂得了与农民沟通。劳动中,聊聊天,猜猜谜,哼几句山歌,劳动的工分也逐渐增加。

别看采茶是轻松活。茶季上了,拎个茶篮,头戴笠,忙碌于山坡茶地。那时的种茶技术落后,一块地,茶树三三两两,高低不一,一天能采10多斤,累得直不起腰。真佩服那些村妇,一天可能采50多斤。

最后怕的是割芒这项农活。芒是耕牛最爱吃的食物，春天，耕田要靠牛，为了多耕地，生产队每天要安排人员去割芒。看到同龄的青少年一天能挑回上百斤的芒，得到平时好几倍劳动工分，难免心动。于是，磨利割草刀，扎紧裤腿钻进草丛。看到一棵棵翠绿挺拔的芒，一手持刀，一手便抓在芒的底部。瞬间，一阵刀割的剧痛，鲜血不断地涌出，原来，芒这植物，茎、叶长着肉眼很难看清的利刺。唉！想得高工分，并不容易。

最合算的劳动收入是供销站挑担。每个大队都设有供销站。供销站的大叔阿姨，看到上山下乡知青着实可怜，便将挑担的活交给他们。坑里洋离白琳20多里，其中有10多里的上坡岭，每挑100斤，供销社交给生产队2元工资，生产队发给挑夫5角的午餐和15个工分。这比拿锄头劳动合算多了，午餐在白琳家中吃，赚了午餐钱，又得了高工分。起初，挑60—70斤，肩膀磨红了，气喘吁吁的，坚持、再坚持；一步一个脚印，踏踏实实地向上攀登……到顶了，胜利了，渐渐地，挑上百来斤重担，并不觉得那么沉重，那么累了。

最拿手的活，算是插秧了。插秧，体力强度不大，只讲究手巧人勤。这对知青来讲，比较适合，看看、试试、练练，不几天，熟练了。下了田，弯了腰，从左到右，从右到左，按适当的间隔沿着弯弯曲曲的梯田插秧。一口气插到尽头，然后直起身子，喘口气，看着绿苗在田中扎了根，挺高兴的。要插面积较大的水田，还要"挂直"。这活技术含量较高，但对知青来说也不难，毕竟学过"两点一线"。

人有伤心处。那日子，日出而作，日落而归，村里的农民，家有老小，劳动回家，热水热饭，尽享天伦。而插队的知青呢？三三两两拖得疲惫的身子回家，饿着空肚，又要忙烧水煮饭。等饭熟了，才可以狼吞虎咽。不少人的胃由此落下毛病。

20世纪70年代初，梗树岔（当时叫勤俭大队）是全地区农业学大寨的一面旗帜。勤劳淳朴的勤俭人在贫瘠的土地上战天斗地，修造梯田，种植双季水稻，获得了好收成。闽东各县和浙江各地的领导、干部、群众纷纷慕名而来。为了提高勤俭的生产力和知名度，镇领导通过动员工作，又将安置在坑里洋、秀洋的知识青年全部安插到勤俭落户。

在该村务了一年农，一起来落户的只剩下我孤身一人，分红又低，另求出路为好，去当个民办教师经济效益更高点。征得大队的同意，我暂时脱离了修理地球的体力劳动，走上了三尺讲台。

自1969年初至1972年秋3年半光景，我们在柴头山上的3个大队务农，尝尽了辛酸苦辣，也学会了劳动技能，增长了才干，为后来的学习、生活、工作、为人奠定了坚实的基础。

3年多务农时光，也有开心的事。有一次社会主义教育活动，是在翁江茶场坑里洋分场举行的，主要是忆苦思甜，通过柴头山前后的对比，体验农业学大寨的成果。很多干部列举了柴头山有了茶场、医疗站、供销点，而我们的例子更全面、更生动，得到与会者的肯定。这使我们感动不已。不久，又听说县宣传队到勤俭大队慰问演出，那个时代只几部样板戏，看太腻了。饭后，从坑里洋赶到勤俭时，天已大黑了，设在小学的操场的露天舞台前已人头攒动，拥挤不堪。洪亮的高音喇叭播放出一首首革命歌曲，伴随着雷鸣般的掌声和阵阵喝彩声。散场后，又匆匆往回赶。初春的山村，伸手不见五指，浓雾弥漫，一群尽兴而归的男女来到勤俭与坑里洋交界的磨石山上。这里，冷风嗖嗖，4条小径交错，往东走，错了；往西行，又不对。折腾了近一个小时，回到住处，已是下半夜了。

"柴头山上风和雨，农夫心中如水洗。平生抱锄谁人知，竟在一声长叹里。"这是一位队友吟的一首诗。务农3年后，有的"红五类"子女上调了，有自谋生计当民师、学医生的，有随父母落户的，原来插队的队伍已七零八散，有的点仅剩1人。往日的单纯、欢快也逐日消失，随之而来的是担忧、郁闷，心灵产生了躁动。一生就这样度过吗？出路何在？

听说，北方有某农垦部队在招工，部队待遇，真吸引人。然而，又是秘密招收的。都是晚上部队来车，车上插了面红旗，叫作"红旗车"，车停下来，爬上车就开走，运到农场就是一名战士。几个同命运的插队友，悄悄地约个时间，瞒着父母，在白琳寨的公路旁守候，一直等到天微亮，没见军车来。第二天再等，又不见红旗车光临，希望成了泡影。

1976年10月"四人帮"粉碎后，知青们陆续返城，开始了新的生活。

亭头水库工程概况

◎ 郑　明

福鼎市金堰水库，因建在大赖村亭头自然村，被当地百姓称为亭头水库。它位于太姥山西麓，五蒲岭脚，后溪上游，蓄水量195万立方米，黏土心墙坝，大坝长80米，宽6米，坝顶高程78.24米，坝高31.5米，完成土石方44万立方米，投入劳力48万工日，属小（一）型水库。它原以发电为主，并有供水、灌溉、防洪等综合功能。自南溪和桑园电站相继建成，缓解了白琳用电紧缺的局面，并伴着城镇化的逐步发展，集镇建设和人口逐步增加，自1981年以后，它转为供水为主，现在白琳街、玉琳村、康山村、下炉村、翁江村（部分自然村）和金山工业区有2万多人饮用该水库的水，有320多家石板材厂和其他企业利用该水库的水。40多年来，亭头水库为造福白琳人民发挥了巨大的作用。

1968年冬，白琳公社革命委员会成立以后，为了改变缺电缺水面貌，解决统坪一带水质含氟超标的问题，决定要建一座水库。亭头水库是在1969年规划设计立项，上报福安专区革命委员会生产指挥部批准，工程的勘察、设计、规划、施工、质量由专区水电局直接领导指挥。1970年冬，白琳公社革委会成立亭头水库工程指挥部，由一名副书记任总指挥，从全公社抽调干部、职工20多人分工负责，分别成立宣传组、施工组、安全组、生产组、后勤组、监督组，召集1000多名精壮劳力上场，各大队民工分区划段包干，在荒山野岭上自搭工棚，自带地瓜米和咸菜，义务劳动，评工记分，回各生产队参加分红（每个劳动力应排义务250天）。水库共征用水田167亩，茶园40多亩，迁移坟墓37个（全部由墓主后人无偿自行迁移）。

建设水库的资金是民办公助。实际上为三个工程：一是水库工程，二是电站工程，三是渠道工程（含左右灌溉干渠）。从1970年开始，1976年3个工程才全部完工，上级共补助资金86万元，其中，亭头水库工程20万元，电站工程30万元，渠道工程36万元。当时正处于"文革"期间，工人停工，工厂停产，各种物资紧张，"三票"（布票、粮票、油票）定人定量供应，"三材"（钢材、木材、水泥）奇缺，而且交通不便，机械无从谈起（全公社只有一台五十型丰收牌农用拖拉机头，连风钻机都是空想），全凭大家一锤一铲，开山放炮，所有物资都是靠人工从亭下挑、背、扛，沿亭头岭拾级徒步10多千米到工地。在清基和浇灌大坝中还经历过三次台风暴雨、特大洪水，一夜之间前功尽弃，但人们毫不气馁，团结奋斗，迎难而上，重新再干。电站装机容量为325千瓦，打基础，建厂房，安装电机（电机只能运到后溪，到电站没有公路，由后溪沿小路抬到电站），大家都为节约工程经费出谋献策。从水库坝头到神天岗总干渠9千米，穿山涵洞2个，总长220米；左右灌溉渠道26千米，灌溉面积6000多亩，其中左干渠从电站到藤屿村，建一座坑门里引水渡槽长120米，旺兴头大墓边到藤屿开凿山洞400多米，倒虹吸三座，总长5428米。

可敬的是参加建设水库工程的干部严于律己、以身作则，与群众同甘共苦，深得好评。省下派干部谢伯达、李梅仙，技术工程师杨祖喜，县水电局林时基、李肖等同志没有半点私利，一切为了工程，全天候坚守工地，有的连续3年没回家过年，与群众同吃同劳动。伙食每人每餐5分钱，不论技术人员、领导、施工人员都在食堂用餐，自己买饭菜，地区和县水电局领导在工地食堂用餐只多煎两个鸡蛋（收费）。

饮水不忘掘井人，我们要感谢那些为工程栉风沐雨、艰苦创业的人们。

（本文根据谢美山口述整理）

华光大帝宫的"变身"

> 陈维锋

　　玉琳华光大帝宫，俗称帝爷宫，位于玉琳老街中街，建于清雍乾年间。华光大帝民间视作"火神"，以前每年农历九月廿八日"华光诞"时，玉琳群众都会聚集宫里祈求免除火灾，长年康顺。据老人们说，湖头杨氏施舍建宫用地，并为首事，组织蔡氏、陈氏、袭氏等十甲捐建宫宇。初建时，因为地基不齐整，呈梯形状，木料不好取舍，白琳当地木工师傅犯了愁，恰遇温州木工师傅前来，温州师傅见多识广，根据有利地形很快就解决了取料问题，并协助当地师傅建好大帝宫。宫内的八角亭完全用木木相契而成，白琳山后村木工名师叶阿定曾在八角亭内端详好几天时间，也看不出其中奥妙。旧大帝宫气势宏伟，长50米，宫门有3个，中间居大，两旁小，有6尊石狮子镇在门口。宫内设有戏台，自建成后至清末，宫里热闹非凡，香火不断。

　　迨至清末民国初期，华光大帝宫改作白琳区办公场所，区办事机构与民团兵士食宿在宫内。

　　新中国成立后，大帝宫收为公有。20世纪60年代，公社把大帝宫改成电影院。看电影都是自带椅子，电影票成人每场1角，儿童5分。放映员吴祖民为了使观众懂得电影内容，经常用福鼎方言配电影台词，增趣不少。20世纪70年代放映《草原英雄小姐妹》时，一天晚上因观众来得太多，多往楼

华光大帝宫原址（刘学斌 摄）

上挤，而影院楼板年久失修，结果楼层坍塌，差点酿成严重踩踏事件，所幸没有出现人命事故，自此以后，观众看电影上楼受到严格控制。之后，白琳公社对电影院进行了改造、加固，楼上楼下装上了木椅，方便了群众。那时福鼎三中和白琳中心小学经常组织学生看电影，也经常于重大节日在电影院举办文艺晚会，丰富了文化生活。

1987年前，白琳集镇没有农贸市场，群众买菜十分不便，白琳镇政府就把电影院改为农贸市场，上下二层面积计2000多平方米，结束了白琳没有农贸市场的历史。

时代发展，白琳农贸市场越发拥挤。1993年，白琳镇政府决定在原良种场南街头下洋建设新农贸市场。新农贸市场建起后，华光大帝宫一度成为矿山移民与镇职工宿舍，直至20世纪末才改为自来水厂办公地点。

伴随着白琳经济的发展，华光大帝宫已迁移至金山顶。

20世纪80年代以前白琳用水情况

白 杨　陈少华

1981年以前，白琳镇未开通自来水，白琳群众的生活用水主要依赖流淌不息的溪水与沿街水井。

双溪环绕

白琳老街，依山而建，东西走向，有一南一北两条溪流相伴。南面的小溪源自鹧鸪洋（今李下溪水库），从对面山的龟档沿着后路缓缓流淌，经浦尾与溪尾潭溪水汇合，流至八尺门入海。小溪没有名称，原是小沟渠，四周都是水田，主要作农业灌溉用水，水浅且较浑浊，有大量小鱼、小虾、毛蟹与淡水鳗，是儿童的乐园。尤其是秋冬季，毛蟹盛产，在溪上搭起茅屋诱毛蟹爬到茅草上，或者夜黑时举火照着沿溪，都可捕抓大量毛蟹。秋冬季节毛蟹肉满膏红，让人大快朵颐。

北面的小溪水流较大，离街区近，水源自太姥山西麓，溪水从里溪头流过龙马山脚下的龙井、棺材塘，经平缓的后溪，再到黄金塘、街尾塘，直奔八尺门。溪水清澈，主妇们日常洗衣服都在溪边。后溪与溪坪一带恰巧是浅滩，适于浣纱和洗漱，溪水一般不能用于日常饮用。

如今，北面的小溪仅依稀可见，南面的小溪已因造福工程填方而不见踪迹。

白琳水井

清代，白琳因茶业发展而人口剧增，大户人家纷纷挖掘水井。白琳老街从统坪顶到街尾有众多的水井，每口水井都有名字，现在不少被废弃或掩埋了，留下的只是回忆。

统坪顶水井（医院水井）　由民国时期茶商周忠杰的一团春茶馆挖掘，1949年后茶馆成为白琳医院，便得名"医院水井"。医院用水量很大，该水井能基本供应医院内部的用水。医院搬迁后，其地成为石材厂，水井不复存在。

新水井　因与白琳古街其他水井相比建设偏晚，故称。新水井由群众合资建造，开放供应，供应范围从统坪顶到石门头直至大马路，主要是用于该区域居民生活用水。水井位于丁合利旁10多米，平常都能蓄水至离井口2米，取水方便。一到年关，家家

户户用水高峰时期，井水见底，井底宽敞，人们可以爬到井底，用水瓢舀水，装满水桶后由井上的人提水到井面。水荒时节，往往需要两三人相互配合才能取水。

丁合利水井　　清代末期，丁锦嗣创办丁合利商行，生意做得越来越大，人丁兴旺，用水量大。丁合利共挖掘3口水井，南面2口，北面1口。新中国成立后，南面2口井成为丁氏家族做豆腐的水源（制作豆腐用水量大），北面的1口水井供应周边居民生活用水。2019年丁合利茶馆复办，水井成为馆内的一件古物。

油行里水井　　民国时期同顺泰（也叫广泰）在康山制茶收茶发家后，老二詹进步搬迁到石门头一带，建起石门头茶馆，并开设油行。因用工多，用水量大，为此开掘水井2口，南面的水井出水量大，水温冬暖夏凉，缺点就是含碱量高，煮粥会变黄色；北面的水井出水量少，可供饮用。后来，又在不远处的岗子开掘1口水井，出水量较少。新中国成立后，南面水井向周边居民开放供水，成为居民首选用水。该井至今犹存，未受损坏。

粮站水井　　水井较深，有20多米，最早属车洋茶馆所有。车洋馆民国时被合茂智收购，1949年后原址成为白琳区公所，20世纪70年代白琳区公所搬走后改为白琳粮站，水井亦因此得名。水井虽深，出水量却不是太多，粮站内部人员用水都不能完全满足。粮站仓库后面有米厂，俗称下粮站，其内也有一口水井，俗称"下粮站水井"。该井民国时期是双春隆茶行的水井。该水井水质清洌，不深，但挑水需要爬坡，气力不足者往往不愿意到此挑水。今废。

后溪宫水井　　后溪宫原来供奉陈靖姑，水井因此得名。井水质优，开放性供应周边居民。20世纪70年代一女青年投井自杀后，这口水井一下子冷清许多。今废。

供销社水井　　供销社的前身是双春隆茶行。计划经济时代，供销社的干部职工人数很多，水井主要供应员工食堂和员工日常用水，外部人员很少到供销社水井汲水。

新水井

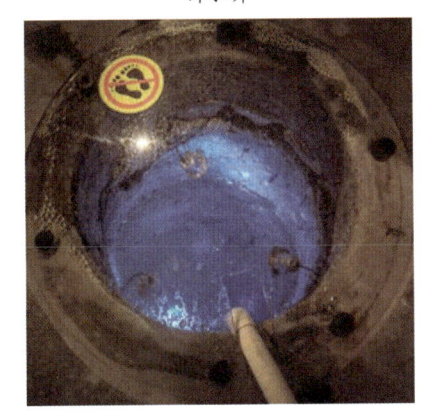

丁合利水井

油行里水井

双春隆茶行与平安药堂都是吴观楷（阿亥）的资产，高峰时期用工几百号人，用水量可想而知。当时，包括供销社水井、下粮站水井以及后溪宫水井都为吴家供水。

三中水井 福鼎三中校址于1958年前在杨府爷岗，附近建有杨府爷宫。这里地下水比较丰富，学校前前后后共挖掘有3口水井。2口水井今已被操场覆盖，1口水井被建筑物掩埋。当年的三中学子都能清晰回忆三中的3个水井。操场上一口水井的水冬暖夏凉，出水量大，不宜饮用，男学生洗澡直接从水井打水冲洗。操场靠东面的水井可以饮用，出水量较少。食堂里也有一口水井，食堂职工汲水方便，常用来蒸饭与洗漱。

鹅鼻水井 鹅鼻是地名，在白琳古街的北面，今已被造福工程安置房所覆盖。鹅鼻水井的水质好，井水经常呈现满盈状态，用井水酿酒与泡茶口感极佳，所以，水井虽离街区远，人们却不辞辛苦到这里取水。在炎热的酷暑与节日用水高峰期，这口水井最受人们钟爱。

文昌阁古井 始建于清嘉庆六年（1801）的白琳文昌阁，是福鼎历史上三大文昌阁之一。其后院的小天井里有一个鲜为人知的水井，何年开凿无从考究，但从光绪三十一年（1905）在文昌阁创建学堂开始就有此井。水井井沿高于小天井，井口呈圆形，直径大约一米，井深未测过，一般长度的竹篙难以打到井水，只有用长绳系住水桶吊打才行。水桶吊到水面后，在井口还能隐隐约约听到打水的回声。1970年，"农业学大寨"时拆屋还田，毁掉了文昌阁，拆去了小学堂，开出了几亩地，填埋了这口历史悠久的古井。

溪坪石井 在溪坪村前的康山溪畔（康山大桥上首100米处）有一口坐西朝东的水井，四周由4块2米长的石条围着，人们习惯称它为溪坪石井。溪坪石井位于康山溪主溪流和其北岸白琳至秦屿古道之间的溪滩上，石条外围筑有1米见宽的三合土外沿，外沿落差0.1米，能很好地保护水井免受污染。溪坪石井东面有一块三合土空地，毗连着通往耕地的小水渠，那是妇女们洗刷之地。这块空地与古道之间由两块厚石板横架着，是前往水井的唯一通道。

溪坪石井虽然地处溪滩，经常遭受洪水冲击，但是洪水过后不久，井水便清澈见底，清甜可口。1952年，福鼎县酿酒总厂利用此井水在溪坪村原桥头茶坊开办了第三个酒厂——白琳酒厂。2000年整治康山溪时，这口石井被"封"了。但是，大凡饮过这口井水所酿之酒的朋友，都不会忘记它，每每路过，便津津乐道地指点着它的遗址畅谈一番。

贵坪方井 在白琳金山脚下、贵坪村北（沙吕线公路交叉口东侧）有一口水井，多少年来一直滋养着贵坪全村乃至附近的平厝里、岭仔头等邻村的村民。这口水井坐西朝东,井口三尺见方,大家都称它贵坪方井。水面离井底只有三尺多深,但是井底总有一泓泉水汩汩涌出。据老人说,即使是1936年特大旱灾,白琳最深的后溪潭都见底了,这口方井也没有干涸。

贵坪方井历史悠久,可以追溯到雍正年间。清雍正五年(1727),贵坪陈氏迁始之祖陈文超,从泉州府永春县迁到此地繁衍生息,开凿此井造福子孙,以荫村邻。走过近300年的历史后,2005年贵坪老厝开发时井被填埋了,但它给人们留下的还是那股清甜的回忆。

胡信泰圆井 胡信泰茶行坐落在康山溪畔,是一座典型的江南四合院建筑。其西面围墙外有一口坐南朝北的水井,高出地面3寸的井口直径大约2尺,这就是胡信泰圆井。井背靠一棵高大的槐树,面向一片开阔的田野,小巧玲珑。井后背设有一个小神龛。井沿里高外低,便于出水。井不深,清晰见底,旁边常年倚靠着一根一端带钩的竹篙,竹篙不长,用水者可用它毫不费力地打到井水。这口井除了专供胡氏家人饮用和洗刷之外,还吸引了不少邻村的人们前来挑用。

土地庙神井 在前往王家山的山麓有一座土地庙,其右侧的石墙外有一口水井来,被人们称为土地庙神井。井坐东朝西,背靠王家山山麓,井口五尺见方,井壁全由鹅卵石砌成。鹅卵石上布满浓密的绿色苔藓,井底或露出鹅卵石或长着绿色苔藓,偶尔可见几条颜色各异的小鱼在清澈的井水中漫游。井座犹如一张太师椅,后背高两旁扶手低,后背中央还设有一

土地庙神井

个大神龛。周围村民像尊崇土地爷那样尊崇这口神井,经常到此烧香膜拜。该井水源常年丰足,可供周围村民饮用,即使大旱年头,也没有干涸。水井旁边自然形成一条小沟,从水井里溢出的井水由此流向低处。如今家家户户都安上了自来水,但是谁也没有忘记这口井,尤其是不少上了年纪的人,还经常挑着轻便的塑料水桶到这来挑水回家煮饭沏茶。

挑水人

如何从水井把水运到自家的水缸?家家户户有各自的方法。每家都有壮劳力司职挑水,家中备有扁担、木桶、绳子、担钩等挑水工具。大多水井配有带钩的竹篙,有

的水井没有配备，自己挑水时还要自备汲水工具。大多数家庭都有自己的劳力，大家庭兄弟姐妹多的轮流挑水。有的街坊邻居的挑水主力喜欢在固定时间成群结队担水，相互间可以照应。

旧时白琳有2个专职挑水人，女的叫杨金妹，男的叫林担宝，他们以挑水为生，每担5分钱，20世纪70年代升至每担1角钱。街上缺劳力的家庭常年雇他们挑水，固定每日需要几担水，用水缸蓄着。一般家庭都有2个水缸，1个蓄粗水（不能食用的水，即含碱量高的水），1个蓄细水（供煮饭与泡茶用）。专职挑水人每天固定时间挑水蓄满水缸，供一个家庭用。屠宰场或有些单位集体食堂，也要雇挑水人挑水。不管刮风下雨、天寒地冻，还是盛夏酷暑，挑水人都要完成担水任务。

如今，家家户户都通自来水，挑水成为一些人永久的记忆。

忆福鼎三中

△ 陈承宝

我 1969 年 9 月调到福鼎三中，1978 年 8 月从福鼎三中调到福鼎一中。在福鼎三中 9 年，经历了从开门办学、半工半读到恢复高考的历史性变革时期。学校革委会是 1968 年 12 月成立的，革委会主任李笃英，领导班子中的两位工宣队员是白琳茶厂派出的。革委会下设政工组与教改组，政工组由单春根负责，教改组由陈太中负责。1970 年增设高中部。同年，白琳中心小学并入福鼎三中成为三中小学部（1980 年择址另建），1975 年李笃英调回城关，吴本栋主持校务，随后上级派王祖修任革委会主任。

福鼎三中建在白琳杨府爷岗，走进朴素的校门，一条大路把校园分为两边。大路右边 12 间教室，从下而上分 3 列排着，1970 年又在大路左边顺围墙建一排小学部教室。路左边原是宿舍区，一座砖木结构的双层办公楼兼做教工宿舍，岗上另有一座双层木构的教工宿舍兼厨房，两座教工宿舍中间是一座双层木构的学生宿舍。岗下大路左边的礼堂平时作为学生膳厅，礼堂旁是厨房。大路右边围墙有一门通向操场，有两个篮球场与几个沙坑。值得一提的是岗顶教室旁一棵枫树，高大挺拔、枝叶繁茂，树枝挂一铜钟，师生喜欢在树下驻足聊天。枫树见证了历史的风风雨雨，成为三中一道特殊的风景。岗后没有围墙，李笃英主任不知何时学过砌墙，一有空就上去砌一小段。图书室与实验室也没有。房子与设备虽简陋，但校园布局还算整齐、有序。

1969 年福鼎三中还是初级中学，学制两年，春季招生，以年段为连，班级为排。1970 年三中增设高中部，仍是春季招生，招两个排，学制两年，我教语文，兼二排班主任，直至 1972 年学生毕业。毕业时学生 87 人，大部分上山下乡。后来，我又教了1975 届与 1978 届，这两届已改为夏季招生。三中生源比较复杂，来自白琳、点头、磻溪等乡镇，少部分来自福鼎城关及省城下放干部家庭。

20 世纪 70 年代的福鼎三中初、高中两部，教职员工不上 20 人。教师大学学历比例较高，我在学校的 9 年先后有 7 个福建师大的、1 个北京师大的、2 个厦大的，还借用一个下放女干部来教英语。这些老师年轻肯干，教学水平较高，工作认真负责。如丁振奎老师，北师大毕业，功底深厚，教学严谨、扎实、一丝不苟，班主任工作也做得极其认真负责。中老年教工忠诚党的教育事业，顾全大局，忍辱负重，有奉献精神。如中年教师赵炳发有吃苦精神，初高中体育课一人全包，热爱学生，真诚待人，在师生中有较高的威望。又如老年教师陈明陶，教劳技课兼刻蜡纸、油印，1956年任白琳小学校长，"文革"中受批斗、游街，老婆在家，子女都没有固定工作，生活拮据，但从无怨言，十分乐观，工作中勇挑重担，常在星期天为学校或班级写版报、宣传栏，基本上以校为家。还如食堂工友"阿姆"，小脚微驼，近60岁，起早贪黑为师生蒸饭，全校谁的饭罐她都认得，即使一个寄宿生迟回饭凉，她都主动为之热饭，各届师生没人不说她好。

当年教师生活十分简朴清贫。岗上那座木构宿舍，天花板还是竹片做的，糊上报纸，许多教师一间宿舍兼厨房。白琳只有一家食品公司卖猪肉，人多肉少，经常里三层外三层挤满了人，教师一样在那里挤，大家"华师傅"一个劲地叫，华师傅扔出一块肉，能接到的算是幸运。买米买糖等凭票供应，偶然有的确良布或羊毛线供应，但须抽签。文娱生活一样贫乏，有时县里电影队下乡，在操场放映，没自带凳子的就站着，大家看得津津有味；全白琳只有白琳茶厂一台黑白电视机，星期六晚上，有的老师去茶厂挤在小小的电视机前看故事片过把瘾。

清贫的物质生活，贫乏的精神生活，辛苦的工作，没有使老师们退缩，大家还是精神饱满、干得起劲，为教育事业奉献自己心血和智慧。比如家访，开学初教师一般两人一组，分别到白琳、磻溪、点头等地招生或家访，多数学生家住农村，那时许多自然村没有公路，比如到白琳的牛埕下，磻溪的赤溪、吴阳等大队家访就要走很长的路，登很高的山，但从没有一个老师叫苦叫累，或借口不去。

20世纪70年代中期，开门办学，学工、学农、学军是教育与教学重要课题。学工方面，我曾带一个年段进城到县农械厂学工十来天。当时县农械厂主要制造茶叶揉捻机等农具，学生吃住在工厂，拜工人为师，遵守工厂的规章制度，虚心学习操作车床、钻床等技术，赢得厂领导与师傅的好评。学校还因陋就简，把原一座猪圈改成工厂，聘请两个先前在白琳算盘厂做工的师傅，办起算盘厂。1975年10月陈太中调店下中学当领导，教务工作由我负责，校办工厂暂由教改组负责，因此我与校总务潘正章到温州参观算盘厂，学习他们的办厂与经营经验。后来，算盘厂改由一个工宣队员具体负责。我们生产的教学毛算盘与普通算盘，曾参加福鼎校办工厂成果展览会的展览。

学农方面，全校师生初战葛藤岭，开辟茶园5亩。1974年春又上鸡心岗开荒平整土地，建立劳动基地。师生种茶、种地瓜、锄草、松土、施肥、灭虫。为了方便学农，

1976年学校添置一部手扶拖拉机，但始终没配驾驶员，出于个人兴趣，我摆弄了几次后，当起临时驾驶员。赵炳发老师说："最爽的是劳动收工回校时，坐着拖拉机，顺公路快速下坡，让凉风把一身汗渍、一天疲劳吹得一干二净。"学农中还结合学医，由陈希立老师在高二年级教医药知识，带领学生到太姥山一带采青草药，中西医结合，学习治疗农村的一般常见病。支农是学农的重要途径，恢复高考前，几乎每年暑假都要组织学生下乡到翁江、瓜园、翠郊、棠园、车阳、旺兴头、梗树岔等大队支援农民"双抢"，抢收夏粮，抢种秋粮。地处柴头山的勤俭大队，是白琳镇"农业学大寨"的先进大队，也是三中的挂钩大队，因此去得特别勤。柴头山山高路陡，土地少，梯田多，有的一块地不到半分大，施肥时挑着肥从这山下去，再上对面山，要走一个多钟头。受地理条件限制，勤俭大队社员收入少，生活艰苦，但他们乐观、有奋斗精神。有一年旱灾，谈到收成问题，我就听到一个农民说："不怕，天面难求，田面好求，只要勤点，几个月后，田里又有好出产。"师生下乡与社员同吃、同住、同劳动，不但学到许多农业知识、劳动技能，还学到农民吃苦耐劳、忠厚老实、热爱乡土的优良品质。

学军主要体现在连排的操练、课间操及拉练上。一声哨响，全校紧急集合，以排为单位，连夜拉练，从路程、速度、纪律几方面进行评比。1973年，教改组组织全校师生徒步拉练到苍南县矾山镇，参观全国闻名的矾矿，听矿领导介绍矿区情况。去时沿公路走40千米到前岐镇，在福鼎二中住一夜，第二天步行15千米山路才到矾山，回校也是步行。

开门办学没有把课堂教学放到中心地位，且有过多的政治活动，教育活动受到较大影响。多数老师有自己的立场和见解，能不冲击的尽量不冲击，能少冲击的尽量少冲击。福鼎三中的课堂教学并没有放松，老师们以高度的责任心，认真备好课，理论与实践相结合，认真批改作业。学生有较高的学习积极性，他们遵守纪律，尊敬老师，认真学习，出现许多品学兼优的学生，为毕业后的继续深造及后来的工作打下了坚实的基础。1977年恢复高考后，学校派我与分别任教语、数两科的陈希立、丁振奎老师到福安一中和霞浦一中取经，学习他们抓教学的经验；起用老教师并恢复陈希立老师教导主任职务；组织师生学习上级有关拨乱反正文件，提高思想认识，认清"红"与"专"辩证关系；恢复教研组活动，迅速建立起正常的教学秩序，订计划、抓落实、抓总结，检查教案与作业批改，推广经验，共同提高。教师干劲十足，学生积极性空前高涨，使教学迅速走上正轨，各项工作突飞猛进。毕业班师生奋力拼搏，1978年高考成绩上地区红榜。在丁振奎、赵炳发、陈希立、陈明陶、吴传敦、张帆、谢瑞喜、季炳家、李钰兰、蔡德鑫、缪恩泽、林宣贤等老师的精心培养下，1972—

1978年从福鼎三中高中毕业的同学，如高中1972届校友伊路、娄晓丹，高中1974届校友蔡尔申、叶梅生、王鼎秦、常小安，高中1975届校友吴敬禧，高中1977届校友肖家新，高中1978届校友张文彪、李德霖等，成为各行各业的优秀人才。

人物春秋

福鼎第一位进士黄诜

邱元法

唐朝晚期，福鼎出了第一位进士——黄诜。

黄诜是福鼎市白琳镇翁江小溪自然村黄姓先祖。宋《三山志·人物类》载："唐乾宁二年乙卯赵观文榜。黄诜，字仁泽，登拔萃科，黄璞之子。终左宣义郎、节度巡察判官。始迁长溪白林。有二子：长慕华，自白林迁翁潭，官至水部员外郎；次慕风，自白林迁侯官，官至给事中。"

白荣敏先生《唐宋书院：太姥山下书香弥漫》一文（载《炎黄纵横》2009年第9期）记述："翁潭就是现在的翁江，黄诜后代有九世孙黄楫，为宋乾道五年（1169）进士；黄楫之子黄沐之，为宋庆元二年（1196）进士。看来，唐宋时期的翁江黄家，堪称福鼎最早的'书香门第'。"笔者查阅闽南黄氏族谱世系，黄楫、黄沐之应为黄诜九世裔孙，并非嫡传世孙。黄坚定先生《福鼎黄姓源流》一文（载《福鼎文史资料》第24辑）考证，黄诜自唐末迁居福鼎白琳，长子慕华一支即定居福鼎，传至十二世元代黄宽时无后。

泉州市黄鸿恩、黄国华《唐黄璞五子黄仁泽是武状元》一文记述，黄仁泽（850—930），一名诜，字仁讽，号集风。据史记载：璞公五子⋯⋯为谏议大夫，官至节度巡官，以直谏隐退浯水，事迹载《福州志》。王鸿鹏等主编《中国历代武状元》有载：黄仁泽，福建侯官（今福州仓山下洋）人，后又徙莆田凤岸，唐晚期武举状元。另据黄姓源流

龙田宫

资料称：黄昌龄后裔黄璞生八子，皆居官职……五子黄仁泽，唐乾宁二年（895）考中武状元……系中华黄姓第一武状元。

综观以上史料及黄氏源流、族谱资料，尚有诸多矛盾之处，尤其是"黄诜是中华黄姓第一位武状元"之说更扑朔迷离。我们必须厘清两个事实：一是黄诜是否为小溪黄氏先祖，二是黄诜是否为武状元。

翁江至今流传龙田宫的传说或许可以作为黄诜是小溪黄氏先祖的佐证。据碑文所述，小溪龙田宫系翁江村民集资于清朝道光二十四年（1844）所建。相传翁江村民要建宫供奉华光大帝，选中小溪黄氏族地，小溪黄氏族人无偿提供土地。当地百姓为感念小溪黄氏先祖黄五公之为人及恩德，建宫时在神殿右侧特意立了一尊黄五公塑像，以供后人瞻仰及纪念。如今，这尊塑像仍完好无损地矗立在龙田宫内神龛上。从现有资料查寻得知，黄诜在八兄弟之中排行第五，翁江黄五公其人应为黄诜。因龙田宫之地是翁江小溪黄氏无偿奉献，宫内供奉其先祖塑像也顺理成章。

《三山志》没有记载黄诜是武状元，该称谓应系黄姓族人为光耀祖德所杜撰。武则天执掌权柄时，于长安二年（702）首次允许学习武艺的人参加由兵部主持的科举考试，考试科目主要是举重、骑射、步射、马枪，唐代经历四代帝王的中兴名将郭子仪曾参加武举考试，考得第一名，称"武举高第（高等、异等）"，没有"武状元"一称。直至宋朝1177年，才有武状元之称。另外，《三山志》记载黄诜自长溪迁入福鼎白琳应是准确的。

明朝以来白琳人物拾遗

<small>杨应杰</small>

白琳山川灵秀，人杰地灵，出了不少人物，其中一些并未被县志、府志记下，本文根据宗族谱牒或老人口述做些补充，故曰拾遗。

裘观聪（生卒年不详）

裘观聪，明洪武年间任指挥使，永乐二年（1404）从原籍浙江余姚县官仓岭白马庙，迁至翁潭王花屿，为王花屿裘氏肇基祖。相传是福鼎"十八旗头"之一。"靖难之役"后，明成祖有意削弱南方军兵权，下令一些军官解甲归田。据王花屿《裘氏宗谱》载：公生而灵异，身材魁伟，深思远谋，智勇足备，复喜施舍。白琳永福寺（潘山庵）、柘里下院双福塔重修均由此公捐建。

邵宣教（生卒年不详）

邵宣教，官封骑都尉，明洪武年间由浙江绍兴余姚入福建长溪。据《博陵郡邵氏宗谱》载：公父讳茂禄，官知府，母赵氏，诰封恭人，兄弟三人，祖籍北燕博陵郡，迁居浙江绍兴府余姚县，抗击倭寇南下。明永乐二年解甲归田，迁白琳莘洋，为莘洋邵氏肇基祖。相传是"十八旗头"之一。其十三世孙邵维羡，清朝著名茶商；"莘洋阿龙"是其十六世孙，为"福鼎巨人"。

杨秀彬（1825—1899）

杨秀彬，又名秀榆，字可瓶，号梦梅。白琳人，清贡元，善诗文，著有《一笑楼诗草》。应孔昭淦相邀，担任白琳文昌阁教席。曾题文昌阁对联，把白琳地名翁水（即翁江）、瓜园、湖头、岭尾缀入，巧妙精当。联如：

破窍信非虚，下笔千言，正翁水渠成，瓜园蒂熟；
会心原不远，凭栏一笑，看湖头鱼跃，岭尾鸢飞。

许春槐（1848—1906）

许春槐，号植三，曹宗师科取进县学第七名，孙文宗岁取一等四名。据《高阳郡许氏宗谱》载：许兆璜（许朴）参加平阳金钱会起义遭冤杀，殃及家族子孙不能参加功名考试，幸得许春槐父许瑞庚晋省斡旋年余，子孙辈方得以参加考取功名。许春槐性刚直，遇事敢言，平生不借他人眼色，故乡家族皆敬惮之；喜施舍，白琳许多公共建筑由其倡建。据老一辈人说，白琳亲身来当铺就是由他创办的，地点就在玉琳古街大马路，与和尚馆毗连。1915年，其妻林氏七十大寿，时任福建省巡按使许世英为其送匾"婺焕稀龄"。

陈梅亭（1876—1933）

陈梅亭，名传镫，字初耀，别字叟鹤，号梅亭，又号梅臣。白琳康山溪坪人，清末贡生；于清光绪二十五年（1899）科蒙戴宗师取县学第二名入泮；光绪三十二年（1906）任鼎邑修志局分修；任区立玉琳小学堂校长十有九年，急公好义。1921年，与翁江萧仰山、白琳许穆臣等发起并捐资修复周仓岭古驿道，修建"泗洲文佛亭"，方便民众来往通行。1924年，福建时局变化，官兵流窜浙江过境白琳，到处索款拉夫，民众匿不敢出，他沿街劝导民众应役，并躬自前行，直至浙江桥墩始得返回。何金标、厉木恭股匪多次闯入白琳时，焚毁房屋，抓丁勒饷，他或亲赴贼窝斡旋以解救难民，或倡设民团以抗股匪。

许葆昭（1878—1948）

许葆昭，许春槐之子，原名御宝，字岳勒，号穆臣。考取戴宗师岁取进府学第二名。1906年参与编修《福鼎县乡土志》。擅长书法，白琳天王寺以及福昌布行等许多商号招牌出自其手。民国时期任文昌阁第三任校长。民国中期家境剧变，其父创办的亲身来当铺毁于一场大火。晚年穷困潦倒，在周仓岭下当塾师为生。

丁锦嗣（1883—1939）

丁锦嗣，字立商，号子才，宣统元年（1909）建丁合利馆。丁氏父辈以卖豆腐、南货等为生，少年的锦嗣耳濡目染、多番历练。22岁，子承父业，经营有方，钱财剧增，斥巨资购置两艘货轮，开辟福州、上海两条水路，将货物远销东南亚国家与地区，凭借"精益求精、诚信至上"理念，深受海内外客商认可。1937年，白琳茶叶兴盛，丁锦嗣生海外贸易之念，通过南洋客商渠道，在新加坡最著名的商业街乌节路设立海外茶行，成为茶商海上丝路之楷模。

吴世和（生卒年不详）

吴世和，又名吴观楷，坊间称他"白琳亥""阿亥"，磻溪周家山蛤蟆座人，为吴氏柘荣长畸大房子孙。其祖父吴锦成为武举人，清末经营茶叶，延至吴世和，生意越做越火。为双春隆茶行创办人，兼营第一春茶行，两行注册资本金达 1.1 万元，列福鼎茶行之首。又经营平安堂药行（主要由其子吴家驯经营），短短数年，经营有方，发展迅猛，年营业额居福鼎同行之首。此外，还兼营布行食杂等。1937 年在大马路兴建大宅，盛极一时。

袁子卿（1898—1965）

袁子卿，字承赵，号子卿。祖籍柘荣乍洋溪口。少时家贫，偶然机会得了一些小财，勤奋努力，经营茶叶发家。20 世纪 20 年代，从玉琳古街大马路的车洋馆处购得茶行，更名为合茂智茶馆，头脑灵活，经营有道，做得有声有色，直销国外。又一偶然的机会，把白琳工夫的原材料由原来白琳菜茶小叶群种系改为福鼎大白茶，使白琳工夫的品质超过安徽祁门红茶，后改名"橘红"而更上一层楼。其子袁志仁，民国时期的厦门大学毕业生。

梅伯珍（1875—1947）

梅伯珍，字步祥，号筱溪，又号鼎魁，点头柏柳人。1907 年，白琳棠园莘洋茶商邵维羡在白琳经营茶叶因乏人手帮助，邀请已有贩茶经历的梅伯珍合伙，随后几年，生意做得十分顺利。梅伯珍精通英语，茶叶销往新加坡和中国香港等地。1930 年，他任福州福鼎会馆茶帮的会计。1939 年，福建省建设厅在白琳统坪顶设白琳示范茶厂（1949 年后为供销社土产门市部），省厅庄晚芳局长、游通儒厂长等亲自抓全省茶叶示范厂，点名要梅伯珍（时年 60 岁）为白琳示范茶厂总经理。梅伯珍对白琳茶叶的发展可谓功不可没。

任廷雯（1902—1941）

任廷雯，福建省平潭人，毕业于福建政法大学。携妻儿老小到白琳区任区长时，团结乡绅，组织民团，抚恤工农，修建玉琳古街。不久抗战爆发，茶商陷入恐慌，他帮助茶商渡过难关，使白琳茶叶走向新的高峰。因劳累过度，病逝在白琳任上。

任廷雯像

梁其媄（1897—1974）

梁其媄，苍南宜山人，1923年迁居至玉琳中街，后迁大马路。民国时经营酒厂、客栈、米厂、百货等。酷爱京剧，倾其家资，先后两次创办白琳业余京剧团。20世纪50年代，独身一人追贼，受到白琳公社的表彰。当时，供销社刚成立不久，布匹摆放在林仁记门市部，三更时分，一盗贼入室，偷走布匹一担，恰好被梁其媄看到，一直尾随至金刚亭。天刚发鱼肚白，梁其媄大喝一声："民兵们，现在可一同围捕偷布贼。"盗贼一听，急忙扔掉布匹，逃之夭夭。追回布匹后，梁其媄将布匹交公。

陈桥妹（1912—1987）

陈桥妹，点头人，白琳著名铜匠，工艺精湛。年轻时与管阳吴立批同门学艺，历经艰辛。1958年，身为大校的吴立批专程到白琳看望师兄，嗔怪他当年胆小怕事，不敢从军入伍。入赘至白琳大马路，专职制杆秤、盘秤。白琳商家所用的秤大都出自其手，所制的秤大的可秤400—500市斤，小的可秤1钱1毫，十分精准。他还制作家具上的铜饰、铜锁等铜类器具。

陈玉芝（1921—2012）

陈玉芝，霞浦三沙人。基督教早期传教，把西方接生方法传习到闽东沿海乡镇，陈玉芝的接生本领就在基督教堂中学习的。20世纪60年代，在缺医少药的年代里婴儿死亡率高，接生都是在家里进行，因难产母子都不能保存的现象时有发生。白琳的妇产医生很少，专业接生的只有陈玉芝，多年来她培养了许多妇产医生。白琳人都亲切地称陈玉芝为"玉芝姐"。

夏增成（1927—1977）

夏增成，从小躬耕苦读，博学多思，孜孜不倦，写得一手好字。早年参加鼎平泰游击区地下革命，1947年加入福建城工部（中共地下党组织）。1948年3月，因"城工部事件"隐离组织，于1948年11月参加浙南游击纵队。新中国成立初期，任中国人民解放军福安军分区福鼎独立营司务长。1952年从部队转业到柘荣公安局工作，任政保股长。1956年任福安县公安局秘书股股长。

夏增成像

（本文参考了林上鏊、陈少华提供的资料）

琳江乡贤录

周瑞光　陈永远

黄沐之

黄沐之，翁潭人。为读懂文章的细节，他常不耻下问。年少时，考中进士。到义乌任县尉，当地土豪贼寇欺他年少容易对付，他与属下说："我一定会剿灭贼寇。"贼寇凭借险要地形与铁弹子武器，公然抢掠百姓财物，黄沐之亲自带领官兵捣毁贼穴，抓住贼首。民众苦于赋税严重，乡绅与黄沐之共同商议如何减免，太守则下行文要求审核申报，黄沐之说："我不敢不听太守的话，但遵守太守令则会失去民心。"最后经过协商，赋税十成减了七成。黄沐之每次出外巡查，十分害怕里正们因感恩而赠送他礼物。调任上杭县，离别义乌时没拿一分钱。再调丽水当县令，因操劳过度死于任上。

张日葵

张日葵，水郊（翠郊）人。因世道动乱，他到福宁镇参军入伍。康熙十八年（1679）三月，海寇由南镇登陆，肆意抢掠各乡，他正好回乡，与乡人共谋对策，在阜坪乡树栅栏御敌，推选族人皇日华为社长，率领大家与海寇作战，从辰时战到申时，双方死伤达100多人，斩敌首7级献州守。州守表扬他的功劳，赏硝磺三百斛，继续歼灭敌寇。

萧天成

萧天成，字德峰，翁潭人，例贡生，孝顺父母、长辈，和睦宗族，尊敬亲友，乐善好施。嘉庆十七年（1812）饥荒，他拿出家里所有储存的稻谷，减价平粜，数乡饥民赖以成活，县令谭公授旌旗表彰"任恤可风"。道光五年（1825），独自出资修建双株岭亭。1830年，独资兴建五峰桥，与麻里坑乡一起修造大路，从白琳到三十六湾，累计40余里。1847年，修建百步溪桥，花费甚大，其事迹被记录到地方志书里。他的儿子萧正玑，字朗山，道光年间闹饥荒，出米累计万石，平粜殆尽，后又出数百两赈灾。

萧承鹤

萧承鹤，字鸣九，翁潭人，贡生，性情纯朴谨慎，遇人无论老少皆以礼相待，如果年岁收成不好，就减价平价把米卖给乡邻，乡邻们都得到他的实惠。清同治年间，一人出资兴建石床乡万安桥，桥长十余丈，屡坏屡修，前后共费几千两，毫不吝惜。

吴大诗

吴大诗，水郊人，例贡生，侍奉双亲，以孝闻名。与堂兄吴朴齐年轻时就分开住，堂兄早逝，临死时把3个孩子托付给他，吴大诗视如己出，一直培养他们到成家立业。3个侄儿相继去世，留下一个七八岁的侄孙，吴大诗对他关怀备至，请老师督促他学习功课，使他长大成人，后来又买了住宅送给他。

吴开雍

吴开雍，字肃五，水郊人，监生，和他的弟弟同知吴开泮（字壁池），岁贡登瀛，都以慷慨著名。亲戚朋友中家境贫寒、落魄的，经常受他资助。他在乡里建义坟，减米价，抚恤孤儿，资助棺椁，修建桥梁道路，诸多善举没有一样不尽心尽力的，乡里人都称颂他。

蔡文聘

蔡文聘，字莘耕，白琳人，庠生。精通医术，行医时遇见贫病之人都能免费赠予医药，曾经把衣物作典押来救人之急。清咸丰年间闹饥荒，民众食不果腹，抢掠四起，蔡文聘会同好友编保甲、平谷价，乡邻赖以平安。其子蔡鲁溱，字济五，也能孝敬长辈，与人友善，乐于施舍。

萧正枢

萧正枢，字梦轩，翁潭人，例贡生，侍奉父母以孝闻名。一天邻居不慎起火，火势延至他家，他冒火进屋抢父亲灵枢，忽然南风大作，火势反向，扶枢得出。之后，正枢又进去背80岁的祖母，牵家人扶老母，使一家人都安全逃出。本乡原先没有孝棚，蔡正枢第一个捐巨资倡建，亲自负责，不辞劳苦，建成后还将余款拿出来买义田。

吴开鳌

吴开鳌，字海六，水郊人，任议叙游击，性格豪爽，喜欢施舍。清咸丰年间，发生水灾，粮食歉收，民不聊生，开鳌出钱买米，减价赈灾，邻里依赖他得以保全的人很多。又在水郊修长大坝一百余丈，行人称德。其他的善举如设义仓、修县城、建桥亭，他从不吝啬资助。

许镇芳

许镇芳，字世崇，郡庠生。清咸丰年间，粮食歉收，灾民群起抢夺粮食，所在地方骚乱四起，许镇芳与萧正枢、蔡文聘、胡长清等人，倡议开仓平价卖米，乡里赖以平安。有一个精神病人，挖掘毁坏他族叔的坟墓，族叔的儿子将这一病人告到官府，许镇芳可怜这人贫穷并且有病，自己出钱修墓，使事情得以妥善处理。乡中有义举如修文庙、建孝棚、置宾舍等，他都积极参与，不辞劳苦。

许茂聘

许茂聘，字世熊，白琳周仓里人，聪颖好学，博览群书，精通群术而不拘于俗说。有人以吉凶相问，他多引劝诫之言相告。清咸丰年间，闽中多变故，官府劝大伙缴纳租税，以备军需之急，他慷慨解囊，为乡里人所称道。

吴肇然

吴肇然，字书琴，水郊人，郡庠生。母亲卧病在床，他服侍备至，祈求代母生病。母病死，他遵古礼，在家守孝三年，不见任何亲戚朋友兄弟。清咸丰年间，群匪暴乱，他和武生吴一骐、周冠鳌办团防，使乡邻们得以保全。

池日全

池日全，水郊人，家中贫穷，种田养母，清咸丰年间水灾，田地荒歉，每天挑柴到市场换米供母，自己吃野菜充饥。母亲可怜儿子辛苦，不忍心吃，他便笑脸安慰母亲，喂她吃饱。这时乡民都到富人家里强要钱米，但他不做这样的事，真可谓以礼赡养的典范。

吴正义

吴正义，字纯齐，翁潭人，例贡生。他为人敦厚，与人和睦好交友，喜欢提携后进。同族中有三人无后，他为他们买棺椁，并置办义田，叫子孙每年按时祭祀。乡里柳宗展年少失去父母，他就叫其和孙辈们一起读书，并严加督导，从不懈怠。

吴德衍

吴德衍，字印波，连山（今属点头）人，例贡生。他独自出资在双流溪兴建双车桥和亭，后来又倡议在举州东门岭兴建小溪桥、东门桥两座石桥，方便路人。他填整修砌各村石路不下数千丈，大力出资赈灾修城等义举。他的弟弟监生吴德惇，字叙六，也参与其中出钱出力。

许廷长

许廷长，字受山，白琳人。父亲生病他服侍汤药，日夜不懈怠，几个月衣不解带。父亲病逝，他顿脚呼号几天水米不进。父墓离家数十里远，凡是春秋祭扫，他一定长途跋涉到坟前。他与兄弟和睦愉悦相处，平日急公好义，死后乡里给他建义祠。

陈诗志

陈诗志，白琳人，以见义勇为著称。在他房子数里地有几个古残骸瓶，不知是什么时代的，也不清楚姓甚名谁，他便慷慨出钱修坟，埋葬他们。其余如造桥梁修道路，他没有一次不积极捐钱出力的。

吴思中

吴思中，字竹邬，水郊人，国学生，仗义疏财，精通医术。如果有上门求医的，他即使是严寒酷暑也一定前往。他广蓄药品，遇到家境贫寒的人就免费赠予，几十年如一。平日乡里红白喜事、赈灾救民他都是热心参与，出钱出力。

吴敬衡

吴敬衡，字介眉，水郊人，附贡生，好善乐施，助亲友帮孤寡不遗余力。他精通医术并时时施舍医药，遇到灾荒就减价平粜，地方上的义务如建桥亭道路、修城、建义仓等义举都慷慨解囊、全心全力。

太姥文脉续瓜园

周瑞光

夫天地清淑之气，凝而为山，毓而为人。太姥原以才名，人才辈出，林嵩、杨楫，文章理学，辉映后先。诚所谓人杰地灵也。今以纱帽峰西、天门岭下之白琳为例，有唐一代，福鼎开县以前出了个首位进士黄诰，其下传至第九世有黄楫为宋严州教授，墓在今翁潭之小溪。此地山明水秀，了无尘俗气，饶有佳趣也。而与翁潭百步溪遥遥相对者，瓜园村也。该村望族大姓蔡氏，系周文王子叔度封蔡，因以为氏，于清康熙二年（1663）由福安迁入本邑，迨乾嘉之际，出了蔡文焕、蔡文蛟昆仲，均负才绩学，名闻遐迩。福鼎俗谚云"一举二秀三员外"。一举者，福鼎桐山林滋秀；二秀者，即瓜园蔡氏二昆仲；三员外者，指翁江萧氏、王瓜屿裘氏、翠郊吴氏三财主。二秀独辟蹊径，以弘扬唐宋儒学，赓续太姥文脉为己任，在闽浙边界影响深远。其清辞丽句，掷地金声，传诵至今，实在难能可贵。现恭录二蔡先生之传记、相关文章于后，以飨广大读者。

蔡文焕传

治南五十里许地曰瓜园，有蔡文焕，字廷章，号舜堂。父号馥园，年老且病。文焕代其父而事大父汇川，备极色养，□□爱慕如婴儿，撰杖履必恭敬出入，扶持不离左右。大父卒，事父母如事大父。出必告，反必面，夜或与友人论诗，归必叩寝门曰："儿归矣。"盖文焕体素弱，父母虑其以劳致疾，而文焕能曲体其亲者，在家遂弃制举业隐于吏，以廉静自守，五日一上署，余日，足不至署，视同辈若□。署内栽小松，少尹曾口令作诗，文焕随口应之曰："屈曲如龙势不禁，百年潇洒遂初心。只因误授秦王爵，犹自临风悔至今。"其梗概如此。作新柳诗四律，和之者众。季曰："文蛟诗文有声里中。"或曰："文蛟，文焕所教也。"

论曰：书云孝乎维孝，友于兄弟，施于有政。文焕以贫故，终于吏，假令得所欲为，其志正未可量。世之伦纪有亏，□篑不饬，闻文焕风可以愧，卒年四十有九。江君从如与文焕交数世，述其事，丐余传之。

乡进士文林郎署福鼎县知县事毗陵让木撰

蔡云海先生小传

蔡云海（文蛟），邑廪生，著《水木山庄诗钞》。云海性地清灵，诗笔敏捷，刻烛之余，吟诗数幅。往往眼前事、口头语，一经赴腕便成妙趣。近设教姥山之麓，终日近瞩遐瞻，胸襟愈旷矣。

（录自清林滋秀《快轩诗则》）

文蛟，字廷雨，又字廷轩号云海，原名渠。娶桐山城内山西直隶州分州张锡彩公女孙，乙卯举人为霖公侄女孙，邑增生问道公第三女。又娶董江张予国公次女，生一女名藕姐，许字澉城缸窑岭裘元炳公第三子。又娶在坊水流美高姓，俱无出。以文矜三子鲁稻嗣其后。

蛟于乾隆五十五年，吉宗师取进县学第三名，嘉庆元年陈宗师岁试一等三名，补入增广生，道光元年韩宗师科试二等五名，以增生超入禀膳生，著有《水木山庄诗钞》四卷行于世。

福州府儒学训导江从如立有生传
（录自白琳瓜园《蔡氏宗谱》）

水木山庄记

（清）万世美 撰　陈启西 点校

岁壬戌，余受福鼎邑侯岳蘭溪（岳廷元，字蘭溪，山西徐沟人，进士，嘉庆五年任福鼎县令）聘，主桐山书院讲席。有蔡生文蛟执贽从游，邑中名士也！精神霍霍迥出寻常，问难执经手不释卷。验其学力，多闻强识，博极群书，妙解文章，尤工诗赋。为前主讲钱塘进士许桐柏、八沟司马会城张立亭先生所器重。凡厥，里居城南五十里许，地曰瓜园，村名水木山庄。乡无别姓惟蔡氏一族居焉！生以从师侨居城内已有年，遂相与切磋琢磨，晨夕不懈。

迨余撤席归家，生适旋里。闻余行李既发，俟于百步溪桥，河梁握别。有江文通黯然销魂，意欲止余宿，余以迂道辞。生坚留，西指前导，则见田畴旷若，屋舍俨然，鸡犬桑麻，有如神仙洞府。徒步沿溪而入，行不及里，门前古树轮囷，霜皮溜雨，黛色参天，真数百年古物也！溪山卷画，水木清华，山色堆蓝，水声漱玉，令人心旷神怡。

俄而，夕阳在山，栖鸟返树。族人相友而归，衣冠古朴，老幼有礼，雍雍穆穆，和气满堂。家人饲鸡黍以款客。酒酣，诸少年调丝品竹，以为客欢。虽谢太傅东山之乐不能让也。闻迁居年所已百四十余载，历代有隐德。先世务农，后人继之读书，仅识字不求仕宦，同居九世相睦相亲。族中有自幼至老不知长吏衙门者，所谓："与世无患，与世无争者也！"

夫武陵桃源不过陶彭泽寓言而已，若瓜园则此中境况，真不足为外人道也！因思世之巨族，当时非不赫，奕或十年，或七八年，或五六年，或三四年，半归零落。何蔡氏一族，历久而弥盛，愈远而益彰？殆其隐德发祥积之者，厚发之者深也！

是夜宿余东楼，开窗四顾，月明如画，恍然濯魄冰壶。夜不能寐，因援笔而记之。

（本文录自白琳瓜园《蔡氏宗谱》。万世美，福建建瓯人，进士，内阁中书，著有《畴人驳议》，曾主讲桐山书院）

春柳诗
蔡文焕

红桥桥板绿溪西，帽影鞭丝话整齐。
疏雨含烟和梦远，好山敛翠人眉低。
曾吟光压松筠色，不逐花明桃李溪。
最是细腰须护惜，莫将轻折乱沾泥。
淑气氤氲遍九皋，千行新挂碧丝绦。
赏音几辈携柑酒，应兆何人祀枣糕？
陌上暖风初扑面，楼头少妇乍挥毫。
匆匆去马斜阳路，休认先生尽姓陶。
作絮漫天糁野蒿，却教伊管别离何？
休嫌眼角留情少，自怪眉尖惹恨多。
消瘦于于娇汉苑，风流千古说灵和。
前宵寒夕园村雨，珍重金衣莫浪过！
相逢一刻致缠绵，愁结游丝百虑牵。
社燕掠开依墓路，西乌啼破绕门烟。
囗囗阪渚花飞雪，漠漠隋堤浪拍天。
记得攀条成涕泣，桓家司马总堪怜。

《玉融诗草题词》原韵
蔡文蛟

红荔香中客远游，题词还复忆名流。
谁知我亦相思甚，饥渴黄门欲白头。
向平事毕原无累，叔度年高且著书。
赢得玉融诗草在，侯门莫更叹无车。
晚节杜陵精检律，惊人谢朓爱吟山。
缒幽凿险寻常事，气味难求笔墨间。

太姥下院幽兴
蔡文蛟

尘梦何如鹤梦幽？飘零身世拟虚舟。
半村黄叶围书幌，一角红墙露佛楼。
境是上方难问俗，人多热眼不知秋。
此中清福谁消受？有客长年卧故丘。
一龛灯火下帷初，惭愧群疑董仲舒。
白发向人催短景，青山留我读奇书。
稻粱鸿雁经秋足，霄汉鹏雕锻翅余。
满眼蓬蒿没深径，闭门拾趁赋闲居。
玉树芝兰绕砌栽，乌衣门巷执经来。
扬雄岂但知奇字？罗隐无非老秀才。
世上功名归将相，山中岁月有楼台。
逍遥物外蒙庄叟，一卷南华手自开。
终日焚香避世尘，梵王台殿悟来因。
生前既登大千界，死后应归丈六身。
梦醒梨云忘旧路，心随花雨出迷津。
他年重证三生约，牧笛临风漫怆神。

蔡云海先生古稀眉寿适读大集因和《下院感怀》原韵
东河知县 王 溱

才信桐山景最幽，篮舆初下又扁舟。
桥通绿水王维墅，城绕青山谢朓楼。

烈日长时思好雨，余春去后爱清秋。
五云阁史频过我，学舍何妨似宛丘。
一斑全豹乍窥初，片片临风锦正舒。
倒屣如迎千里客，披函恍读十年书。
溪山兴托优游日，交契情深少壮余。
争羡此翁真矍铄，岂徒妙赋比幽居！
成阴桃李手亲栽，把钓湖塍独往来。
作客居多添枕秘，能书仍不掩诗才。
醉吟每击竟陵钵，市骏先登郭隗台。
牛耳骚坛推第一，春风欣值寿筵开。
君正登仙我坠尘，年华五十证前因。
传经伏胜尊耆宿，稽古桓荣有后身。
定见蒲轮徵鲁国，更看神剑合延津。
只今太姥群真会，引领摩霄倍爽神。

赠蔡云海先生
侯官举人　赵在翰

共说蔡君好，词章妙绝伦。
新秋空岁月，丽句出风尘。
大雅谁持倡？长才宁效颦。
只今佳景尽，幽意欲重陈。

京师岁暮寄怀蔡云海词丈
林滋秀

江东日暮野云堆，愁绝双鱼尺素裁。
远道相思频寄语，故园无恙未归来。
灵王馆柳千丝瘁，太姥仙梅几度开？
料得风霜严岁晚，御寒同拨竹炉灰。

榕城寄怀蔡云海先生
临海诸生　李案梅

南天缕缕彩云飞，弹指行年心事违。

递到音书欣络绎,别来丰度想依稀。
桐冈樵井秋风近,白首青春转眼非。
安得一樽同握晤,抚时空尔惜芳菲。

奉怀蔡云海先生
黄汉章

几年阻却朵云书,里隔关山七百余。
会面既难情未已,断鸿真觉恨何如?
栏天云树沧州远,缩地神仙梦想虚。
留作天涯老知己,相思岭外眼频舒。
梦寐见君犹未面,诗篇忆我更多情。
荔庄倒屣同兰友,佳话千秋想共成。

奉和蔡云海先生见赠玉融拙草题词原韵
黄汉章

辕下驹残事壮游,西山红日惜光流。
关情每在轻离别,况复论交各白头。
婚嫁虽成累尚余,偷闲聊复检残书。
纵然不作侯门客,食觉无鱼出少车。
残草蚕丛恨未删,吟怀那肯负云山?
何时借得中郎笔,学到传神阿堵间。

茶商邵维羡

邵克平

邵维羡（1855—1932），字歆立，号秋溪，白琳棠园村莘洋人，是清末至民国白琳茶界泰斗级人物。点头柏柳村茶人梅伯珍在《筱溪陈情书》一文中说："适邵君维羡开庄采茶，乏人助理，邀余合伙，幸自合股，五六年以来，生意颇见顺利。递年往省售茶结账，尽归余负责。"1907年，邵维羡年过半百，见梅伯珍忠厚、聪明、实在，又有茶叶种植、加工的经验，邀请他合股经营茶叶。梅伯珍遂跟随邵维羡从事茶业生意，后来亦成为一代茶叶巨商。

邵维羡的先祖是宋朝哲学家邵雍。据《博陵郡邵氏宗谱》载："雍公讳康节，字尧夫，其所居曰安乐窝，高隐不仕。旦则焚香静坐，晡时酌酒三四钟，微醺则止。春秋出游乘小车唯意所适，士大夫家争相迎候，童孺皆然曰'我家先生至也'。"邵氏宗族搬迁到棠园莘洋是1404年，即明永乐二年。宗谱记载，第一世邵宣教（1376—1440）官封骑都尉，明洪武年间由浙江绍兴余姚入闽长溪。

邵维羡在福鼎相传是"十八旗头"之一。明永乐二年，驻扎在福宁州的十八名异姓（邵、裘、杨、卢、章、吴、徐、高、汤、梁、彭、厉、孙、郭、汪、曹、毛、郑）官兵，情同手足，结拜为兄弟。当时朝廷出于各种需要，对驻扎在南方的军队实行裁军，许多军队士兵解甲归田，就地垦荒，繁衍生息发展农业生产。这十八名兄弟行前，将一面军旗分剪十八块，各执一块，日后作为袍泽之见证。旗根由邵氏保管，根与块并和又是一面旗，故称十八旗头。而后军官带领家眷分别在白琳、点头、管阳插标划地，开垦落屯，成为各姓肇基者。

邵氏传至十一世，已成为当地望族。宗谱载，第十一世公邵化轩，字谓宣，"嘉庆癸酉年恩赐正八品冠带乡饮耆宾，邑侯谭公抡额其匾曰'醇厚堪风'"。邵化轩就是邵维羡的祖父，也是茶叶商人。邵大利是邵维羡父亲，年轻时经营茶叶，获利颇丰，后因战乱茶叶价格下跌，造成巨大亏损，以至于家道中落。邵大利隐居在家，邵维羡正是在此时出生。

邵维羡生于清咸丰五年（1855），少小时家里贫困。诚如《邵秋溪渊太翁行实》所载："盖人且有大非常之谋，必有大非常之折磨，故天不折磨己身而折磨其骨肉，使其动心忍性增寿获益其所谋为者……遭时不遇，家缘中落，及征粮之役无至其门，太翁时年仅十龄，归问该客不到我门，何也？其父告之详。"

邵维羡从小立志恢复祖业，经营茶叶生意。《邵秋溪渊太翁行实》载："太翁虽在年稚，聆是语而心蓄将来必谋为恢大先绪之想。"及年长，从祖辈和父辈学会茶叶制作、经营门道。《邵秋溪渊太翁行实》载："迨先王父化轩公业茶为邑之巨商，至太翁父大利复为商业。"

邵维羡在白琳开茶庄，生意做到福州等地，往来省城福州20多年。《邵秋溪渊太翁行实》载："践王父业谋为陆羽经，往来省垣二十多年，得捆载归……"这专门描述邵维羡的经营茶叶过程，每年都要往返于福州和白琳之间。经营了20多年，生意越做越大，鼎盛时期，光田租就拥有1200石。今莘洋老坪店保留有邵维羡发迹后建的四合院，占地面积350多平方米，设门楼，门坊悬山式，题"仰绍东俊"4字。

邵维羡十分孝敬他的母亲，而且不遗余力抚养他的两个兄弟的遗孤，受到族人的景仰。族谱中还详细记载其开粮仓接济饥民以及修桥补路、建茶亭、修宫庙等善举。

宗谱中载，邵有一女适溪中袁祖卿。袁祖卿即袁子卿，字宗宋，后成为白琳合茂智茶行的创始人，也是橘红白琳工夫的发明人。邵维羡还是茶商梅筱溪的引路人。后来梅筱溪的孙女嫁给袁子卿的儿子袁志仁为媳。邵维羡、梅筱溪、袁子卿都是清末民初福鼎茶界杰出的人物。

1914年，邵维羡六十大寿时，福建省政府汪声玲赠送"明经耆宿"牌匾；七十大寿时，子婿袁宗宋、丁文仕赠送"佩绂春绵"牌匾一块。

邵维羡卒于1932年，享年78岁。

萧仰山先生

陈玉生

萧仰山，原名景高，乳名世庄，字瞻锦，系白琳翁潭（翁江）人，生于清光绪三年（1877），卒于1938年。其父承鹤，例捐同知，为人好义轻财，善行录入《福鼎县乡土志》。萧仰山出生书香门第，自幼好学，清光绪二十年（1894）科得中贡生。所生三子：长子宗煜，福州汉英学校预科毕业生；次子宗燎，号光庭，就读县立一小，后专读家塾，一生从事教学；三子宗钊，浙江省立第十中学毕业生，从事教育工作，1946年至台湾。

萧仰山先生一生乐善好施，有其父之风。1920年左右，萧仰山先生悉闻桐山桐江防汛围堤建坝工程缺资无法竣工，深知这是关系到百姓生命和财产安全的大事，不顾自己体弱多病，竟步行至桐城向县政府提议相协，愿捐巨资促成工程早日完工。桐城百姓为感萧先生功德，故把桐江堤下堤称为萧家坝。

翌年，福建省省长萨镇冰莅临福鼎视察，观看了桐江围堤工程，表扬了县政府和百姓。当他听了县政府汇报工程的各种情况，特别是知道工程将要停工，幸亏白琳翁潭村萧仰山先生捐献巨资的事迹后，甚为感动和钦佩。他返闽后特造金匾，上款题"仰山先生"，中间题"乐善好施"四个大金字，下方落款"萨镇冰"，上嵌有"福建省章"四字。此匾留存至今。

名医杨楚卿

<small>杨应杰</small>

一提起白琳名老中医，上了年纪的白琳人都会回答："长指甲"杨楚卿。杨楚卿的双手尾指都留有指甲近两寸，特征分明，当地民众习惯称他"长指甲"。

杨楚卿（1886—1966），字敬翘，又名作薪，白琳大马路人。其父杨季灏，县太学生，邑名医。先生幼承庭训，聪明好学，熟读《内经》《伤寒论》，精研《温病条辨》《李平湖脉诀》《医宗金鉴》，16岁悬壶济世，一生从医近70年，尤其精通切脉，通过切脉，可知生、死、饥、饱、倦。每当给病家切脉时，他要求病人先歇息，待病家脉象正常后给把脉，通过把脉就能把病症说个大概，令病人叹服；再通过望、问、闻，准确把握病人病症，而后进行治疗。先生一生好学，年至古稀，依然手不释卷，案头齐整摆放着《医宗金鉴》全集，每日闻鸡鸣即起，焚香祷毕，挑灯阅卷，从不间断。

民国年间，沙埕黄岐几次发生大疫，当地人多次延请先生到疫区看病。有一病妇，病已沉疴，称若请不到"长指甲"来为她治病，死不瞑目，当听闻轿夫已把先生请到，病已去大半。他几次进驻黄岐，许多人被救活，当地村民赠予外号"杨半仙"。先生到疫区治病救人，短则一月，长则两三月，每日看病，口含白酒，喷处所，防疫情。当时疫区疫情十分严重，经其中医治疗，治愈无数。可每次归家后，他自己都要大病一场。

邻居一年轻周姓后生，平日从不生病，一天突然病倒，家里老母亲以为是惊吓缘由，唠叨着要请神治病，先生耳闻，便不予理会。两日后病情急，患者已神志不清，其妻大清早听到先生琅琅读书声，马上叩拜请治，只两帖药，病情立解，恢复如初。

新中国成立初期，中街林姓者刚从外地迁居而来，一岁患儿吐泻、发烧，准备向供销社领导请假，抱病儿去福鼎诊疗，恰巧先生出诊经过。他经旁人指点，延请先生治疗，只用了七味中药，患儿痊愈。先生擅长妇科血症，妇女血崩、血漏之症，手到病除。

楚卿先生的养生学独辟蹊径，提倡"想食则养"，经常告诫身边人与病家什么是补品，最佳补品者非人参、鹿茸类，乃平日之饮食，平时想吃什么时，便尽量烹饪着吃，这即是补。先生自己日常饮食便百无禁忌，天上飞的，地上爬的，水里游的，只要是可食者，他都吃。他常说，当口渴时喝口水，饥时吃口饭，这杯水、这口饭就胜过人参、鹿茸。人既想吃，说明人自身缺乏这种物质，此时进食，恰巧弥补机体生理上的饥渴。

先生心地善良、生性耿直，平素常上集市，遇到活的鲤鱼、鲨、鳖等，购买后请人放生；遇到柴草没人买，便花钱买下。旁人就说："这柴草质量太次，生不着火，您被人诓也。"先生就说："买了他这担柴草，他一家人的生计就有着落了。"穷家延请他看病时，通常会留饭，他会直白地说："不要搞太多菜，只一样菜就足矣。"

白琳翁江名医肖楚孙十分佩服先生的医术，经常与先生往来交流。先生深知悬壶济世之不易，遂不予后人习医，其孙还是师从楚孙先生习医的。改革开放后县卫生局屡次嘱其后人叙其生平，以便列其为福鼎名医之列，但由于平素没有留下医案、医话，且其儿孙文化层次不高，故没有为其立传，实属憾事。

（本文根据林金兰、林上鳌口述整理）

制茶师陈鼎善

◎ 白　杨

陈鼎善，福鼎白琳秀阳东阳山人，出生于1891年，从小跟随父亲制茶，对制茶和评茶有过人本领。20多岁时，他被合茂智茶行的老板袁子卿看中，曾跟随袁子卿到南洋各等地从事茶叶贸易；30多岁时，被袁子卿聘为合茂智茶行掌盘（相当于技术总监），负责茶行收购毛茶业务，评定茶样等级，审评茶样以及制作加工茶叶等。

1930年，袁子卿创制"橘红"白琳工夫红茶，陈鼎善是制作"橘红"的首席制茶师。

新中国建立后，刚成立的福鼎茶厂下辖4个茶叶收购站（简称茶站），分别是桐山、白琳、点头、巽城茶站。陈鼎善在桐山茶叶收购站工作，负责审评茶叶等级。当时陈鼎善是一级评茶师，参加1952年福鼎县茶师评比冠军，1953年巽城茶师评比亚军。

1952年，福州人王奕森来福鼎，在茶站工作。在跟随陈鼎善师傅学习的一年时间里，他打心眼佩服陈鼎善师傅高超的制茶、评茶技术和看茶的水平。陈鼎善向王奕森讲得最多的是"橘红"，如何生产出高品质的"橘红"因此成为王奕森后来在白琳茶叶初制厂一直追求的目标。

有一个故事让王奕森至今难忘。当时，每天都有许多茶农送毛茶到桐山茶站收购，为了避嫌，采购站柜台很高，茶农与评茶师互相不能见面，茶农排队需打流号。其中，有一个很有势力的制茶师制作的毛茶，第一次送到陈鼎善的手中，被评审为不合格产品，这名制茶师不服气，第二次又重新打流号把茶样送陈鼎善审评。陈鼎善经手后说："这个茶样已经评审为不合格，怎么又送进来？退回！"制茶师第三次把茶样送到陈鼎善跟前时，陈鼎善火了，把茶样从柜台甩出。为此，制茶师回去叫了许多人围攻陈鼎善，使茶站领导不得不考虑调整陈鼎善工作岗位。

1953年，陈鼎善调到白琳茶叶收购站，王奕森调到白琳茶厂工作，茶站和茶厂距离很近，因此每天王奕森都会到陈鼎善的茶站学习。王奕森坦言，制茶懵懵懂懂之时，是陈鼎善师傅给他指导，让他的制茶道路少走了许多弯路。

（本文据王奕森口述整理）

"橘红"发明者袁子卿

杨应杰　白荣敏

闽红三大工夫红茶——坦洋工夫、白琳工夫、政和工夫，在民国时期就蜚声海内外。白琳工夫红茶被茶业界人士称为"秀丽皇后"，其珍品橘红是杰出的代表。袁子卿是橘红的发明人，他在民国时期创立了合茂智茶行，并把白琳工夫红茶推向巅峰，成为一代茶商。

袁子卿，字宗宋，名承赵，生于清光绪二十四年（1898），祖籍柘荣乍洋溪口。他身材矮小，头脑十分灵活，自小患有夜盲症。少时家贫，年长时从事挑货郎买卖，做些小生意。有了一些经营成本后，开始从事茶叶生意。

《邵氏宗谱》载，邵维羡有一女适溪中袁祖卿。无疑，邵维羡对袁子卿的茶业生意影响巨大。而《梅氏宗谱》载，梅伯珍次子梅世厚生女一，适玉琳袁志仁（袁子卿之子）为室。也就是说，邵维羡、梅伯珍、袁子卿在清末民初从事茶业生意的三大人物间有姻亲关系。

民国时期，翠郊、棠园、石床、柏柳、高山、岭头坪、黄冈、长岐、溪口、湖林，为福鼎十二至十五都，这一带的茶叶品质十分优异。品种以菜茶为主，后才大面积出现白毛茶（今称福鼎大白茶）。这一带种茶、做茶、贩茶的人很多，而且家家户户都有种茶，且能初制各类茶叶。袁子卿也不例外，从经营茶叶小生意起家，因其具有精明的生意头脑、精湛的制茶技术，深得邵维羡的赏识，很快成为邵门快婿。

由于地理、交通、人文、茶市等因素，白琳成为茶叶集散地，粤商、闽商齐聚白琳，采办茶叶，经过白琳当地茶行精制加工的红茶、白茶、绿茶等多种成品茶，从沙埕口岸船运到福州、广州，再销往世界各地。

因茶而盛，因茶聚气，玉琳古街大马路成为当时白琳最繁华之地。为了做大做强茶叶生意，20世纪20年代末，年纪轻轻的袁子卿，就在白琳的玉琳古街大马路从其他茶商手中购得车洋馆茶行，更名为合茂智茶馆。与其毗邻的是双春隆茶馆，创始人吴世和，又名吴观楷，在20世纪30年代是福鼎著名的茶商之一。《袁氏宗谱》载，袁子卿次室吴氏。吴氏与吴世和是宗亲，吴世和在福州的茶叶生意，袁子卿曾经鼎力相助过，因此二人关系非同一般。相关史料记载，吴世和的双春隆与袁子卿的合茂智同是福州华大联号的茶供应商，都实力雄厚，注册资金分别为银圆 5000 和 6000。

清光绪《福鼎县乡土志·商务表》载："白、红、绿三宗。白茶，岁二千箱有奇；红茶，岁两万箱有奇。俱由船运福州销售。绿茶，岁三千零担，水陆并运，销福州三之一，上海三之二。红茶粗者，亦有远销上海。"袁子卿之孙回忆其祖父经营茶叶时的盛况：每年正月十五，袁子卿在福州马尾与茶商洽谈当年茶叶交易，分头春、二春、三春三茬茶谈好价格，立马就下定金，好几担银圆用船运至霞浦盐田，再雇挑夫挑回茶行银窖，这些银圆就是用来收购当年茶叶的资本金。

袁子卿不仅善于经营茶叶生意，而且对生产、加工、精制各种茶叶的工艺十分精通。20 世纪初，福鼎的茶叶外销的种类很多，有白琳工夫、红茶标、白毫银针、莲心茶、白毛猴茶，而主营白琳工夫等红茶类。随着安徽祁门红茶的崛起，福鼎的白琳工夫红茶的竞争力偏弱，价格较低，袁子卿就是在这个时候发明了橘红，使白琳工夫临危突围，且更上一层楼。

《福鼎文史资料》第 23 期记载白琳工夫红茶的沿革：1930 年，袁子卿在福州销售白琳工夫时，发现福州高丰茶行老板吴少卿选购的安徽祁门红茶，色泽鲜红，茶味醇郁，比白琳工夫红茶标更胜一筹。袁子卿认为祁门红茶品质好应该得益于茶树品种，这与茶树生长的土壤和气候等因素有关，当时白琳工夫红茶主要以福鼎菜茶作为原材料加工，福鼎红茶标产质无法与之相比。但是事情却有了戏剧性的转变，袁子卿回到白琳继续收购红茶时，遇上白琳翠郊茶贩吴德康，把摊在一处变红的白茶青拿来出售，富有经验的袁子卿见茶发红，色泽近似于祁门红茶，喜出望外，全部收购了吴德康的茶叶，开始以白茶鲜叶研制工夫红茶。他选择大白茶青作为原料，放在日光下晒，经萎凋六七成干后，就用双手搓揉，使茶青变软，搓成固块，放置茶篓内，并用茶布袋伏盖。经发酵三四小时后，再取出抖落散开，继续晾干。整个制作过程仍按工夫红茶工序进行，只是生产的原料改用福鼎大白茶。袁子卿把以大白茶研制的工夫红茶运到福州销售，大受欢迎，并且价值远比工夫红茶标高。至此，以白茶改制工夫茶研制成功。

袁子卿充分发挥福鼎大白茶特点，精选嫩芽，制成工夫红茶，条形紧结纤细，含有大量橙黄白毫，特具鲜爽愉快的毫香、汤色，叶底呈橘子般红艳，取名"橘红"。橘红代表白琳工夫高级茶的独特风格而闻名于世。它十分讲究鲜叶原料的采摘嫩度，尤其是福鼎大白茶品种，更要求早茶嫩采。初制工艺中，特别注意控制适度萎凋，以提高鲜爽度，并严格采取轻、重揉结合。发酵讲究温度、湿度、时间，烘焙要采用炭火双复焙的方法，后一次烘焙，要"文中慢焙"，掌握火候，力求在透发毫香的基础上保持鲜爽特征。这些工艺特点对于白琳工夫传统风格的形成，有着重要的影响。

橘红一时名声大噪，远销东南亚及西欧各国。当时白琳人都这样流传：英国女王尤喜白琳工夫，以致知道世界上有个白琳，每每喝茶，就问白琳是在什么地方。

　　白琳经营茶叶生意者众，但贫富两极分化严重。当年工农红军也经常在上南区、下南区（白琳、店下一带）活动，筹集经费，袁子卿发家致富后便向红军捐资。对于苦难的民众，他雪中送炭，当地就传着他许多助人的故事。柘荣长岐村村民腊月受雪灾影响，许多村民饥寒交迫，关键时候，袁子卿派管家送衣送被送粮食，救了不少贫农。袁子卿年少家贫，养成了对自己、对家人"抠门"，对需要帮助的人却出手大方的习惯，因此对他心怀感恩的人士很多。1949年后，他寓居福州。1965年，他在福州病逝，享年67岁。

茶人叶诗相的匠心

☙ 白 杨

茶叶收购站在福鼎茶业发展过程起到十分重要的作用,其主要工作是:向茶农直接收购毛茶精制加工成品茶,或者收购毛茶直接销售给国营福鼎茶厂;向广大茶农推广茶叶种植、栽培、加工等技术,是茶叶销售和技术服务最基层的单位。新中国成立后,国营茶厂在白琳、点头、桐山、前岐、巽城设立5个茶站。要担任茶站站长,必须掌握福鼎域内所有茶叶品类的加工方法,能审评茶叶等级,在茶叶技术方面水平高,技艺超群。叶诗相是在茶站当站长时间最长者之一。

民国时期,叶诗相受尽了人间的各种苦难,新中国成立后,他加入中国共产党,一心跟着党走,爱岗敬业。1958年在他巽城茶业站(茶业局主管)工作,虽非科班出身,但刻苦好学,很快掌握制茶方面的各项绝活,1961年开始担任巽城茶业站站长,1963年调任点头茶站站长,直至1982年退休。

在叶诗相的带领下,点头茶站十几个工作人员,承担了全镇茶叶收购、密植茶园推广及示范,茶叶生产加工指导等任务,几乎年年获得县先进单位、地区优秀党支部等荣誉,叶诗相个人也20多次荣获县优秀工作者,并当选为人大代表。

1983年他回到白琳过溪自然村老家开办白琳工夫茶厂,带领儿孙制作白琳工夫、白毫银针等茶品。改革开放后,茶叶可以自由流通,他制作的茶叶通过广州外贸销往香港、马来西亚等地。2007年,宁德市茶业局推荐他为福鼎白茶国家非遗传人提名人选。2008年他病逝,享年97岁。

20世纪80年代,既通晓制茶技艺,又自己生产茶叶的老茶人比较少,叶诗相是其中之一。他熟练掌握了茶叶育苗、种植、加工、审评等技艺,有三大绝活,分别是白琳工夫"十八筛"工艺、福鼎白茶的萎凋和古法炭焙技艺、白毛猴制作技艺。其一,白琳工夫"十八筛"绝活,他能根据茶叶产区、天气、时间,看茶做茶,精准控制发酵时间和温度,工夫红茶最大的特点就是费工夫,尤其在精制阶段,筛茶需要真本领,所做出来的白琳工夫才形秀有峰、金黄毫显、清气醇香。其二,福鼎白茶萎凋炭焙绝活,他能因时因地因茶萎凋,茶底鲜活明亮;炭焙白茶不用白布垫底、不用温度计,所制白茶色白毫显,味醇厚香气悠长,易保存,经岁月沉淀仍芳华自现。其三,制作白毛猴绿茶的绝活，他所制茶叶满披白毫，形状弯曲均匀，如蹲着的猴子，色香形俱全。

叶诗相在点头茶站担任站长20年，柏柳、翁溪、过笕、大坪、西宅等村的村民至今依然称他为"叶主任"。点头茶站1950年建立，到1989年改制，历经39年。他任站长时期正是点头茶业发展最关键的阶段。他的贡献主要是：

1. 推行免耕密植技术，提高茶叶产量

1974年，在全国茶叶会议上，福鼎被列为到1980年产茶5万担的基地县之一。1976年叶诗相作为点头茶叶站站长，参加县组织的前往贵州湄潭县考察学习密植免耕茶园技术。考察回来后，他整理了一块地，亲自试种，发现密植免耕茶园既可以增加农民收入，又可以提高茶产量。试种成功后，就每天深入农户家里，现身说法，引领茶农大量种植福鼎大毫茶，同时大力发展社、队茶园（当时点头18个大队，公社办3个厂）。几年时间，点头茶园面积迅速增加，茶叶产量大幅度提高，成为全县三个茶产量万担社之一，是全县先进产茶区。

2. 破解茶苗育苗难题

推广茶叶种植，需要大量福鼎大毫茶的茶苗，但当时茶苗烂根严重，无法培育。叶诗相天天蹲在苗圃里，通过观察研究，发现茶苗烂根严重是土壤条件不佳，点头靠海土壤盐碱度太高。经过反复探讨、试验，他找到了破解方法：就地改良土壤，将原有的土壤运走，从外面运来土壤来改良。时至今日，福鼎的育苗仍采用这种方法，点头也成为全国福鼎大白茶、福鼎大毫茶茶苗的供应基地。

3. 创新茶叶仓库建设，确立仓储理念

点头地处沿海，台风袭击经常会造成茶叶仓库漏水，一旦渗水，将造成无法估量的损失。每年台风季，叶诗相就忧心忡忡，台风太大时，茶叶仓库上的瓦片会被掀开；台风比较弱时，仓库的屋檐会渗水，雨水反灌入仓库内易使茶叶受潮。他与茶站的几个技术骨干反复探讨研究，最后采取屋檐和瓦片用水泥灰包砖来封闭，解决了问题。这一经验，后来得到推广。

4. 打破樊篱，传授技艺爱惜人才

叶诗相非常爱惜人才。全国著名茶叶专家骆少君大学刚毕业时，在点头茶站工作，叶诗相认为一个女大学生来基层工作，很不容易，从生活、工作上给予关照，骆少君对白毫银针的认知就始于此。点头几个茶场的场长对叶诗相很尊重，因为他们经常在一起探讨茶苗育苗及种植技术，如有心得，叶诗相不藏私。退休后叶诗相回到白琳，为了培养后辈制茶，自己亲自做茶示范，传承白茶传统萎凋、炭焙工艺。林振传、林有希、耿宗钦、蔡清平、陈敏等都向他学习过福鼎茶品类传统生产技艺，这些人如今是福鼎茶界的精英。

圣训长老

> 邱元法

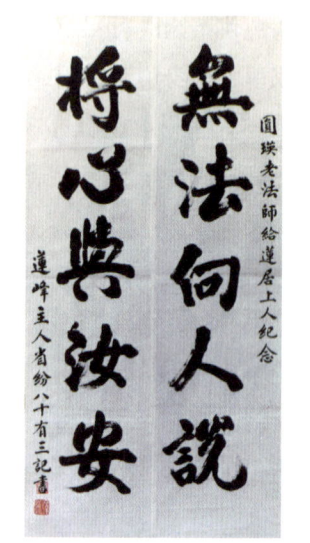

圣训长老手迹

圣训长老，字大教，号省纷，福鼎白琳老街人。俗姓孙，生于清光绪三十二年（1906）十一月初四日，其父为清末秀才，其兄悟道法师曾任宁波天童寺副寺、厦门南普陀寺住持等。圣训长老12岁出家，师事莲居法师，15岁于福州鼓山涌泉寺达本老和尚座下受戒，24岁在宁波天童寺任圆瑛老法师侍者，26岁到慈溪寺当知客兼维那，28岁在宁波延庆寺任写法书记，30岁当积善寺副寺，34岁回福鼎资国寺任住持，历任福鼎佛教协会副会长、会长及名誉副会长等。

1980年，圣训长老受四众弟子拥戴，被邀请至福鼎名寺——栖林寺振兴道场。1983年资国寺被定为福建省开放寺庙，他率领僧众重新驻锡资国寺，整顿名蓝，整理文物，修建殿宇。他主持重建天王殿、念佛堂，新建斋堂、藏经楼，迎来缅甸玉佛、泰国铜佛、香港藏经，使资国寺大改旧貌，焕然一新。其间，奉行农禅并举方针，从事佛教正常活动，为千年古刹的重新恢复和道风建设作出贡献。

圣训长老一生注重佛教人才的培育。旧社会时，他经常送学僧入南普陀养正院学法。改革开放后，他把身边培养的青年学僧如德清、向庆、贤志诸师送入闽南佛学院、福建省佛学院、中国佛学院等深造。数十年来，圣训长老可谓桃李满天下，学有所成的弟子们，有的在澳洲，有的在美洲，各自行化一方。1992年，圣训长老在资国寺创办福鼎改革开放以后第一个僧伽班，创办闽东佛学苑。这是一所佛教初级学校，学制3年，目的是培养有正知、正见、正信的佛教人才。自创办以来，有相当部分学员被输送到省内外中、高级佛教院校深造，并有10余人被中国佛学院录取，部分学员毕业后，被大寺院聘任为执事。九十寿诞之际，圣训长老倾其所有，倡议、筹建、设立"佛学教育基金会"，首献全部之积蓄 12 万元作为基础基金，并将寿宴贺仪礼金，悉数投作基金使用，兼及慈济家境窘迫的莘莘学子和地方教育事业。他对学生爱护备至，在学院师资不足时期，早上亲自促学生早起，若有学生不求上进、退学离开，则为之痛切惋惜。他平常得美食不拘多寡，都分给学生。其关心后进、爱护人才的精神，受到了教内外人士的普遍敬仰。

圣训长老数十年精进无怠。他每日清晨 2 时许起床课诵《金刚经》，以般若为导、净土为归。他平常待人接物不论贵贱、尊卑、长幼、内外，悉皆平等，公正无私，使人如沐春风。他一生坎坷，无怨无求，不退道心；建他人功德，则常称善；注重多闻，晚年犹耕读不辍。他慈悲利济，所得供养除用于培养人才及道场建设外，则尽用于慈善，在福鼎佛教界普受四众弟子爱戴。

圣训长老一生淡泊名利。他虽入主名山 50 余载，历任县佛教协会会长等职而不务虚声。他晚年生活简朴，不用侍者，生活自理。年事既高，他将道场弘法寺务交与后贤，自己则专修净业。

圣训长老一生精工书法，着力弘扬传统文化。他创办资国寺佛国书画院，任书画院名誉院长，以德艺感化人们。

圣训长老于 2001 年 4 月 16 日零点 35 分安详示寂，享年 95 岁。

收藏家陈光华

陈明亮

清末民初，玉琳街大马路陈鼎萧从东阳山迁居白琳大马路经营陈裕荣布行，因白琳的茶市兴盛人来人往，加上经营有方，陈鼎萧从小商贩成为白琳巨富。陈鼎萧与桐山玉塘旺族夏树公之女结婚多年未能生育，遂从老家抱养族亲3岁男婴为养子，取名陈光华。

陈光华（1906—1982），字世芝。幼年在私塾跟随名师读书识字；少年继续到学馆书院求学追梦，读书直至成年。陈光华不谙商机却能一心读书，养成了异于常人的性格：平日外出一定戴高帽、穿丝绸，鹤立鸡群。陈光华到了婚娶年龄，陈鼎萧不惜下重金聘礼，为养子迎娶巽城海尾财主何克昌女儿。大婚时，雇去巽城海尾接新娘的轿夫就有48人，压杆1人，大花轿上的2根抬杆各镶上一条金箔，隆重而繁华的婚礼也使陈光华名噪一时。

1930年，土匪何金标一把火烧掉了陈裕荣布行，陈家家道中落，陈鼎萧晚年抑郁而亡。所幸陈光华民国末年在桐山街"天灯下"（现百货公司上首）开古董店，取商号为"陈万古"。陈光华精通诗文、篆刻与书法，懂音律，尤其喜好古玩字画收藏；虽一介书生，但其相貌俊美、风流倜傥，古董店生意做得风生水起。桐山街周瑞光建议其改商号为"陈万古堂"，只加一字，含义却有另别，至此，桐山街人都称陈光华先生为"陈万古"。

1949年后，实行公私合营，整顿商业店铺，"万古堂"关门停业。政府部门要求"万古堂"纳入桐山集体刻印社，陈光华不善交往，遂放弃加入集体刻印社，回到老家白琳谋生。他每天挑刻印担在大马路供销社门口以刻字、雕印为生，兼修钟表。玉琳老街的小辈，都称其为"华古老"。

陈光华平时外出，总是戴高帽、穿丝绸、握折扇、持洋拐，人们总带着异样的眼光看他。但是走进他的房间，满是书香。只见木板墙上，挂满历史名家书画条屏，如清陈九苞作品山水人物四屏；睡的是棕榈床垫，床铺里面是四五个大小不一的明、清时期青花瓶；床上和草席下，都是线装古籍，如《白香山诗谱全套》《杜工部全集》《李青莲诗抄》等。房间里有好多大小不等的木箱子，里面全部都是书籍和字画卷轴。

其中有个箱子放在床铺底下，用铜锁锁住，这是他开古董店时收藏的精品。每年初夏，他会把收藏的书画和线装典籍从箱子里取出，拿到楼下的天井上，摊开晒一晒，以防发霉。

陈光华早年收藏的藏品很珍贵，特别是清陈顺礼《鲤鱼图》，是一幅中堂画，乃精品中的精品。当年，这是陈光华父亲陈鼎鼐足足用二十担稻米从他人手中换来的。此画每逢过年过节或喜庆日子才拿出来在大堂展示。据说1949年以前用这幅画能在桐山街闹市换一榴房子。"文革"期间，陈光华伯父将《鲤鱼图》寄在邻居处，几经辗转已经遗失了。

20世纪70年代末，陈光华曾将陈九苞作品山水人物四条屏寄存点头镇友人处，后被卖往文化馆。文化馆发现后，知道此画为"万古堂"陈光华家族物品，遂告知陈家后裔说明情况，并将该画收藏，成为文化馆馆藏珍品，与玉塘村象牙塔一道成为福鼎市博物馆镇馆之宝。

（本文根据陈明星口述整理）

萧宗潜先生

☙ 邱元法

萧宗潜，原名克沧，字希陶，福鼎市白琳镇翁江村人，生于清宣统元年（1909）正月十七日午时，逝于1958年五月初九日丑时。娶妻林氏秀菊，系福鼎磻溪廪生林挺英之长女，生男家崇、女纫兰。其父萧立三系县武学生员，初侨居点头镇，曾创办点头小学，及返故里亦倡设族学，培育人才甚众，深得乡人感戴。萧宗潜先生幼承庭训，刻苦力学，1919年入桐山小学就读，1925年至1928年就读于福建省立第三初级中学，1928年至1931年就读福州乌石山师范学校，1931年考入北平华北大学教育系。1934年7月大学毕业后，初入福建省府就职，因感念家人，旋即回乡创办翁江小学。1938年，他与林锡龄等24人联名呈文创办福鼎北岭初级中学（福鼎一中前身），并成为筹办人之一。萧宗潜先生先后任福鼎教育局督学，育仁小学和北岭初级中学教员、教导主任、校长等职。1942年，时任县长邓宗海以鼎邑小学教师多未受师范专业培训之故，倡导创办简易师范学校以培养师资，遂拔萧宗潜为简师首任校长。1946年春，先生因积劳成疾，常常咳嗽不止，经诊断为肋骨疽病，不久病情扩展到肺部，在福州住院动手术，校长的职务便由高一迅老师接替，病情好转后返校坚持工作，直至1950年春简师停办并入县初级中学。新中国成立后，先生因病调离教育队伍加入卫生系统，在城关联合诊所任会计，一边工作一边积极学习针灸，学成后经常无偿为人诊疗。1954年3月，先生当选福鼎县第一届政协常委。1958年，他受到批斗，悲愤忧郁难当，于农历五月初九日凌晨自缢家中，时年50岁。

1986年7月26日，中共福鼎县委根据中央有关文件落实统战政策精神，下文《关于萧宗潜同志问题的处理决定》，对萧宗潜的问题做了妥善处理。

萧宗潜之女萧纫兰秉承父志，献身教育几十年如一日，虽年届耄耋，每当谈及父亲一生经历，既充满钦敬，又不无伤感。

萧宗潜像

矢志寒窗求学路

萧宗潜的求学之路颇为坎坷。萧氏在翁江可称望族,可惜至萧宗潜父亲一代,因制茶生意亏损严重,家境已是负债累累。每至年关,要债人铺睡大厅。1931年,他考入北平华北大学教育系,家人、族人欣喜若狂,倍感荣耀,村邻纷纷道贺。可他却愁在心头,对父亲说:"我虽然考上大学,但我们这样的家境,怎能再供我读书?与其这样连累家人,不读也罢。"父亲安慰他说:"你怎能这样想?无论如何也要让你遂了求学愿望。"于是父亲找亲戚、族人商量,最终靠村邻加会形式勉强凑足他的大学生活费用,父亲嘱他"求学期间不要回家,可以节省往返费用,每月书信往来一封,互道平安即可"。祖母只为其缝制了一件蓝竹布长衫,改制了一件旧棉袍,待开学之日,他便匆匆上路了。

大学的生活是清苦的。一件旧棉袍耐住了北京寒冷的天气,而仅有的一件蓝竹布长衫,只好夜晚洗了白天穿,领口、袖口都打起了补丁。萧宗潜置有针线袋,缝缝补补度过了大学时光。他每日中晚餐在校里食堂用膳,吃的菜是最便宜的;早餐自备稀饭,即在前一晚睡觉前烧一瓶开水,往瓶中倒入一杯大米,塞紧瓶塞,第二天早晨倒出来便是稀饭了。三年的大学生活就是这样度过的。

先生求学分秒必争,勤读苦学,天天都是闻鸡即起,自修课从不缺席,节假日均不外出,不虚度一寸光阴。

至孝好义美德扬

萧宗潜对长辈的孝敬在当地可谓家喻户晓。有一次夜晚,祖母突然牙痛难忍,他于下半夜手拿走马灯,荷锄上山挖青草根,给祖母煎服。每次出门归来,他必先到祖母内寝问候;每年新上市的蔬菜瓜果、新鲜物品,祖母未尝的,子女等下辈人都不能先吃。他滴酒不沾,有时为了陪伴祖母饮酒,自己面前放着的是一杯茶水,以茶代酒,饮得津津有味。类似此事甚多,一时传为美谈。

在北平上学期间,先生与家里每月一封书信往来,已成定例。忽有一月,不见家书来到,致信家中,方知父亲病危,为不影响其学业,父亲不许家人告知于他。得信后,他就急匆匆往回赶。当坐船至翁江后岐旧埠头刚上岸时,得知父亲已逝,顿时昏倒在地。及至祭奠完父亲,又匆匆回到北平直到毕业。

萧宗潜一生急公好义,扶危济困,乐于为人排忧解难。当年国民党抓壮丁实行"三抽一,五抽二"制,不少人家遭受其苦。如磻溪青垅村青年农民郑本达,父母早逝,两个弟弟年少无依无靠,兄弟相依为命;岭头村雷阿为,父早逝,母脚残,弟均年幼,其为长子，以耕种为生；樟柏洋林代谷，父母多病，弟年少无知，是家中主要劳力。可这三人均被国民党当壮丁抓走了，全家生活处境极端困难。萧宗潜得知后，即速前往国民党政府反映，讲清情况，直至释放他们回家。在县联合诊所任会计时他学得一手针灸医术，翁江村邻常坐船至城关向其求医，他不但义务为他们治病，而且还时常供他们食宿。

倾心教育而后已

1938年，福鼎北岭初级中学创办，萧宗潜先生作为发起人和筹办人之一，出力甚多，并于该校任教。抗日战争后期，政府经济拮据，学校基金缺乏，给教学带来了莫大的困难，为此，经校务会议拟定，以收集地方公债券来充抵学校办公费（当时公债券可抵金额）。他不辞劳苦，背上平头雨伞，日夜奔走，动员各乡镇公债户主，捐献公债券帮助学校办学，终于解决了学校经费问题。

1939年，日机轰炸福鼎城关，北岭初级中学师生已无法正常上课。萧宗潜返回翁江，与萧氏族人商借家族两座旧仓楼作为临时校舍。翌年秋，北岭初级中学才回迁城关。

在县教育局当督学时期，萧宗潜跑遍偏僻山村，挨家挨户宣传办学的好处，并帮助解决办学的具体困难。1934年，他回乡创办翁江小学，召开族长会议，讨论通过：以萧氏宗祠作为校舍，捐出萧氏祖宗留下的"公堂田租"的一部分，作为学校办学经费。制作课桌椅、布置学习环境、聘请教师、动员入学，桩桩件件他都要亲自过问。建校之日，他手书"爱校如家"四字揭于礼堂，40多个少年儿童入了学。继此之后，管阳的七蒲、赤溪、桑园，白琳的翠郊等村，也在先生的动员、组织、帮助之下办起了初级小学。

1942年秋，先生首任福鼎简易师范学校校长。学校初创，百业待兴，师资紧缺，经费难筹，师生生活困难，没有独立校舍。创办时校舍暂时附设在北岭中学，开头只一个班，50人。次年，新招"春一班"同学50人，才由北岭中学迁到桐南孔庙。1943年春，开学的头几天，在他的安排和老师的带领下，同学们胼手胝足，筑围墙、建厕所、清垃圾、刷粉壁、辟操场，修建了厨房，安排了教室、宿舍、书报室，所有房舍，油漆粉刷一新，终于使学校初具规模。

抗战时期，物价飞涨，读师范的多数是穷苦学生，伙食也十分困难。他首先雇了两个工友，带领同学们在榕树下的一片荒地上开荒种地瓜，补充口粮，并在校园后门种上各种蔬菜改善伙食。在师资缺乏的情况下，他就地取材，聘请本地社会知名人士兼课。这些老师品学兼优，都有一定的专业知识，对地方教育相当重视，乐于应聘，不计报酬。当时学校聘请卓剑舟、梁镜寰、黄菊坡、张文衡、卓笙甫等人担任语文教师，聘请游绍丹、施从阊担任数学教师，聘请黄联辉、叶渊浩担任音乐教师，聘请张序牒担任体育教师，总务由李海和朱葆震担任，这些老师食宿在家，不常住学校，以节省经费开支。他还招揽了大专毕业生为教师，相继延聘黄叙轩、李熙光、高一迅、张儒修、萧宗钊等为教员。这一系列有效措施，对学校的发展起了很大作用。

为解决课本问题，萧宗潜煞费苦心。当时省城沦陷，省会迁到永安，买书确实不易，他聘了两位职员，专门誊写油印历史、语文讲义；地理、博物则由老师摘录在黑板上，让同学们抄下来；教学用书分别发函永安、穆阳各地兄弟学校邮寄支援，从而保证了学习的需要。

萧宗潜十分重视培养同学们德、智、体全面发展。他平时要求严格，禁止学生吸烟、赌博等一切不良嗜好，实行军训，作息时间安排得很紧。每天清晨打好绑腿扎好皮带，从桐南出发跑步到桐北街头顶，商户开门前跑回学校操场，寒暑无间。每晚必亲临寝室查铺，严防学生乘夜外出。各班所出刊物他都亲自批阅校正，并为刊物题词。其中"春一班"刊名《旭光》，他在题词中写道："旭光！旭光！如旭日之在东方，光芒四射，照耀得遍地辉煌，愿春一的同学们，有如旭日之光。"

萧宗潜十分重视培养学生的政治热情和勤俭节约的美德。历史课选读顾炎武的《日知录》，以"国家兴亡，匹夫有责"和史可法抗清死守扬州、甲午战争左宝贵战死平壤全家殉难等历史事例来激发学生的爱国热情。学校餐厅长年悬挂李绅的《悯农》教育学生爱惜粮食。1943年春国统区动员青年参加志愿军赴缅作战，鼎师全体学生踊跃报名参加，每个同学都表示了敌忾同仇、誓死抗战的决心。

1944年春，先生参加了当时福安专区召开的教育会议，在会上陈述了自己对抗战时期培训师资人才的见解以及他本人创办福鼎简易师范学校的艰难历程，使当时不为人知的鼎师名扬闽东，引起了福安专员公署的重视，从而获得了经费的支持。福安、连江以及平阳、泰顺等地学子纷纷转学到鼎师就读。

萧宗潜热心公益事业，积极从事社会活动，经常不辞辛苦，深入各区乡广泛宣传抗日救国。

1949年后，因为毕业生文凭报省教育厅加盖钤印未发下来，他还写了报告由省教育厅在旧档案中找出来，盖了钢印，再逐一发到学生手中。

先生去世时，家中一贫如洗，其外甥救济50元，买了薄木棺材得以收殓。

赢得桃李满园芳

萧宗潜一生培育学生甚多，尤其是在简易师范办学时期。这些学生大多从事教育事业，为福鼎教育输送了大量的人才，作出重要的贡献。在解放战争时期，他培育的学生中有相当一部分参加了革命工作，如周义务、郑祖泉、陈延潢、李留梅、林心完、钟亦仁、谢瑞球、梁祥云、章如新、喻立信、陈相如等。据说，当年福鼎国民党要员林德铭带兵到校抓捕进步学生，要求学校把刚逃跑的学生追回，他自告奋勇，谎称亲自追赶，追到福鼎梅溪，告知学生另寻他路逃跑，最后自己一人回去交差。

　　萧宗潜一生清廉多义，勤俭朴实，一心教育，尊贤敬老，颇具儒家风格，许多人都在怀念他。1984年，先生同窗挚友黄寿祺教授见到其遗像，悲伤痛惜，含泪题诗一首以表哀思，诗曰：

远隔幽冥卅载余，忽看遗像泪涟如。
长溪左海燕山夜，忍记芸窗共读书。

（本文根据萧纫兰口述整理）

青芝长老

曾石雄

幼时显聪慧

1917年3月1日，农历二月初九。坐落在白琳街头顶商人曾昭呼的宅第，喜气洋洋，夫人夏氏为曾家诞下了第三个男孩，起名"永俊"。

小时候的永俊聪敏、恬静，喜独处善思考，记性特别好。一次，母亲带他去管阳观世庵看望姐姐（释妙莲，童贞出家，观世庵住持）。做功课时，他跪在母亲旁边礼佛，听大人诵经，课后复背时一句不落。一天，曾昭呼要二儿子永清背一段蒙学《三字经》，永清背了一半背不下去，在旁边才六岁的小永俊接着把下半段背了下来。大家问他情况，他说："二哥平时读着，我在听，记下的。"

11岁时，永俊到白琳文昌阁学堂上学，学业成绩优异，深得校长陈瑶卿的赞赏。

1932年，厉木恭匪帮至白琳，一路烧杀抢掠，曾家惨遭抢劫，家中经济顿变拮据。曾永俊无奈辍学在家，随父经商。

母亲一心向佛，曾永俊从小耳濡目染。15岁时他游历硖门凤山瑞云寺，高僧智水和尚见了非常喜爱。得智水和尚的启示，奠定了他出家的念头。

曾永俊出家，父亲不太愿意，但想到他的志向已定，也就没有过多阻拦。1931年的一天，在家人陪同下，曾永俊来到瑞云寺出家。

青春受戒律

曾永俊出家后法名释青芝，字惟瑞，号心印，成为智水和尚的侍者。

青芝常随智水和尚左右，深得其教诲，几年的侍者生涯，使得原来只受两年的私塾教育的他，在学识与诗文等各方面得到全面提高，为后来的成长打下了坚实的基础。

17岁时，青芝于瑞云寺礼笃山和尚足下披剃为僧；18岁往福州怡山西禅寺，在松辉老和尚座下受戒；20岁时，智水和尚建议他进一步深造，青年青芝负笈远游参学，先后在宁波延庆、观宗、天童等寺参修禅宗，学问大有长进。1937年初夏，忽接恩师笃山和尚来函，告知智水和尚圆寂，要他赶回协办智水和尚后事。适逢抗日战争爆发，战火延及江南，处理完智水和尚后事，青芝只好留居瑞云寺静修。

1940年前后，青芝法师担任瑞云寺代理住持。时有一支乱兵途经瑞云寺，胁迫青芝法师马上交出银圆五百块，法师察他们无为百姓谋之心，便推说寺院清贫，出不起这巨额款项。这些人见要挟不成，恼羞成怒，将他绑架到寿宁。一路上，他们昼歇夜行，尽走偏僻险路，还要法师为其扛枪背弹药。走了三夜后，青芝法师被关在阴湿的山洞里，乱兵迫他通知寺里交赎金放人，他不予搭理，凭着坚定的信念抗争，终日只是念佛诵经。

半个月后法师被放回，身体极为虚弱，从此落下暗疾，一路化缘乞讨返回瑞云寺。

解放前夕，青芝法师来到其姐住持的管阳观世庵，闭关潜修苦行达九年之久。其间诵了《华严经》《药师经》《心经》等经，仅一字一拜地礼诵《法华经》，时间便长达三年，跪破拜席三床、海青四条、袈裟四件，手足长茧厚达半寸。

1957年秋，青芝法师应邀参加福鼎县政治协商会议。1959年春，受当时县政协主席李海先生的举荐，法师受任住持修整昭明寺。苦干近八年，破旧的寺院面貌焕然一新。他给向庆法师的信中曾述及这段往事："到1959年春，县政协领导来再动员，愧负起昭明古迹任务，为维护道场，衲子有责，乃万不得已勉登鳌峰作披荆斩棘，修废振颓之举，既埋首苦干渐逾八载。"

遭受磨难

"文革"期间，法师还俗。

1967年秋，因恩师笃山和尚病沉，青芝法师去了福州。1968年春办理恩师圆寂诸事后，暂留居洪塘金山寺。是年夏天，笔者到福州探望他老人家，他已改装俗身，穿老式便衣便裤，神情依旧那样自若，同他谈及造反派打砸佛像、驱赶僧众，他显得很坦然处之。

1969年青芝法师回老家暂居，老家有很多人来探望他，时有友人为其鸣不平，他却坦然地说："我本想领众修行，世事不闻，怎奈有此劫数，此也是我一生在劫难逃。然我芒鞋破衲，因果分明，出家人有何辱之羞？"

青芝法师生活俭朴，自起炉灶。俗世家人见他褥子破了要为他换新棉毯，却被拒绝了。弟子们前来看望，送些钱物接济，他也不受。他常以自制佛门秘传膏丹为人治伤，有穷人求医便以丹丸药膏相送，未取分文。

改革开放后，佛教界也迎来了春天。可就在这个时候，青芝法师身患重病，全身黄疸，治疗不济，奄奄一息，他的弟子及俗世家人商定，送他到昭明寺小住几日，他也同意。上山后，法师的身体居然奇迹般地慢慢康复了，不久又回到了故里。

伽蓝得复兴

1979年秋，受县统战部以及众弟子和广大信众的再三邀请，青芝法师重上鳌峰山。当时，百废待兴，物品极为紧缺，僧人们每天的活动只是早晚课诵和生产劳动，很艰苦。为此，青芝法师利用斋后绕佛为大家作开示："虽然大家这些年干活多于看经拜佛，但若能用心，举手投足之下无不充满佛法与禅味；若有正念，一下心跳就是一句佛号。所谓'行也是禅，静也是禅，语默动静体安然'。"青芝法师艰苦创业，尽全力复修和重建千年古刹。新加坡李木源居士有这样的一段话："老和尚肯定是属于大家时时念叨、精神不朽这一列的。我到过昭明寺很多次，最早可追溯到20世纪80年代，那时福鼎很穷，大家的日子很苦，老和尚过得更是清苦。但就在那样清苦日子中，老和尚节衣缩食，咬紧牙关，把毁坏的昭明寺，一片瓦、一块砖，一个殿堂、一个殿堂慢慢地恢复了起来，虽然这和昭明寺的悠久历史有很大关系，但我认为更多的是大众对于老和尚道德和修行的折服，正是由于老和尚的高尚人格，不管是在新加坡，还是福建本地，大家才发自内心出钱出力去帮助他恢复祖庭。"

1984年的秋天，新加坡朝圣团由广平法师率团前来昭明寺。广平法师和青芝法师两人一见如故，相见恨晚，交谈十分融洽，从此结下了法门兄弟的深厚法谊，为福鼎佛教界和新加坡佛教界架起了友谊的桥梁。由此，新加坡佛教界捐赠善款，为整修昭明寺提供资金帮助。青芝法师组织全寺僧众，节俭办事业，带领十方信徒先修建上山道路，重建了比以前更高大雄伟的大雄宝殿和天王殿，复建藏经楼，再修复昭明古塔，还兴建禅堂、玉佛殿、地藏殿、钟楼和鼓楼、念佛堂、法堂、五观堂等。

青芝法师还倡导筹划，出资兴建福鼎居士林、福鼎佛教会（普光寺）、建管阳象山寺，资助修建管阳观世庵、管阳西坑寺、硖门瑞云寺、桐山慧日寺、桐山国华寺大殿、点头玉佛寺、点头金竺寺、白琳天王寺、白琳半爿山寺等。对太姥山平兴寺的初期建设，也有过策划和出资。他历年来对山区小庙、贫困学校、修桥造路资金匮乏求援者，亦无不慷慨相助。

青芝法师虽然创下如此的业绩，在个人生活方面却清苦简单。平时用物，哪怕片纸滴墨也不半点浪费。平时各方的来信拆阅后，其信封反面及信稿空白部分，都被剪成长方形小纸片作记事或写草稿用。老人一生所有供养收入，都用于建寺育人、赈灾济困及各项慈善事业。

甘做育人梯

经过"文革"，佛教人才已是青黄不接，时任福鼎佛教协会会长的青芝法师卓识远见，推荐和选送很多年轻僧人到各地初、中、高级佛学院进修。因此，他身体力行，对下一代僧人的培养和教导十分重视。

1980年7月中国佛学院开始招生，宁德地区有两个报考名额，县统战部决定让高中毕业已出家三年的释界诠去参加招生考试。"当时我既高兴又彷徨，高兴的是我有机会上学，学习佛法；彷徨的是一无所知，如何去应考呢？于是师傅就把我带到福鼎昭明寺青芝法师座下，请老法师教授一些佛教基本知识。我在昭明寺住了一个星期，老法师每天给我讲述佛法纲要，诸如一些基本名相，八大宗大意等。一时间我懂得了很多。之后带着几分希望，参加招生考试。其中佛学考的是以'勤修戒定慧的意义'为题写篇文章。哎呀！看见这个题目心里一震，真高兴啊，前些天刚在青芝法师那里听过'勤修戒定慧，息灭贪嗔痴'，这下用上了。大约9月上旬，接到录取通知书，我有机会上学了，太高兴了。"释界诠法师以优异的成绩，成为改革开放后第一个考上中国佛学院的福鼎青年僧人。

青芝法师关爱晚辈，从不放松对小沙弥课业上的严厉教导和生活上无微不至的关怀。"1988年秋我（释门肃法师）随太师公出家。一次他老人家收到居士供养的一箩筐花生，他让我分给常住的住众每人一份，分着分着我就不经意地拿一粒剥了吃，太师公看到，严厉呵斥我：'大众之物怎能私自食用，小时教你分个花生就敢私自先占有，等大了让你掌管寺院那你不贪常住钱财呀？'"

1992年，青芝法师在昭明寺创办"昭明觉林学园"，专门培训刚出家的小和尚。他作诗云："荷担正法金刚力，培育后生玉石心。呕心沥血栽桃李，废寝忘食育后人。""此日梓楠同受范，他年桃李广培材。桃李园林结硕果，法门道路出贤才。"初办时学员有十几位，学习文化知识和佛学基本知识，他亲自讲授《古文观止》和《梁皇宝忏》。以后培训班不断扩大，学员也有来自福鼎其他寺院的，多达60余人，学制二年一期，所设课程日臻丰富，有古文教学、早晚功课、佛教理论知识、经忏诗文等。还聘请佛学院毕业的法师授课。

青芝法师没有门派偏见。向学法师在他《深切怀念青芝老和尚》一文中叙述了青芝法师对佛教门户之见的看法和做法："他说，我们都是出家人，不管出自哪一宗哪一派，都是佛陀的弟子，要以佛陀教导的六和敬精神和睦相处，和合共修，才符合佛教和合众的根本精神。如果门户偏见太深，势必造成赞自毁他的现象，到头来，受伤害的还是我们佛教自身，这对佛法的弘扬会产生很大的障碍。"

经青芝法师培养的弟子，很多在外地担当寺院要职，或住持一方佛门寺务：门肃法师赴日本留学回来后，任普陀山佛学院副院长兼教务长、舟山佛教协会副会长；向学法师任北京佛学院副教务长、中国佛教协会理事；法涌法师任杭州灵隐寺监院；传宗法师赴西藏学密三年，回来后老法师建象山寺关房令其闭关三年，之后在苍南成为一方有影响的法师。福鼎本地也有很多，世全法师住持慧日寺，事业蒸蒸日上；界诠法师后任佛教咨询委员会副主席；福建省佛教协会副会长、宁德佛教协会会长、福鼎佛教协会会长贤志法师也聆听过老法师的教诲。正如贤志法师所说："福鼎佛教界年轻僧人人才辈出，佛教局面欣欣向荣，与当年像青芝长老一样的法师们高瞻远瞩，对培养佛教人才的重视是分不开的。"

精神永长存

随着年龄越来越大，身体越来越差，病魔缠身，青芝法师认为自己过不了80岁，要晚辈提前为他办八十寿诞。大家都知道，其目的并不是祝寿，而是在剩下不多的日子里赶紧筹措最后一笔善款，完成他未竟的事业——上山道路的改建和十八罗汉像的雕塑。所以，在1995年农历二月初八这天，青芝法师提前一年一天过完八十寿诞。

在以后的日子里，他不时写信给他的弟子嘱托后事。根据他的遗嘱，将所剩二十万元成立一个基金会，供给僧人考上佛学院去读书的路费以及僧人生病的医疗费；所收藏的字画也全部作为这个基金会的资产。他交代："僧俗亲朋好友闻听我过世不必前来吊唁，只需念声南无阿弥陀佛就好，我过世之后常驻大众助念三日，三日过后即可火化。"

2000年农历七月十八日，青芝法师在福鼎昭明寺圆寂，终年84岁。

"插田状元"和"插田榜眼"

陈玉生

陈家修（1909—1987）、陈家焕（1925—2008）是堂兄弟，白琳翁江村陈厝里人。二人是地地道道的庄稼汉，俱能孝顺父母、尊敬长辈、勤劳俭朴、待人诚恳、乐助他人、和睦村邻。别看他俩骨瘦如柴，身高不上 1.7 米，但农活无一不精，犁、耙、插等样样都是好把手。

1959 年，福鼎县人民政府、农业局组织开展全县农业插田比赛活动，各公社选派插田能手参加。白琳公社已在 1958 年春组织了插田比赛，由各大队插田能手 20 多人在白琳团结队街头下大田举行比赛，翁江大队陈家焕得第一名，陈家修为第二名。白琳公社接到县里的通知，就决定派翁江大队陈家焕、陈家修二人参加。陈家兄弟接到通知后，起初并不想去，就找当大队干部的堂叔陈宗库说："参加插田比赛，我二人不去，一是连普通话都不会讲，桐山从来都没有去过；二是店下、秦屿、前岐田洋平三个地方插田高手很多，我二人怎能跟他们比？店下洋往年雇人插田，我兄弟俩都不敢去。如果比赛输了，回来该多么倒霉。"经过陈宗库的反复动员，两人最终才同意参加了。当他们到福鼎桐山报到时，大吃一惊，原来参加比赛选手竟有四五十人之多。

第二天插田比赛现场，高立彩门，中间设立主席台，上挂"福鼎县首届农业插田比武大会"横幅大字，两旁直幅写着"谁英雄谁好汉，大跃进比比看"和欢迎标语。这天天气晴朗，春风和煦，比赛现场红旗招展，锣鼓喧天，人山人海，热闹非凡。

比赛开始了。第一个项目为"拔秧比赛"。由农业局工作人员将 40 多参赛选手带到秧田安排好位置后，一声"开始"令下，参赛人员各自紧张地忙碌着，只听嚓嚓、沙沙、咚咚之声不绝于耳，秧田两旁观众睁大眼睛屏住呼吸，生怕影响了他们的成绩。终于，规定的 20 分钟比赛时间结束，工作人员检查各个选手所拔秧苗情况，如个数多少、是否断苗、是否洗干净、捆绑是否整齐等。通过检查和评委核对后，选手将秧苗挑到指定田地按序排放。

第二项举行"插秧比赛"。只见比赛大田上下插着小旗，划出每手的距离标准。第一场有 16 名比赛人员下田，陈家兄弟排列中间。指挥人员手持小旗一声"开始"号令，16 名选手各显其能，在田间争先恐后地忙碌起来。但见陈家兄弟各自双手如织女穿梭、仙童打鼓般在本位不慌不忙往后移动。观众和评委都感到诧异：像陈家兄弟这样"双头穿梭"插法，真是功夫过硬，实所罕见。最终，陈家焕以28.6分时间插完60.5米长的田块，第一个到达目的地，上了田埂；陈家修则第二个到达。3场比赛结束后，由评委和农业技术人员进行检查：一是规格（以6×6为准实行小株密植），二是深度（插的深度不能太深或太浅，太深影响生长天数，太浅会使秧苗浮株），三是株数（每株不超过12棵）。通过农业技术人员鉴定和评委再三研究，对照拔秧、插秧各项标准进行综合，结果是陈家焕第一名，陈家修第二名。

在热闹的颁奖大会上，陈家焕被授予"插田状元"称号，陈家修被授予"插田榜眼"称号，并各发给他们福鼎县人民政府盖章的奖状一张、高级白毛巾一条、被单一床、牙杯一个。

民间艺人姚仁贵

　陈玉生

　　姚仁贵（1930—2001）出生在白琳镇翁江村笼头山村的贫苦家庭。9岁辍学，割草牧牛、下滩涂讨小海以资家用。姚仁贵年少聪慧，好学顽皮，敲起脸盆当锣鼓，卷起围裙当木偶，抽动左右角两条裙带当提线，唱得有板有眼，扮得惟妙惟肖，老人们笑言：将来准是个唱戏的料。12岁时父母双亡，迫于生计，师从秦屿潋城潘国新学艺，夏练三伏，冬练三九，木偶提线、二胡、打鼓样样皆通。翌年，师傅潘国新病故，木偶剧团解散，恰逢白琳区办京剧团（即李成九的阿九班白琳文明京剧团）招童学戏，李成九视其反应机敏，天赋甚高，收其为徒，习旦角，先后学了《别窑》《武家坡》《贺后骂殿》《探阴山》等戏。

　　1949年6月福鼎解放，姚仁贵响应政府号召回翁江老家参加土改运动，当选翁江乡政府文书。1952年，他参加县民间艺人学习班，随后又加入福鼎县声华京剧团成为业务骨干。由于变声期用声过度，以至声带受损，继而转任业务团长兼后台弦师。

　　为了提高和发展福鼎木偶艺术水平，1953年姚仁贵、陈朝专、李玉山、许方转、蔡铭贤等人合办木偶剧团，经县文化局批准命名"福鼎县新新木偶剧团"。姚仁贵任团长期间，注意消化吸收和创新改造，大胆摒弃一些带有封建迷信色彩的曲目，将木偶剧传统唱法南调乱弹改为唱京剧，用京剧念白、唱腔来表现木偶剧情，编排推出的京剧创意独到，剧风清新，如《徐策跑城》《斩经堂》《辕门斩子》《追韩信》《粉妆楼》《绿牡丹》《再生缘》《瓦岗寨》《小五义》等优秀节目，深受观众好评。随着表演技艺的日趋成熟和名气日渐增长，受邀外出表演的机会越来越多，剧团经常深入本县各集镇、边远山村及浙江平阳、泰顺等地巡回演出。受其影响，"新华木偶剧团""新民木偶剧团"相继成立，全县木偶剧事业呈现一派欣欣向荣的景象。

　　姚仁贵一生好学，多才多艺，能编能演，会拉会唱，自编了很多方言快板，如小和尚、酒保、媒人、少爷、厨师、赌博等小丑戏快板，艺人和群众都称他是"快板大王"。他深知自己作为文艺工作者，肩负着为党为国家多做宣传的重任，工作之余，自编了具有地方特色的宣传快板，如《婚姻自主好处多》《没有文化的苦》《团结就是力量》《防火工作要做到》等。每到一地，除了木偶剧演出，他还组织本团人员利用空余时间到大街、村头，以唱歌、相声、双簧戏、快板等活泼生动的形式进行宣传，深受群众欢迎，多次被评为县先进文艺工作者。

作为福鼎民间艺人的杰出代表，为了更好地传承民间艺术，使民间木偶剧种后继有人，姚仁贵广招学徒，倾心传授，学生遍布闽浙两地，其中邓进武、陈玉生、许正桃、兰书秋、缪玉俊、黄学仁、张书建、杨祖强、肖克赛、张丹成、曹祖善等学员成绩优异，技艺出众，成为各自所在地的业务骨干和知名艺人。

1959年5月，福鼎县宣传部、文化局组织了民间文艺汇演，姚仁贵率新新木偶剧团参加汇报演出，演出剧目有现代戏《红嫂》、童话剧《黄鼠狼偷鸡》等，其中历史剧《水漫金山》荣获一等奖。在县委领导的重视和各级文化部门的关心、支持下，1962年经福建省文化厅批准，福鼎县木偶剧团成为继福鼎越剧团、福鼎京剧团之后的第三个县级专业剧团。剧团先后排演了现代剧《红嫂》《黄鼠狼偷鸡》《姐弟俩》《懒猫的教训》《小白兔》《东郭先生》，武侠连续剧《七星楼》《地宝图》《雌雄梅花剑》《乾坤印》《九曲珠》《春义楼》《江湖奇侠》等，好评如潮。

"文革"期间，福鼎县木偶剧团和福鼎京剧团、福鼎越剧团均遭遣散，姚仁贵作为管制对象被清洗回乡插队劳动。

粉碎"四人帮"后，姚仁贵享受国家政策规定的老艺人退休待遇。但他退而不休，仍然热爱着献身半辈子的木偶剧事业，又组建了以同样痴迷于曲艺事业且各有所长的儿子、女儿、媳妇、女婿为成员的"家庭木偶剧团"，参加了宁德地区举办的建国四十周年"爱我闽东"艺术周文艺调演，成功演出新历史剧《霸王庄》，被授予"闽东第一家"的光荣称誉。

福鼎第一"高人"邵龙成

◎ 杨应杰

邵龙成（1933—2006），白琳棠园莘洋村人，因家住莘洋，人们都叫他"莘洋阿龙"。

邵龙成出身贫农，家里兄弟3人，他排行老三，两个哥哥身材如常人，唯有他身材高大。据家人回忆，阿龙17岁前只比常人略高一些，17岁以后身材如雨后春笋拔节，20多岁身高已达到2.20米，可是大概因为长期没有吃饱，体重只有230斤左右。阿龙的饭量极大，年轻时家穷，到底能吃多少至今没人知道，20世纪50年代大办农业公社时，曾经一人把一大桶的稀饭（七八个人一餐的口粮）全部吃掉，他还觉得没有吃饱。

新中国成立前，他总是食不饱腹。新中国成立后，他的温饱问题得到解决，人们采访他时就说："解放了，幸福了，共产党的布票能多供应一份，让我有衣穿，我的衣服可穿暖，我的肚子可以吃饱了，但是我的脚却没有得到'解放'。"原来他的骨骼出奇的大，尤其是手指与脚趾，比正常成年人大一倍，脚需穿52码大鞋，如果一双布鞋穿在他脚下，过不多久就穿破了，穿草鞋太冷了，这就是他所说的"脚没得到'解放'"。他想穿最流行的解放牌球鞋，供销社没得供应，因为厂家没有生产这种特大号的球鞋。据说，在那个年代光生产这种鞋的模具一件就需要千元以上。供销部门根据他的这种特殊情况与福州解放鞋二厂联系，福州解放鞋二厂每年专门为他生产两双特大号解放鞋。1958年鞋的样式陈列在供销社门市部供人参观，盛况空前。以后福州白鸽鞋厂、厦门鞋厂（专门生产白色跑鞋厂）每年也免费为他生产过特殊牌号的白鸽牌鞋与厦门球鞋。阿龙脚有鞋穿，心里就惦着新社会的好处。1978年这几个鞋厂因改制停止供应鞋，阿龙又回到原来没有鞋穿的处境，家里人只好利用以往他穿破的鞋面鞋底，在底板上多扎上布条，当成拖鞋让他在家里穿。20世纪80年代以后，因为阿龙年事已高，在户外从事重体力活少了，人也佝偻了许多，行动也越来越不方便，便在家中开了一爿小杂货店，自制鞋凑合着穿。2004年福鼎市政协主席得知邵龙成这一情况，与温州康奈皮鞋厂经理先后两次到他家里慰问，又为他专门特制鞋模具，并送两双特大号康奈皮鞋给他，他珍爱无比。

邵龙成年轻时身材高大，引起福鼎县体委与有关部门的注意。20世纪50年代，上级部门专门来到他家，对他进行全面体检，因下肢动脉曲张严重、趾骨生长变形等诸多原因，阿龙没有被招收成为运动员。可他力大无比，手也十分有力，肩很能承重，可挑起三四百斤重担，酒量大，嗓门特高。关于阿龙嗓门高还有许多故事。据说，年轻时他经常挑公粮到粮站统购，女会计听到他洪钟般的声音，曾吓昏好几次。有一次在点头，有两人因小事争执，他端坐不动，听一方很无理看不过去，只在门口大喝一声，犹如张飞在长坂坡大吼一声一样，那人吓得直跑。阿龙年轻时担任互助组组长参加大队会议，会议经常开不成，人们只围观看阿龙，或与他聊天，后来大队再也不通知他来开会了。阿龙六七十岁时，眼神很好，还能看清小字，记忆力强，就是脚无力，大概是因为1958年摔过一次大跤落下暗疾。年龄增大后，阿龙因双脚无力撑起高大的身躯，终日端坐在家里。最后一年他身体消化系统出现紊乱，病逝在家中，享年73岁。他的子孙辈与兄弟辈身高都没有超过1.8米的，唯独他以身高成就福鼎之最，也算是奇人。

（本文参考了邵乃坚、林发仓提供的资料）

忆恩师赵炳发

🖋 陈明亮

1988年11月26日，深受白琳人民敬仰的好校长、好教师——赵炳发先生，如春蚕般吐完最后一根丝，疲倦而安详地驾鹤西去。噩耗传来，三中师生痛彻心扉。白琳镇上许多百姓纷纷自发前来吊唁，许多人跪泣于地，其情其景让人动容。许多学生送来花圈，送葬的队伍从白琳街尾延绵一千米至统坪顶。

赵炳发（1936—1988），福建省福州市人，1957年毕业于福州第六中学，同年响应国家支援山区教育的号召，毅然从省城来到白琳支教，是福鼎三中创始人之一，在这里默默耕耘了31个春秋。他多才多艺，主教体育，兼教地理、俄语、音乐，任篮球教练、生管老师20余载，历任福鼎三中校长、党支部书记。

年轻时的赵炳发

不管严寒还是酷暑，阳光还是雨露，赵老师几十年如一日地总是最早一个走进晨曦中的校园，用他那清脆的哨音奏响新一天的晨曲。学生们在他的带领下开始跑步做操，一天繁忙的教学工作从他的哨音中拉开序幕。每天夜幕之下，他或踏着寂静的月光，或沐着雨雪，打着手电筒巡查寄宿生宿舍，最后一个带着欣慰和倦意离开校园。

俗话说"乡音难改"，但赵老师以他的毅力和执着，来白琳不久就能说上流利的当地方言，迅速融入当地生活。他团结同事、广交朋友，与群众打成一片。每年盛夏，白琳后溪黄金潭常有人不慎溺水，学校离黄金潭不足200米，赵老师几十年如一日为群众当义务救生员。一听有人呼救，他便奋不顾身冲向黄金潭，抢救溺水群众，被他冒着生命危险救起的群众不计其数。他屡次勇救落水群众的事迹，在黄金潭边、龙马山下、玉琳古街广为流传。

1972年底，赵老师携长子赵公弼到香港探望年迈的父母。此时香港经济高速发展，父母、胞兄、姐妹苦口婆心劝其留下，但他毅然放弃优厚的生活条件和骨肉亲情，如期归来。那熟悉的环境、挚爱的事业、同事朋友的友情和热切期盼他早日归来的学生让他难以割舍。

恢复高考的 1977 年，三中缺地理教师，赵老师自告奋勇，担任文科高考地理教学工作。他刻苦自学，钻研教材，摸索教学规律，虚心向福鼎一中同行请教，探讨教学问题。在担任 1978 届至 1984 届连续 7 届的毕业班地理教学工作中，他积累了丰富的地理教学经验。1980 年三中地理高考成绩位居宁德地区第三名，赵老师也荣获福鼎县"教育先进工作者"称号。

1979 年春，全县要举办首届中学生篮球赛，赵老师迅速组建福鼎三中男、女学生篮球队。我和胡亦清、吴建鼎、李存海、单兴武、林光德、陈玲童、陈延云、王正生等同学有幸成为校队队员。当时校队分发的球服是以前校队队员穿过的背心、短裤，我是 11 号，穿上印有"三中"两字的号码背心走在校园里，那种满满的自豪感至今还回忆如昨、挥之不去。

每天清晨和傍晚，赵老师都带领新组建的男、女篮球队训练，就连难得的星期日，他也放弃休息。记得有两个周末，赵老师联系在公社农技站工作的学生严延杰，由他开着农用拖拉机，带领新组建的校男子篮球队一路颠簸到店下中学、点头中学等兄弟校球队交流比赛。虽然在篮球赛上我们未能取得好的名次，但他培养了一大批运动苗子，在后来的县及地区各届运动会上屡创佳绩。

1987 年底，三中新教学楼基建破土动工。因木料不足，赵老师亲自赶赴屏南县找时任县委书记的他的学生蔡尔申，使事情得以完美解决。繁忙的工作，使赵老师的身体每况愈下，师母见其日益憔悴，满头银丝与年龄远不相符，便劝其住院治疗。可他却说学校因基建拖累，财务室连一百多元的教师旅差费都报销不起，他再住院，势必增添财务负担，终没住成。

学高为师，身正为范。多年来，赵老师以自己的实际行动，做到了清正廉洁、一身正气，真正起到了一个共产党员的模范作用。

1988 年 11 月初，他拖着羸弱的身子到宁德地区财政局落实基建资金到位情况，回家路上突发急病，呼吸急促，大汗淋漓，到家卧下后咳嗽不止。夜晚咳血不停，他却担心打扰左邻右舍休息（时集体宿舍为筒子楼，隔音效果极差）。11 月 24 日他到县医院住院治疗，经多方抢救无效，于 26 日下午 2 点 45 分与世长辞，享年仅 52 岁。

为表彰赵炳发校长在福鼎教育战线的突出贡献，福鼎县政府决定在三中操场为其举行隆重葬礼。追悼会有近千名学生自发前来参加，由时任教育局局长郑家英同志主持。县委副书记李元明在悼词中说："赵炳发校长，放弃省城及海外优越工作生活条件，31 年扎根于白琳山区，毕生奉献给福鼎三中，鞠躬尽瘁，死而后已……"

可以告慰赵校长的是，他为之呕心沥血、坐落在大枫树旁的三中新教学楼于 1988

年底竣工了，起名为"八八楼"。可以说，从福鼎三中的初创到发展，赵校长始终站在山区教育这块精神高地上，辛勤耕耘，无私奉献，执着地追求他的人生价值。他如燃烧的蜡烛，用自己的光和热照亮了别人，却耗尽了自己，践行了伟大的人民教育家陶行知先生"捧着一颗心来，不带半根草去"的教育情怀。

赵老师从来没有在别人面前炫耀过自己的成绩，但他辛勤的汗水已洒遍神天山下。看吧，那杨府爷岗上常年盛开着的满园桃李，就是对他最高的评价。

赵炳发老师画像（陈明亮 绘）

"榜样茶人"张时定

◎ 白 杨

清代至民国，闽商、广商齐聚白琳收茶、卖茶。白琳因茶而兴，周边乡镇的人来此谋生，纷纷在白琳落户。

张时定的祖籍是管阳碧峰西山村，曾祖父张筠斋是庠生，年轻时经营茶叶，勤劳节俭，发家致富，在旧屋旁三罗天建有广厦；祖父张达卿行伍出身，奔着白琳强大的商业气息而去，在白琳制茶、卖茶，为子孙在白琳发展奠定了良好基础。

张时定的父亲张岳如，继承了祖辈、父辈做茶卖茶的衣钵。1921年，他与人合伙经营普后馆茶馆（现白琳街下蔡厝对面），经营白琳工夫、白毫银针、莲心茶等，经常到宁波、上海一带卖茶。张岳如的妻子方桂英是点头柏柳村大户人家的闺女，聪明贤淑，在家中经营南杂百货店。张岳如把外地时兴的物品采购回来销售，夫妻二人经营有方，多年后家道逐渐殷实起来。民国期间，张岳如还在白琳区政府谋得职位。

张岳如夫妇共生下2女3男。张时定出生于1937年，排行第四。因为父亲制茶、卖茶，外公和舅舅也都从事茶叶生产制作与经营，从小在自家与外公家耳濡目染，与茶结下了不解之缘。

张时定童年在白琳文昌阁学堂就学，学业优异。天有不测风云，人有旦夕祸福，母亲方桂英在张时定小学毕业那年抱病撒手人寰，他与弟弟在父亲与两个姐姐的看护下长大。1947年，张岳如在一次外出销售茶叶遭遇绑架，土匪需要4000大洋的赎金，家中倾尽全力才拼凑3500大洋把他赎回，再加上1949年茶叶销售出去后，钱款无法收回，使原本小康之家步入窘迫境地。张时定还是依靠两个姐姐的资助，才在福鼎一中完成了初中学业。

1956年，张时定以优异的成绩考入福建省福安农业学校（简称福安农校，现为宁德职业技术学院）。农校设有农作物栽培、茶叶、畜牧兽医等专业，从白琳茶区走出去的张时定毫不犹豫选择了茶叶专业。福安农校集中了大量优秀茶学教师，校长任益是一位资深的茶叶专家，还有喻立景、郭佩珍、潘崇环等一批优秀的教师。除了学习高中教材，专业课程有茶树栽培学、茶叶病虫害防治、茶叶加工等科目。更重要的是农校有将近200亩的茶园，供学生学习栽培、育苗等，为日后学生学成后马上投身生产实践打下坚实基础。在农校学习期间，张时定学习刻苦认真，除生物化学一门4分，其他学科全部5分。张时定1959年毕业，原本分配南平地区，恰值宁德地区需要大批茶业专业毕业生留了下来。到福鼎农工部报到时，因家庭成分（父亲张岳如曾任职于民国白琳区政府）不好还差点安排不了工作，几经周折，张时定分配到福鼎县农业科学研究所。当时，福鼎县农业科学研究所与国营翁江茶场两个机构同一块牌子。

1959年夏，张时定与茶叶专家江孝喆、郑秀娥、杨祖镇、马坚忍等人，在翁江茶场创办福鼎县茶叶研究所，以福鼎大白茶、福鼎大毫茶茶苗短穗扦插技术为课题进行全方位研究与实践，开辟茶树品种园进行茶树品种品质比对，开垦茶山，种植茶苗，改良原有茶园，做了很多示范推广工作。

1958年成立的国营福鼎茶场隶属于省农垦厅，属地区农业局直辖，为正科级单位。设立国营茶场的任务就是大面积繁育国优茶树品种，并加以推广。之前，茶树短穗扦插育苗在福鼎县桐山玉塘老区农场实验获得成功。短穗扦插育苗在福鼎域内的茶树栽培技术上具有跨时代的意义。原来的茶树都是用压条繁殖和种子繁殖育苗。压条繁殖俗称"炉"苗，即将母树身上的枝条通过环状剥皮后，埋在土壤里生根而进行无性繁殖新的茶树，用这种办法繁殖的茶树，比用种子繁殖的茶树性状稳定，茶叶品种与产量也有保证，但最大的缺点就是茶苗繁殖速度慢，茶苗供应量严重不足。种子繁殖虽然较便利，但繁殖速度也慢，更重要的是茶树性状、品质变异大。利用茶叶短穗扦插育苗成功后，就能大量培育福鼎大白茶和福鼎大白毫，并保持茶树的优良性状。

最早的茶树扦插技术，扦插的枝条长达7寸，而短穗扦插的枝条只有一片叶一个芽，长1.2寸左右，这对繁殖福鼎大白茶和福鼎大毫茶具有很重要的意义，因为这两种茶树在全县植株数量有限，如果能把接穗从7寸降低到1.2寸，就可以节约大量的茶树枝条。初期短穗扦插育苗，扦插前插条还要用白糖蘸，并且要在苗木上方覆茅草以遮阴，过程十分烦琐，而且产量低，亩产只有7.5万株，远远满足不了原定目标和大面积推广茶树的需要。江孝喆与张时定等人反复进行实践，省去了白糖用料，用当地盛产芒萁草遮阴，既简单又便捷地培育了茶苗，便短穗扦插成活率大幅提高，亩产达到28万株左右。

扦插的产量上去了，究竟哪种茶树品种更优，品种选育也是重要课题。国营翁江茶场从翁江涝旱洋（又称劳改洋）划出土地120亩，供扦插育苗科研用。福建省政府农业厅也派茶叶技术员到场部指导工作。张时定与江孝喆、郑秀娥等人开辟品种园，种上福鼎大白茶、福鼎大毫茶、歌乐茶、早逢春、菜茶等当地茶树品种，引进福安大白茶、政和大白茶、云南大叶种、铁观音、毛蟹、金观音、梅占、奇兰、佛手、浙江本山等茶树品种15个做对比试验。经过对比试验，选出最适合福鼎土壤气候生长的福鼎大白茶和福鼎大毫茶。这两个品种不仅产量高，而且生产的红茶、白茶、绿茶质量好，因此，福鼎县政府大力在全县推广福鼎大白茶和福鼎大毫茶种植。

那个时代农业机械应用几乎为零。整理苗床需要用到大量的黄壤，每个茶树品种扦插都需要5畦长长的苗床，怎么才能节约大量劳力运送黄壤呢？张时定开动脑筋，发明了空中运土的技术，轰动一时，后再不断改进，便于把对面山上大量黄壤运到苗圃进行耕作、整畦、扦插。

福鼎大白茶、福鼎大毫茶苗年产从原来只有几十万株，上升至几千万株，福鼎的茶园改造也用福鼎大白茶替代了菜茶，全国各地也纷纷到福鼎引种，媒体纷纷报道了国营翁江茶场培育茶苗成功经验，吸引了全国茶叶专家的关注。1965年，福鼎大白茶、福鼎大毫茶苗被全国茶树品种研究会确定为全国推广良种，并列为全国区试的标准对照种。1984年，国家茶树审定委员会认定福鼎大白茶、福鼎大毫茶为第一批国家级茶树良种，编号分别为GS13001-1985，GS13002-1985，业内人士分别称之为华茶1号、华茶2号。

20世纪60年代，茶叶的生产量需求大幅度提高，原有的茶园、茶树产量很低，全县必须进行旧茶园改造。翁江茶场配合茶业局进行旧茶园改造，将瓜园山原来单丛茶园、杂草多、产量低的茶树进行台刈拼行，新垦茶园茶树0.5米×0.5米两行条栽，形成免耕密植茶园作为示范推广茶园。张时定是具体负责人之一。他同时与翁江茶场的本杉、光辉、祖额等人到外宅马仙宫北山测量，开垦荒山200多亩发展密植免耕茶园。

1969年，张时定受家庭成分的影响，被剥夺了在茶树研究所工作的权利并清退回家。为了生计，张时定只能放弃了深爱的茶业，跟随师傅学习泥工活。学艺3年后，好学的张时定很快成为娴熟的泥水工匠。

20世纪70年代，恰值福鼎的茶叶加工生产快速发展，茶叶手工制作已适应不了生产的要求。福安社口茶科所研究以机械来代替手工生产。张时定受福鼎县茶业局夏品恭副局长的推荐，被派遣到福安社口茶科所学习两项新技术——从单锅手工杀青改为单锅机械杀青，再发展为双锅、三锅、滚筒式机械杀青生产；将原有的炉管灶改造为无烟灶和锅炉。张时定学成归来后，由福鼎县茶业局招集各乡镇农机人员和泥匠集中在翁江茶场和翠郊茶厂进行培训，传授技术并全面推广。新技术的推广有效地提高了茶叶加工的效率，茶叶产量大幅增加，满足了时代发展的要求。

这期间，张时定还曾受福建省沙县茶业局聘请，到该县指导改造无烟灶。沙县生产茶叶的炉灶技术一直没能掌握，得知他是福鼎炉灶改进专家，专程邀请他到当地去指导，很快就查找出炉管模型密封的原因，经过张时定指导后，技术得到改进，茶叶产品质量得以提升。

1979年,张时定不公正待遇得到平反,他被分配到福鼎茶厂白琳初制厂工作,正式成为茶叶工人,认真投身制茶工艺学习。1980年后,他先后在茶叶初制、精制、茉莉花茶车间担任主任。白琳茶厂刚分配来许多茶校的毕业生跟随他学艺,他管教十分严格,教育他们做茶要先学会做人。在生产技术上,他毫无保留地向年轻人传授各种技艺技能。

在茶叶加工生产方面,他向白琳茶厂领导建议,恢复已经停制多年的白琳工夫,使历史名茶的加工不至于断层。他在制作茶叶技术方面精益求精,每次选送的白毫银针、鼎琳茉莉花茶、白牡丹都荣获省优产品,白琳茶厂在福建省茶行业的名气也因此越来越大。

1985年,张时定任白琳茶厂副厂长兼茉莉花茶车间主任。他一心扑在工作上,在茉莉花茶叶加工季节,每天休息不到几个小时,与工人们打成一片,一天茉莉花收购量达3.4万斤,工作超负荷运转。精制茉莉花茶工作经常要抢时间,争取在茉莉花开时把香气完全留住。普通的茉莉花茶需3窨1提,高等级的需要6窨1提。茉莉花茶生产既烦琐,又精细,他每年都能带领工人们超额完成生产任务,最多年份生产9600担茉莉花茶。

张时定在白琳茶厂期间,虚心向老一辈茶人学习绿茶、红茶、白茶、茉莉花茶等各种制茶工艺,成为全能的制茶师。他发挥匠心精神,投身茶行业,以厂为家,生产季节,置身第一线;妻子与部队复员的大儿子张忠勇也成为白琳茶厂的工人。1986年,张时定在白琳茶厂光荣加入了中国共产党,成为中共党员。

1989年,因工作需要,张时定调任国营湖林茶厂任厂长。其间,他详细向工人们了解工厂情况,坚持走群众路线,使茶厂不但完成上级下达的生产烘青绿茶和其他生产任务,还开辟生产了白毫银针、新工艺白茶等生产线,为茶厂创收。根据湖林茶厂的情况,他把结余的经费用于改善国营湖林茶厂的设备设施,同时建设会议室和托儿所,改善生产生活条件,提高工人的待遇与福利。多年后,湖林茶厂的老工人依旧感怀他为员工办实事。

1990年,张时定因工作突出,被评为全县先进工作者。同年,宁德地区评审委员会确认其"工程师"职称,张时定成为改革开放之后的首批制茶工程师之一。

1996年,从茶厂退休后,拥有一身制茶技术的张时定,受广西横县花茶加工厂聘请,到横县指导当地工人窨制花茶,在当地培养了一大批制茶师。

从广西回来,福鼎的白茶还没有兴起,张时定先后在福大茶叶公司、北京茶叶公司梨湾茶场茶厂、福鼎的白茶公司(福鼎硖门瑞云)、宁德赤溪茶叶公司等地,培养、指导工人生产白茶、工夫红茶、茉莉花茶等,传承制茶技术。其中,2010年在福大茶叶公司制作白琳工夫荣获宁德市第四届茶王赛红茶类金奖。

2008年，受贵州省石阡县农业发展有限公司聘请，张时定到该县传授培育无性繁殖短穗扦插苗230亩，并指导工夫红茶制作技艺，使久已失传的黔红恢复了生产。

2009年，张时定儿子张忠勇创立金山堂茶叶公司，他专门指导员工制作福鼎白茶技术，使白茶传统的日光萎凋、炭火烘焙等制作技艺得以传承。每年在管阳碧峰故里，他指导生产制作的一批福鼎白茶，成为金山堂的白茶拳头产品。

张时定为白琳工夫的复兴不停地进行探索。为了寻找适合制作白琳工夫的茶叶，他不辞辛苦爬上一座座茶山；为提高新一代茶人制茶工艺，他多次亲临各个大小茶厂车间做现场指导并传授白琳工夫的制茶技术；他亲自整理原来的手工抄写白琳工夫的资料，参与制作中来，不断进行实验、审评，努力恢复白琳工夫时期最佳的口味；他还培养了张忠勇、周瑞旺、周菊宗、苏炳明、郑诗亮、叶文寿、刘雪金、刘明然、赵广霞、林晶安等一批年轻茶人，大力支持白琳老街"茶旅"复兴项目，携众徒将茶饼拍卖所得11.4万悉数捐赠老街复兴项目，反哺这方水土。

2018年3月，张时定被福鼎市白琳茶业协会授予"榜样茶人"荣誉称号；2019年，他被聘为中华封茶祈福大典评审委员会专家顾问；2020年，他在福鼎玉琳古街茶业公司设立工作室，继续研究探讨白茶、白琳工夫等工艺，被福建省大学生创业扶持促进会聘请为创新创业导师。

2021年3月，张时定老人因病离世，享年84岁。

茶韵悠悠

白琳茶史话

杨应杰

白琳与茶叶的渊源

明朝谢肇淛《太姥山志》载："太姥洋，在太姥山下，西接长蛇岭，居民数十家，皆以种茶樵苏为生。""白箬庵……在摩霄峰背，有径路可达……凡五里许始至；前后百亩皆茶园。"白箬庵，即天门寺（旧称午所庵，至玄成禅师任住持，用白箬做瓦，改名为白箬庵；1947年，比丘尼题敬重建，又改名天门寺）。福温古道穿白琳全域，白琳至金刚墩5千米，至五里排2.5千米，至五蒲岭2.5千米；五蒲岭有两条道路可走，一过三十六湾，经蒋阳、漆溪、龙亭、福宁府岭等至霞浦；二经长安岭与天门岭到太姥山天门寺（5千米）。可见早在500年前，距白琳15千米左右的地方，就有大片茶园，而且都有官道相连。唐代陆羽《茶经》载："永嘉县东三百里有白茶山。"此白茶山即太姥山，由此可见，白琳产茶的历史至少可以溯源至唐朝。迨至清朝，乾隆《福宁府志·物产》载："茶，郡治俱有，佳者福鼎白琳、福安松罗，以宁德支提为最。"这里明确指出，白琳产佳茗。清光绪《福鼎县乡土志·户口》载："福鼎出产以茶为宗，二十年前，茶商麇集白琳，肩摩毂击，居然一大市镇。"

白琳茶叶最早出口销售可追溯到清康熙二十二年（1683），福鼎的沙埕港设立民用进出口贸易口岸，开始出口茶叶、明矾等农副土特产品。康熙二十三年海禁开放后，茶叶运输逐渐增多，茶叶生产得到了发展。清嘉庆二十二年（1817），茶叶出口多靠人力肩挑经温州转运至上海出口，其中绿茶出口多靠人力肩挑经大官道至福州的洋行出口。清道光二十二年（1842）"五口通商"后，福州、厦门成为茶叶重要出口口岸，白琳生产的白琳工

茶叶交易收据

夫、白毫银针、白毛猴、莲心等茶，多由南广帮（广东广泰茶行与闽南金泰茶行等）在白琳开茶馆收购、转运、销售。也有上海、福州茶行直接向本地茶商发放贷款，预定茶类和数量，按指定时间、地点交货验收，由白琳后岐商港、宝桥渡运至沙埕港转运福州、上海，再由洋行出口。

民国时期，白琳的茶业发展更上一层楼。落户白琳茶行有合茂智、双泰隆、洋中、广泰、恒丰泰、同顺记、林仁记、万和源、同顺泰、胡信泰、一团春、陈合记、同泰、建春等36家。抗战爆发后，三都澳、沙埕港禁止国内船只航运，以致各地茶商、茶农纷纷亏本，但是白琳的茶叶却能走出困境。据周瑞光《沙埕港小史》一文考证，主要是福鼎同业商会雇用外国轮船，如意大利德意利士轮船公司、葡萄牙飞康轮船公司挂着外国旗帜，频繁地从沙埕港抢运白琳茶叶，使白琳茶叶在海外名声大噪。民国时期，白琳茶叶的发展引起国内茶界知名人士的注意。1936年，上海成立茶叶产地检验监理处，处长为蔡无忌，副处长为吴觉农，当年茶季在白琳设立办事处，检验白琳生产的茶叶。1940年，庄晚芳（茶学家，茶树栽培学科奠基人）在白琳委托茶商梅伯珍等办示范茶厂。

1950年4月，中国茶业总公司福建省分公司在白琳康山广泰茶行建设福鼎县茶厂，10月迁址福鼎南校场观音阁，原厂址改为福鼎白琳茶叶初制厂，可见省茶叶公司对白琳茶区的重视。1951年翠郊乡村民雷成回率先成立茶叶互助组，全县各乡村纷纷仿效成立互助组。1954年秋，郑秀娥、蒋德荣在玉塘农场（翁江茶场前身）茶叶短穗扦插育苗成功。1956年秋，在白琳翁江王花屿村开始利用短穗扦插培育福鼎大白茶和福鼎大毫茶。1958年在翁江成立福鼎县茶场，还划出一块12亩的地开发品种园，供100多品种优良茶叶种苗的培育，同时另划120亩地进行短穗扦插育苗，并向全国推广福鼎大白茶、福鼎大毫茶优良品种。当年在白琳开发万宝山茶园，把种茶规模推向历史高潮。1956年白琳茶叶初制厂购进大型苏制"克房伯"揉茶机3台，白琳初制厂以生产红茶为主，福鼎茶场作为白琳茶厂茶叶原材料专供基地。1975年，福鼎县率先引进贵州的"密植免耕"经验，在白琳进行推广。白琳下炉茶场种植免耕密植茶园20多公顷，翁江茶

旧茶行（林钢生 摄）

场也进行茶园改造。1986年省委书记陈光毅及省长胡平视察白琳下炉茶场，赞扬下炉茶场"以茶补农，茶粮结合"的做法好、方向对。1990年白琳茶厂出品的新工艺白茶获第二届农业博览会金奖。1991年，白琳茶厂出品的玉琳牌白牡丹白茶获全国农业博览会金奖。

白琳产中国名茶

《福鼎县乡土志·商务表》载："白、红、绿三宗。白茶，岁二千箱有奇；红茶，岁二万箱有奇。俱由船运福州销售。绿茶，岁三千零担，水陆并运，销福州三之一，上海三之二。红茶粗者，亦有远销上海。"白琳的茶叶品种有白毫银针、工夫红茶、绿茶、红茶标等，清朝白琳已形成了茶叶集散地，经船运至福州、上海再销往国外。

1. 白毫银针

《福鼎县乡土志·物产表》载："茗，邑产以此为大宗。太姥有绿芽茶，白琳有白毫茶，制作极精，为各埠最。"中国著名茶学家、茶学学科第一位博士生导师张堂恒的《中国制茶工艺》载："乾隆六十年（1795）福鼎茶农采摘普通茶树品种的芽毫制造银针。"据明万历《福宁州志·食货·贡辨》载："芽茶八十四斤十二两，价银二两二钱二分；叶茶六十一斤十一两，价银一两四钱七分九厘。"以上记载表明，明朝年间，福宁州就有用于生产白毫银针的芽茶，价格与普通茶叶相比，多出几倍；白琳作为古代主要的产茶区，不仅是白毫银针产区，而且制茶工艺极精。古代茶农生产白毫银针掌握了一定的经验。根据白琳老茶师回忆，生产白毫银针最忌讳的就是用手触摸与翻动银针，手带咸性会影响白毫银针品质，翻动会使银针上的茸毛脱落；同时，烘焙银针的火候与时间要控制恰当。

2. 白琳工夫

白琳工夫以白琳地名命名，1980年被福建省茶叶学会编入《福建名茶》一书。白琳工夫兴起于19世纪50年代前后，迄今有160年的历史，当时闽、广茶商以白琳为集散地，设号收购，远销东洋，白琳工夫也因此闻名于外。20世纪初，合茂智茶馆充分发挥福鼎大白茶特点（代替原有的白琳菜茶的小叶种），精选嫩芽，制成工夫红茶，条形紧结纤细，含有大量橙黄白毫，特具鲜爽愉快的毫香、汤色，叶底艳丽红亮，取名为"橘红"，意为"橘子般红艳的工夫红茶"。白琳工夫当时能闻名于世，主要是因为它十分讲究鲜叶原料的采摘嫩度，尤其是福鼎大白茶，更要求早茶嫩采。初制工艺中，特别注意控制适度萎凋，以提高鲜爽度，并严格采取轻、重揉结合（力先轻后重，而后轻；先顺时针揉，而后逆时针揉，使茶叶能解块）。发酵讲究温度、湿度、时间，烘焙要

下炉茶园（傅克忠 摄）

采用炭火双复焙的方法，先以100 ℃—120 ℃高温烘至八成干，继以85 ℃—95 ℃低温烘至足干。后一次烘焙，要"文火慢焙"，认真掌握火候，力求在透发毫香的基础上保持鲜爽特征。这些工艺特点对于白琳工夫传统风格的形成，有着重要的影响。

3. 莲心茶

莲心茶被俞寿康《中国名茶志》（农业出版社1982年版）收入"中国名茶"。白琳是莲心茶原产地，可惜这些年已很少生产。据载，莲心茶在清末民初曾作为白琳茶叶的主要品种出口，其香气清幽，味醇鲜爽，汤色黄绿澄鲜，芽叶柔嫩多毫，外形细紧纤秀，外销东南亚一带很受消费者喜欢。以莲心茶薰窨茉莉花，称"茉莉蛾眉""茉莉秀眉"，亦为花茶上品。莲心茶对鲜茶叶品质要求很高，清明节前开采，要求芽叶细嫩多毫，叶薄而软，节短，经萎凋、杀青、揉捻、初烘、再烘五道工序制成。

白琳还生产白牡丹白茶、新工艺白茶、白毛猴绿茶等名茶。

白琳茶叶贸易和茶馆

自清、民国以来，白琳因茶出名，出了许多茶人（茶商、茶农）。

《福鼎县乡土志·地理》："举州一带多植茶，谷雨一过，人行路中，茗香扑鼻。"从中可以看出白琳茶叶生产广泛分布于农村乡间，以茶农自家生产毛茶为主。所有茶叶集市于白琳，经茶商远销至海外。古代劳动人民积累了丰富的制茶经验，生产茶叶技术日臻完善，但也遭受了好几次低谷。1860年白琳工夫遭受印度、锡兰等国的红茶与国内安徽祁门红茶的冲击，茶价大跌，以致翁江萧家三泰茶行，在上海一夜之间把囤积5年的红茶一把火烧毁，家族走上败落。清光绪二十年（1894）国际茶价下跌，许多白琳茶商破产，茶行、商号纷纷易帜。1930年何金标劫掠白琳时，烧毁大马路房屋几十榴，同时也烧毁了一些茶行，劫持茶商子女为人质，一定程度影响了茶叶市场。抗日战争爆发，沙埕港被禁运一年，茶叶滞销，一度使茶农把自家的毛茶烧毁，茶树砍倒。抗战期间，白琳茶叶逆势而上，使茶商茶农有了发展空间。笔者收集了一份民1940年茶叶收购收据，显示茶商李华卿向翠郊村石床保周阿本收购白毫茶10斤1两，付国币19元1分整，可见抗战时白琳茶市还是稳定的。1949年后茶叶收为国营，通过奖售茶农化肥粮食等一系列措施，鼓励农民积极种茶，恢复原有老茶园，使20世纪50年代茶业迅速得到发展。20世纪60年代与苏联断交后，红茶滞销，为顺应市场发展，红茶改绿茶，茶业发展总体稳定。改革开放后，茶叶生产更上一层楼。

自清末以来，白琳还出现一些家族茶馆，自身并没有经营，如垇墘李茶馆（点头李姓）、车洋馆（车洋杨姓）、浦后三茶馆（瓜园蔡氏）、胡信泰茶馆（宝桥胡姓）、广泰茶馆（小湾詹氏），这些茶馆出租给广帮或南帮，或与之合作，当地茶人负责采办、生产加工、包装运输，广帮、南帮负责销售。白琳也出现一些茶商直接销售茶叶到国外，如洋中茶馆蔡德教、蔡乃仓父子长期与新加坡茶商合作，茶叶直销新加坡；梅伯珍经过多年历练，驻扎福州，精通英语，茶叶销往东南亚、新加坡；吴世和的双春隆、袁子卿的合茂智两茶行的茶叶直销中国香港和俄国等地。

茶歌、民谣与茶俗

白琳为茶叶集散地，聚集大量拣茶工等，在长期劳动生产过程中，人们创造了许多脍炙人口的茶歌、民谣，录三首如下：

拣茶歌

正月拣茶春头初，拣茶姑娘喊做鞋；
里面三寸粗布里，外面三寸做招牌。
二月拣茶二日二，广东茶客还未来；
去年茶价喊亏本，今年茶客莫敢来。
三月拣茶三月三，拣茶俊某好后生；
脸打光膛苏州粉，可比日头正上山。
四月拣茶四月天，雨子来来着身边；
脚穿木鞋起嗑响，肩头拿伞手拿线。
五月拣茶五轮船，大男细女看轮船；
哥哪要好仿绸裤，妹哪要好百绸裙。
六月择茶热难当，广泰茶行太平堂；
也有童某相玩笑，也有俊某倒眠床。
七月择茶七月当，十分热闹是茶行；
白茶先拣出去卖，红茶后拣价钱昂。
八月拣茶是中秋，筛焙红茶乌溜溜；
但愿茶卖好价钱，择茶阿妹多工资。
九月拣茶是重阳，拣茶姑娘转回乡；
也赚好酒寄次转，也赚鱼肉送爹娘。
十月拣茶秋风凉，择茶阿妹穿祥裙；
也择黄道好日子，去送茶客上大船。
十一月拣茶冷清清，茶行馆内都莫人；
也有做茶败家计，也有女子赚大钱。

十二月拣茶是年兜，拣茶赚钱一荷包；
茶客赚钱讲真话，明年一定再来包。

白琳茶馆建路边（山歌）

我唱山歌约你添，你唱山歌给我添。
哪里戏仔打八仙？泰顺戏仔打八仙。
哪里戏台盖八角？温州戏台盖八角。
哪里茶馆建路边？白琳茶馆建路边。
哪里戏台建八角？哪里茶馆盖路边？
温州戏台建八角，白琳茶馆盖路边。
闹喳喳，闹喳喳。白琳茶街生产忙，
家家户户去拣茶。
早支坐厅中，晚去坐埕下。
一年春夏秋，拣茶做不休。

泡茶歌

奇古技，锯杉柴，阿妙老婆会泡茶。
茶叶粒粒仔，碗里两尾虾，
爬里爬去变大虾……

因茶而盛，同时形成了一些茶俗：

冰糖茶 宾客来临，除上好茶外，主人喜欢在茶中加入冰糖，增加甜味，增添客人的甜蜜感，形成待客礼重的感觉。

山柰茶 在制好茶叶中加入中药山柰于锅里炒热后贮藏，要喝茶时抓上一把山柰茶叶泡在大壶中，除茶香外还有药香。

祭祀茶 祭墓或其他祭祀活动都是先茶后酒，以茶为先。

入殓茶 老人去世入殓前，由儿孙象征性在老人口中喂茶，意味着饱茶饱饭。

茶亭茶 烧茶老人泡大缸茶置于茶亭，供过路人歇息喝茶、休息。

国营福鼎白琳茶厂简史

> 白 杨

国营白琳茶厂的发展经历了三个阶段,最早是国营闽东第二茶叶精制白琳初制厂,到20世纪70年代末更名为福鼎茶厂白琳分厂,再后来更名为国营白琳茶厂。

初创期

白琳地处福鼎中部,自古以来是茶叶产区,也是白琳工夫红茶和福鼎白茶珍品白毫银针的原产地。1950年,中国茶叶公司福建分公司看中白琳作为产茶重镇的重要性,决定在白琳建设国营福鼎茶厂,厂址设立在广泰茶馆旧址(《宁德茶业志》误为双春隆茶馆)。不久,福鼎茶厂搬迁至福鼎城关南校场观音阁。

1953年,正式成立白琳茶叶初制厂,厂址设在广泰茶庄,全称为"国营闽东第二茶叶精制厂白琳初制厂",业务由福鼎茶厂统一管理,办厂时职工总人数为22人。

白琳初制厂主要延续生产民国时期的拳头产品——白琳工夫红茶,少量生产绿茶。以往制作都是靠人工制作,白琳初制厂创办后,就配置了机械设备:克房伯揉捻机、自动干燥机、解块机各1台,小型白井式揉捻机4台,12匹发电机1台等。技术工人大部分是民国时期白琳和点头大茶商里的茶叶审评师和制茶师,也有来自浙江绍兴和福州的制茶师,还有来自瓜园、翁江、贵坪、溪坪、下炉、玉琳街的工人。吴立通、魏宝全、陈延策和王奕森等都是第一批技术工人。这个时期,配备了机械设备,工厂加强技术革新和培训,经常请专业技术人员进行授课,或让工人参加在福鼎茶厂开办的夜校班,以提高工人文化素质。茶叶业务部门组织指导实施推广室内萎凋冷发酵和炭火烘焙技术,使红茶质量和产量都有很大的提高,生产500—680担毛茶。

1953年,农业部副部长、中茶公司总经理吴觉农来白琳考察,确定了

1953年白琳初制厂旧址(广泰茶馆)

白琳茶叶初制厂经营发展定位：生产红茶，出口苏联和东欧。白琳初制厂生产的红茶还需要运到闽东第二茶叶精制厂（即福鼎茶厂）加工后，经上海港出口。茶叶生产、收购、加工由福鼎茶厂统管，而茶叶销售则由福建省茶叶公司下达计划进行调拨。福鼎茶厂还在桐山、白琳、点头、巽城、前岐等区镇设立5个茶叶制茶所和4个茶叶收购站，主要收购白毫银针、白牡丹等。

1957年，随着生产规模扩大，原有的广泰厂址已不适应发展需要。白琳茶叶初制厂在康山村贵坪自然村征地15亩建设新的工厂，主厂房为2755平方米（包括萎凋房），新增克虏伯揉捻机2台，51式干燥机2台，发电机1台。当年茶叶产量与1953年相当，但高档茶叶比例增加。这一年开始，白琳茶叶初制厂从福鼎县茶厂脱离，实行会计独立核算。

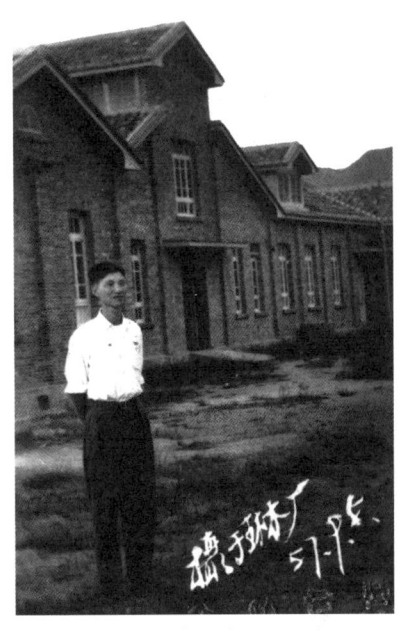

1957年，王奕森在新建的白琳茶厂留影

1953—1959年间，生产红茶分大茶和小茶两类，大茶分特级与一、二、三级，小茶分特级与一、二、三、四、五、次级。1958年，增加粗老叶的加工，年产量2258担，1959年增至6350担，为历年之最。

1955年白琳初制厂行政和业务一度由福鼎县采购局领导；1958年行政上属茶业局，业务技术由国营福鼎茶厂指导；1959年全面恢复福鼎县茶厂管理，白琳茶叶初制厂成为福鼎县茶厂对外的一个车间。

1960年春，白琳茶叶初制厂搬出后，广泰茶馆一度作为"福鼎县茶业技术学校"的校址，秋季又把校址迁移到国营翁江茶场。

20世纪50年代，白琳茶叶初制厂实行茶叶机械生产进行改革，发展半自动化流水线生产，改变原有靠手工操作的落后生产局面，生产规模不断增大，对技术人员的培训已经从茶园管理、茶叶采摘、茶叶加工等方面进一步进行规范。

1957年的白琳茶厂员工合影

快速发展期

1965年福建省揉捻机鉴定会，张天福与王奕森等合照

1960、1961年，茶厂对设备进行整顿更新，提高换装60匹木炭燃烧机，增"依达里"揉捻机8台，揉捻工场改为铁木结构，工厂职工增至67人。

20世纪60年代因中苏断交，红茶滞销，为适应形势变化白琳茶叶初制厂实施产品转型。刚开始时进行蒸青绿茶的实验，但销路不好，鉴于国外市场对白茶的需求增大，福建省茶叶进出口公司决定白琳初制厂以生产白茶为主，并且派技术专员庄任来白琳指导进行室内制作白茶实验。

白茶一直由福鼎下设的茶叶收购站向农户收购，以白毫银针为主。由于白茶不好做，要靠天吃饭，生产不稳定，无法计划生产量。比如香港和福建省外贸签订了白茶的合同，第一年要500担白茶，可是当年下雨农民无法生产，所以就没货供应；第二年不敢多订，只订了300担，但当年天气很好，生产量就超出了订单的量。

1963年，在茶叶专家庄任的指导下，白琳茶叶初制厂分管生产技术的副厂长王奕森带领技术骨干成立室内制作白茶的研究小组，专门研制白牡丹等白茶的室内制作。王奕森还前往建阳等地学习交流室内萎凋白牡丹的技术。在研究的过程中，他发现白茶存在轻微发酵，与红茶完全不同，通过多次的实践和借鉴闽北室内萎凋白茶的做法，最终借鉴红茶的发酵方法，用加温管道进行试验，采取用热风加温的方法做白茶。又经过无数次的试验，经历了制作白茶实验用的厂房发生火灾等事故，1964年王奕森白茶室内萎凋工艺终于成熟，相关经验在福建省茶叶协会组织的座谈会上进行交流。

在研制过程中，王奕森发现，很多茶叶下脚料处理不了。他十分关注这个问题，把老叶、干叶、青叶经过揉捻，茶叶从线形揉成弯曲，做出一种低档白茶，茶汤的浓度增加了，滋味比白茶更浓。王奕森拿了一罐样品送到福建省外贸公司，茶叶专家认为新茶质量不错，好喝，但汤色浓度高，外形和口感出现变化，不能当作白茶。

1968年，福建省外贸茶叶公司刘典秋跟王奕森说，香港的茶楼里有一种习惯，客人到茶馆，茶馆就端出来一杯白茶，让客人免费品尝，需求量相当大。刘典秋拿出一罐台湾产的白茶，让王奕森研制类似产品。王奕森根据以往的实验做出一款新的白茶，共生产了7箱茶叶，通过福建省外贸公司转运香港，很受欢迎；又再制作300担运到香港，结果畅销一空。

1969年，福建省外贸茶叶公司把"仿白白茶"改为"轻揉捻白茶"，最后更名为"新工艺白茶"，成为白茶家族中的新种类，并列入外贸出口茶类，任务是年产1000担。白琳茶厂成了省外贸茶叶公司出口新工艺白茶的独家加工厂。

从1960年到1970年十多年间，白琳初制厂主要生产绿茶和白茶（白毫银针、白牡丹、贡眉、寿眉），同时成为专门生产新工艺白茶的工厂，茶叶生产和销售都比较顺利。一业兴百业兴，白琳的茶业发展得到进一步提升。

随着白琳初制厂产能提升，茶青原材料产量也相应增加。1964年，白琳茶叶初制厂在白琳大队茶园试验田实施增产实验，取得成功后总结经验在白琳全区进行推广，使白琳区公所辖区内的茶园面积大幅度提高。

平稳发展期

进入20世纪70年代，福鼎县按上级要求，实行全面实行"红改绿"，即全面停止生产红茶，改为生产绿茶。白琳茶叶初制厂顺应形势发展，也按计划生产烘青绿茶。烘青绿茶的品质特点：外形条紧、圆结均直、毫芽显露、色泽柔润，内质香，汤色清澈明亮如绿豆汤色，叶底碧绿肥软，不带红梗红张。精制加工成为茉莉花茶，得到东北、华北消费者的一致好评。白琳茶叶初制厂春季生产的茶类有烘青绿茶和白茶，烘青绿茶全部运到福鼎茶厂进行窨制加工成茉莉花茶，秋季收购粗老的茶叶全部用于生产新工艺白茶，专门出口港澳地区。白琳茶厂一直坚持生产新工艺白茶和白牡丹、寿眉等白茶产品，新工艺白茶每年的订单为2000担，最高年份生产的新工艺白茶达到4800担。

1976年的白琳茶厂

20世纪70年代福鼎白琳茶厂员工合影

1974年，在全国茶叶会议上，党中央发出"茶叶要有一个大的发展，速度要加快"的号召，把福鼎列为到1980年产茶5万担的基地县之一。1976年，为增加茶叶产量，福鼎全县掀起开垦荒山种茶高潮，茶园面积不断增加，同时进行密植茶园改造，茶青产量迅速增加。

为了适应新形势，白琳初制茶厂进一步扩容，向溪坪自然村征地，使原有的厂区面积增加了1倍，添置了生产茶叶的各种最新设备，如揉捻机、干燥机等。白琳茶叶初制厂硬件设施条件得到了改进，但技术力量没有得到改善。

王奕森和技术工人在克虏伯茶机前留影

新工艺白茶发明者王奕森已经调离原有岗位，到湖林茶叶初制厂上任，由于他的调离，技术力量削减，新工艺白茶的质量出现新的问题，客户要求退货。20世纪70年代末，王奕森从湖林茶叶初制厂调回，改进车间设备，培养技术工人，新工艺白茶质量大大改善，生产的茶叶广受欢迎。

高速发展期

1978年，白琳茶厂更名为国营福鼎茶厂白琳分厂。

改革开放后，茶叶生产进入一个新时期，茶叶产量又一次大幅度增加，需要增添技术工人。1980年，通过一批茶厂职工的子女"补员"、复退军人退伍转业安置，为茶厂增添了新鲜血液。1982年与1984年，宁德技术职业学校茶叶加工和茶叶审评两个专业班的毕业生林飞应、吴健、陈宝振、罗成、施丽君、李存海、梅玲、王光雄等分配到茶厂，进一步充实了技术力量。

白琳茶厂春夏秋三个季节都生产茶叶。春茶生产是茶厂一年中最繁忙的季节。福鼎大白茶与福鼎大毫茶的芽头开始萌动，茶青的日产量很大。早春茶中单芽制作白毫银针，一芽一、二叶制作高级白牡丹和高档烘青绿茶，二、三春的茶青大都用于生产绿茶；秋茶主要用来制作新工艺白茶。据福鼎市天健茶业有限公司经理罗成回忆，1988年福建省外贸制定的价格：白毫银针240元/公斤，白牡丹58—120元/公斤、寿眉32—38元/公斤、新工艺白茶28—45元/公斤。1982年，福建省外贸下达的任务是保证新工艺白茶年产2000担，广东外贸茶叶公司也需要2000担。广东外贸茶叶公司还说有多少都要，他们已发现非洲的市场可能比香港的大。

1984年，茶叶市场放开后，打破了计划经济时代茶叶属于国家二类物资的市场垄断，茶叶可以自主经营。白琳茶厂生产的茶叶除了供应省外贸公司出口外，还可以自主经营，茶叶被运往华北和东北地区内销。福建省茶叶进出口公司每年下订单生产白毫银针、白牡丹，用于出口创汇。

1985年，茶厂更名为国营白琳茶厂。为稳定白茶的口感和质量，提升白茶出口量，福鼎茶厂邀请省计量局热工专家林升泉、省茶叶公司技术员梁利俊和福鼎茶厂方守龙、张肖共同设计，对白琳茶厂的大型晾青场所进行改造，成为加热型白茶萎凋车间，就是现在被广泛使用的"加温萎凋房"工艺的前身。该工艺经不断改进，成为更加节能、更为科学的生产白茶车间，白茶的品质也变得更佳。

20世纪80年代，茶叶中烘青绿茶的产量最大，其次是新工艺白茶。加热型白茶萎凋车间的建设，使白牡丹产量加大，成为白琳茶厂的重要产品。但只有少数业内人士知道白牡丹是白茶，外界很多人只知道白毫银针是白茶，都叫它"白毛针"。

80年代后期，茶叶市场放开后，市场经济促进了茶叶生产与销售，白琳茶厂既有计划经济时代的销售渠道，又有市场经济产生的新销售渠道，生产经营销售较为畅通。但后来私有茶企的崛起对国有茶厂产生挑战与冲击，生产成本的提高、一些行政体制干预以及原有债务加速国营茶厂的崩盘。

茶厂破产

福鼎茶厂于1993年宣布破产，进行资产重组，作为福鼎茶厂下属的白琳茶厂也随着体制变化而降下帷幕，原来的厂房实行资产重组。根据相关精神，退休职工领取退休金，对一部分临近退休的职工领取安置经费或自谋职业。一部分茶厂技术人员热爱着茶叶事业，重建茶业公司自主生产加工经营茶叶。一部分职工则转行了，加入在白琳刚刚兴起的石材行业。

白琳茶厂从1953年正式成立白琳茶叶初制厂阶段，到1957年独立核算，1978年更名为福鼎茶厂白琳分厂，到1985年为国营白琳茶厂，再到1993年破产后资产重组，走过不平凡的40年历程。先后担任白琳茶厂厂长的有黄桐孙、吴镜涛、王德全、洪如香、耿建鹏、温石芝、陈乃荣、耿宗钦、平其池、李招文等。虽然茶厂不存、厂址不在，但茶厂精神依然在许多茶人心中。

（本文根据王奕森、林飞应、罗成、耿宗钦等人口述整理）

白琳茶叶"为五洲最"

白荣敏

有人说，历史是一条大河，它荡涤了因，留下了果，更留下了让人迷醉的想象。读地方史，当你读到"白琳茶业特盛，中外通商，白毫之良，为五洲最，故商贾辐辏，居然一大市镇"（《福鼎县乡土志·十五都分编》）这样的句子，就不仅仅有"迷醉的想象"，更有温暖的自豪。白琳，是芝麻一样大的一个地方，可其生产的茶叶，却能"为五洲最"，真是一个奇迹。以主产地福鼎白琳命名的红茶"白琳工夫"，以高超的纯手工制作技艺，和独特、优秀的品质，与福安"坦洋工夫"、政和"政和工夫"并列为"闽红三大工夫"而驰名中外。时人称，英国女王尤喜"白琳工夫"，以致知道世界有白琳。

白琳地处福鼎中部，福鼎建县后为十五都地，与十二、十三、十四等都（今磻溪、点头一带）接连构成福鼎西南部山区和丘陵地带。其地势东面临海，西部渐高，北部较缓。全域土壤偏酸性，且温度适宜，日照充足，又雨量充沛，云雾缭绕，很适合茶树生长。此间茶树品种繁多，以福鼎大白茶、福鼎大毫茶品质最优。大白茶原产地在点头柏柳，相传由竹栏头村陈焕于清光绪年间在太姥山麓"上才山"发现移植回家，后相继在白琳、翠郊、磻溪、黄冈、湖林等地传播栽培。大毫茶时称"大号白毛茶"，相传是清光绪六年（1880）点头翁溪王家洋林圣松从太姥山麓五蒲岭发现并移种。大白茶和大毫茶于1984年一起被列为国家级茶树良种，分别誉为"华茶1号"和"华茶2号"。

白琳茶叶的上乘史有公认，清乾隆《福宁府志·物产》载："茶，郡治俱有，佳者福鼎白琳……"其品种有"白毫银针"白茶，"白琳工夫"红茶，"白毛猴""莲心"绿茶等。

白毫银针特别名贵。清光绪《福鼎县乡土志·物产表》："茗，邑产以此为大宗。太姥有绿芽茶，白琳有白毫茶，制作极精，为各埠最。"中国著名茶学家张堂恒先生之《中国制茶工艺》载："乾隆六十年（1795）福鼎茶农采摘普通茶树品种的芽毫制造银针。"其实明朝时就已制造白毫芽茶，明万历《福宁州志·食货·贡辨》载："芽茶八十四斤十二两，价银十三两二钱二分；叶茶六十一斤十一两，价银一两四钱七分九厘。"这个记载表明,明朝时福宁州就有用于生产白毫银针的芽茶,价格与普通茶叶相比,高出几倍。

白琳工夫兴起于19世纪50年代前后,当时闽、广茶商以白琳为集散地,设号收购,远销东洋,因此闻名于世。原用普通茶叶制造,到了20世纪初,合茂智茶馆充分发挥福鼎大白茶特点,精选嫩芽,制成工夫红茶,其品茶味醇郁芬芳,色泽鲜红似橘,取名"橘红",风格独特,在国际市场很受欢迎。白琳工夫当时能闻名于世,主要是因为它十分讲究鲜叶原料的采摘嫩度,尤其是福鼎大白茶,更要求早茶嫩采;初制工艺中,特别注意控制适度萎凋,以提高鲜爽度,并严格采取轻、重揉结合;发酵讲究温度、湿度、时间;烘焙采用炭火双复焙的方法,并认真掌握火候,力求在透发毫香的基础上保持鲜爽特征。这些工艺特点,对于白琳工夫传统风格的形成有着重要的影响。

莲心茶被俞寿康的《中国名茶志》收入。白琳是福鼎莲心茶原产地,如今已很少生产。据史料记载,莲心茶在清末民初有一些年份曾作为白琳生产茶叶的主要品种出口。其香气清幽,味醇鲜爽,汤色黄绿澄鲜,芽叶柔嫩多毫,外形细紧纤秀,外销东南亚一带,深受消费者喜爱。莲心茶对鲜叶品质要求很高,清明前开采,要求芽叶细嫩多毫,叶薄而软,节短,经萎凋、杀青、揉捻、初烘、再烘五道工序制成。以莲心茶薰窨茉莉花,称"茉莉娥眉""茉莉秀眉",亦为花茶上品。

质量过硬,自然供不应求,各地茶商纷至沓来,因茶而兴的福鼎西部点头、白琳、磻溪各乡,真是"人行路中,茗香扑鼻"(《福鼎县乡土志》),以致"各乡之拥巨赀开高第者,半由茶叶起家。白琳为闽、广客商荟萃地,尤属茶市中心。本邑凡百销场之喧寂,悉视琳山茶利之赢亏,其关系重有如此者"(民国《福鼎县志·地理志》)。白琳茶业的兴衰成为福鼎经济的晴雨表,其支柱产业的地位丝毫不得怀疑。

据《宁德茶业志》记载,白琳茶叶最早出口销售可追溯到清康熙二十二年(1683),沙埕港设立民用进出口贸易口岸,开始出口茶叶、明矾等农副土特产品。康熙二十三年(1684)海禁开放后,茶叶运输逐渐增多,茶叶生产得到了发展。清嘉庆二十二年(1817),茶叶出口靠人力肩挑,经官道至温州转运至上海,或至福州的洋行出口。清道光二十二年(1842),"五口通商"后,福州、厦门成为茶叶重要出口口岸,白琳茶叶多由南帮、广帮在白琳开茶馆收购,转运至福州。也有上海、福州茶行直接向本地茶商发放货款,预定茶类和数量,按指定地点交货验收,由沙埕港或三都澳转运福州、上海后出口。1899年,三都澳开港之后,成为闽东茶叶的集散地,福鼎茶叶多由三都澳出口。1906年春季开始沙埕与内地通航,每年有15000担之多的福鼎茶叶全部由沙埕港运出外销。

茶叶贸易繁荣,茶商络绎不绝,于是茶栈茶馆林立,以致白琳曾一度流行《白琳茶馆盖路边》等山歌。在白琳集镇，出现不少资本雄厚的茶馆，如吴阿亥的双春隆和袁子卿的合茂智、恒丰泰等商号。据说翠郊大厝的主人吴氏亦是由茶叶贸易起家致富，才有雄厚的资金建设如此华构。福鼎因茶而出现繁荣的码头、港口，有白琳的后岐商港、点头的点头商港以及沙埕港、巽城渡、宝桥渡等。

今天，在福鼎泡一杯依然精妙的白毫银针或白琳工夫，那段温暖的时光清晰可见。

（本文摘自白荣敏《福鼎史话》）

白琳工夫的兴衰

◎ 白 杨

闽红三大工夫红茶——白琳工夫、坦洋工夫、政和工夫,均以地名命名。1981年版《福建名茶》载:"白琳工夫红茶兴起于19世纪50年代前后,迄今有一百三十年的历史。当时,闽、广茶商在福鼎县经营工夫红茶,以白琳为集散地,设号收购,远销重洋,白琳工夫也因此闻名于世。"

白琳工夫的兴起

白琳工夫红茶兴起于1850年前后。清道光年间,欧洲对红茶的需求量增加,推动着工夫红茶的兴起。有一批来自广州、闽南、福州的茶商与国外茶叶的买办联系,在白琳收购红茶。至咸丰年间,白琳的茶叶市场已经成型。同治九年(1869)《闽峤鞧轩录》载:"福鼎县,物产茶。白琳地方为茶商聚集处。"清末名人赵之谦(1829—1884)有诗为证,他在同治元年(1862)六月从福州陆路往温州时经过白琳,写下《自杨家溪至白琳道中得三诗》,其三曰:"白琳村落大,一里为一社。兵民商贾聚,人满居室寡。力觅半间屋,偪仄住吾且。问商来何为,互市货茶也。问兵今何往,瑞安撤回者。余勇失所贾,积威焉可惹? 夥颐集徒党,持刀走挣扎。战不见贼至,劫不在盗下。居人说近事,乍听汗盈把。今宵孤客眠,醒眼看烛炧。"诗句"问商来何为,互市货茶也"写出了当时白琳茶业贸易的兴盛。

20世纪70年代茶叶采摘(傅克忠 摄)

白琳茶园(傅克忠 摄)

《宁德茶叶历史文化》中《闽海关年度贸易报告》一文载,清同治四年(1865)"福宁府产红茶和银针白毫……还有一种绿茶和橘香白毫"。清光绪九年(1883)"谈一下本年度茶叶的普遍质量情况,从水吉和白琳两地运来的一部分茶叶比同种茶叶大

采茶篮（刘学斌 摄）　　　　　　茶叶检剔（傅克忠 摄）

有改善，因此价格也相对高得多，购买这些茶叶的外国人都赚了钱"。1884 年"水吉和白琳的茶叶都有相当的改善，邵武的茶叶稍差一点"。1888 年"从屏南、白琳和沙县地区运来的首批工夫茶质量中上，卖主出价很高……白琳茶福州每担 28—48 两，而 1887 年每担 19—42 两"。1889 年"各地工夫茶的情况如下：白琳地区工夫茶，质量上好，加工精细，冲泡后香醇味浓"。从海关年度报告可以看出，白琳所产的工夫茶品质优、价格高的状况。

清光绪《福鼎县乡土志·商务表》载："白、红、绿三宗。白茶，岁二千箱有奇；红茶，岁两万箱有奇。俱由船运福州销售。绿茶，岁三千零担，水陆并运，销福州三之一，上海三之二。红茶粗者，亦有远销上海。"从中可见，红茶、绿茶的产量高，白茶产量低，详细说明出产茶叶的品种、数量、销区、运输工具。换算后，白茶约 40 吨，绿茶 150 吨，红茶 400 吨，工夫红茶的产量高于绿茶与白茶。

第一次世界大战，欧洲各国战火纷飞，红茶也随之滞销，白琳的茶商、茶农也遭池鱼之殃。《福鼎县乡土志·户口》载："二十年前茶商麇集白琳，肩摩毂击，居然一大市镇。比来亏折者众，开庄采办，寥寥数十家而已。"受国际茶叶市场的影响，白琳工夫红茶产销跌落到谷底。

白琳工夫的生产机构

清代，茶行或茶庄是白琳工夫产、供、销一体的机构。不同时期生产白琳工夫的机构名称与属性不同，著名的有三泰茶庄、车洋馆茶行、祥丰茶庄、胡信泰茶行、张元记（在福鼎城内）等。翁江萧氏三泰茶庄以其雄厚的实力，成为当时闽东极具影响力的茶叶商号，一度风靡上海滩。三泰茶庄经萧氏父子两代人的努力，至清咸丰初年达到了鼎盛。三泰茶庄创始人当为萧正枢。据文献资料，萧氏经营茶叶始于清嘉庆二十年（1805），"泰"即"通"，"三泰"取意收购、茶行、运销三通，寓意财源亨通。

杨仲框创办了车洋馆茶行。闽南茶商和广东茶商在白琳收购茶叶，杨仲框开始介入茶叶生意，待白琳茶叶市场形成时，其经营白琳工夫、莲心茶和白毫银针等茶叶，十分畅销，家业盛极一时。其子杨叔禅与父亲共同经营茶叶，对茶叶经销十分在行。

祥丰茶庄由瓜园村蔡维侧创建。光绪年间一平姓人家在康山王渡头经营茶庄，因经营不善而破产，制茶的厂房被官府没收，给蔡维侧创办祥丰茶庄提供了一个良好的契机。蔡妻丁氏乃当时丁县令的表亲，于是丁县令就让蔡维侧租用平姓人家的厂房开始制茶，厂房共24榴，在白琳是很大规模的茶庄。

胡信泰由胡邦彦创办，当时产量规模堪称最大，生产的红茶有一段时期专门销往香港。

民国时期，生产经营茶叶的机构一般称茶馆，与清代的茶行、茶庄大同小异，著名的有双春隆、合茂智、恒丰泰、广泰等。吴观楷先是创办玉琳茶厂，后来茶叶生意做得越来越大，创立双春隆茶行，1941年，还兼经营另一茶行第一春举行，两行注册资本金达1万1千元，列福鼎茶行之首。他曾在大马路兴建大宅，盛极一时。

袁子卿祖籍柘荣乍洋溪口。少时家贫，偶然机会得了一些小财，勤奋努力，经营茶叶发家。20世纪20年代，从玉琳古街大马路的车洋馆处购得茶行，更名为合茂智茶馆。他把白琳工夫的原材料白琳菜茶小叶改为福鼎大白茶，使茶的品质超过安徽祁门红茶，并改名"橘红"。

恒丰泰茶庄成立于民国初期，在福鼎与双春隆、恒春祥茶庄率先摆脱了广商和南商各洋行对茶叶的垄断，把茶叶远销到东南亚，成为福鼎茶叶品牌中的佼佼者。恒丰泰茶庄的产品拥有独立包装，还自主发行茶叶辅币，在福州、杭州开设茶叶旗舰店等，成为民国最著名的茶庄之一。

康山的广泰茶行就是民国的同顺记茶行，白琳当地人依然称呼广泰，1950年其原址曾作为福鼎茶厂，1953年为白琳茶叶初制厂。初制厂由中国茶叶公司福建省公司建立，砖木结构，四面交井明楼建制，门楼楼坊式灰泥建筑，设有翘檐，门头坊正中塑五角星，留"中国茶业公司福建省公司白琳初制厂"字样。门楼在2006年被"桑美"台风毁坏。

民国时期，白琳工夫制作都是靠人工。新中国成立后，生产白琳工夫的单位主要有国营福鼎茶厂、茶叶收购站（茶站）、白琳

茶庄银票（辅币）

白琳工夫茶叶

茶叶初制厂。白琳初制厂配置了机械设备,有克庞伯揉捻机、自动干燥机、解块机各1台,小型白井式揉捻机4台,12匹发电机1台等。技术工人大部分是民国时期白琳和点头大茶商里的茶叶审评师和制茶师,也有来自浙江的绍兴和福州的制茶师,还有来自瓜园、翁江、贵坪、溪坪、下炉、玉琳街的工人。吴立通、魏宝全、陈延策和王奕森等都是第一批技术生产工人。

1959年,白琳工夫以优质上乘的品质荣获全国红茶质量优胜红旗奖,达到了巅峰。

20世纪60年代末,白琳工夫式微。该茶原来主要销往苏联,中苏关系断交后导致茶滞销;加上茶叶等农产品被限制出口欧洲各国,生产的红茶停留在上海等码头。为了销售茶叶,国营白琳茶厂改生产绿茶、白茶等。1970年福鼎全县"红改绿",绿茶与茉莉花茶成为主角,红茶没有销路,渐渐淡出人们的视野。80年代,白琳工夫商标被四川一食品公司注册,几经努力,福鼎茶业协会才得以夺回商标权。

盛世茶兴,随着福鼎白茶公共品牌的兴盛,白琳工夫也逐渐受到茶人的关注。白琳的茶人正在努力,传承白琳工夫的红茶工艺,让老品牌得到更好的发扬。

橘红

福鼎茶人在创制过程中不断发现新的红茶制造品种和工艺,合茂智茶行老板袁子卿就是代表人物,他发明的橘红为白琳工夫之精品,可谓最高等级。

1930年,袁子卿在销售白琳工夫时,发现福州高丰茶行老板吴少卿选购的安徽祁门红茶色泽鲜红、茶味醇郁,比白琳工夫品质更胜一筹。袁子卿认为祁门红茶品质好应该得益于茶树品种,与茶树生长的土壤和气候等因素有关,由于当时红茶主要以福鼎土茶作为原材料加工,福鼎红茶品质无法与之相比。一次,袁子卿回白琳收购红茶时,遇到白琳翠郊茶贩吴德康把摊在一处变红的白茶青拿来出售,富有经验的袁子卿见茶发红色泽近似于祁门红茶,喜出望外,全部收购了吴德康的茶叶,开始自行以白茶鲜叶研制工夫红茶。他选择福鼎大白茶作为原料,放在日光下晒,经萎凋六七成干后,就用双手搓揉,使茶青变软,搓成固块,放置茶篓内,并用茶布袋覆盖。经发酵三四小时后,再取出抖落散开,继续晾干。整个制作过程仍按工夫红茶工序进行,只是生产的原料用福鼎大白茶。袁子卿把以大白茶研制的工夫红茶运到福州销售,大受外商欢迎。

上海华茶公司于1934年来到白琳监制工夫红茶制作,把它定名为"橘红",代表白琳工夫高级茶的独特风格。

茶船古道

  茶叶外销，运输十分关键。明清时期，依靠古官道肩挑人扛，茶叶销量有限，海运就能大量地销售。沙埕港在明末清初就是商港，但是，白琳茶叶运到沙埕港必须经过内海小船运输。后岐码头距白琳只有5华里的路程，从白琳收购的茶叶肩挑人力车运很便利，后岐因而成为商港。

  茶叶是白琳特产，每值新春，必有来自泉州、厦门的客商（称为"南帮"）和来自广州、香港的客商（称为"广帮"）与当地茶商一同设馆制茶。1937年，出口茶叶多达6万余担，都由白琳后岐中转外销。清末至抗日战争全面爆发前夕，是白琳后岐码头发展的全盛时期，磻溪一带8个重要村落的农民，出产大量竹木和茶叶，在年节到来时云集于港，待运出口。

  茶叶输出后回流的资金，精明的商人从上海、江苏、浙江等地运回白琳人需要的百货，从福州、广州、闽南运回南货，这些货物都是在后岐码头上岸，码头因此更加繁荣。

  茶马古道走的是陆路，茶船古道走的是海路，白琳是茶叶集散地和产区，以船为起点通往世界，一直延续到20世纪50年代白琳通公路后才改汽车运输，码头从此渐渐退出历史舞台。

车洋馆

> 杨炎森

车阳村居民杨氏居多。杨九公自明代洪武年间迁入白琳湖头村,至十二世杨德龙从湖头村搬迁至车阳,经十三世杨景淑、十四世杨献裔、十五世杨大巍、十六世杨世隽、十七世杨孟朴几代人的艰苦奋斗,杨氏在车阳村逐渐兴旺。至十四世杨献裔已发家,购置田园、山地,种茶、种粮。十五世大巍已是一方地主。传至十七世杨孟朴,杨氏家族已经积聚较多的财富,并从车阳村迁居白琳街。清乾隆年间杨孟朴在白琳老街开有很大的店面。据《弘农郡杨氏宗谱》记载:"杨孟朴……一店基壹透在白琳下街前至大街,后至杨府爷坎下,东至加修店墙界,西至玉丰己店壁界,例年地基租大洋壹拾伍元正。"

道光年间,闽南茶商和广东茶商在白琳收购茶叶,时机巧合,已经是雄极一方财主的杨孟朴第三子杨仲框在白琳有很多门店,他介入茶叶生意,创办茶行,因来自车阳村,故名"车阳馆"。杨仲框与弟弟杨仲模经营白琳工夫、莲心茶和白毫银针等茶叶,十分畅销,家业盛极一时。

杨仲框(1793—1883),字得钰,号正斋,六品州同(例捐)。杨仲框茶叶生意顺风顺水,资金不断积累,热心慈善事业,被荐任为白琳慈善总会的理事长。白琳至霞浦古道的里溪头桥立乐助碑,时至今日,碑文上有杨仲框总理事的铭文。白琳大帝宫也是在杨仲框的倡导下建设的,大帝宫建设资金由白琳茶商和望族资助,分十甲,

章隽赠给杨仲模的牌匾(杨应山 供图)

杨仲框就占二甲。

杨仲框有两个儿子，长子杨叔禅，次子杨叔契。杨仲框的弟弟杨仲模与杨叔禅被派去福州经营茶叶生意。

杨仲模（1795—1875），字得规，号楷亭，例登仕郎，进入福建省府衙门。1865年，杨仲模七十寿辰，福建省提督章鋆为杨仲模送寿匾，为"椿庭爱日"，上款"钦点状元及第提督福建全省学政翰林院侍讲上书房行走随带加一级章鋆"，下款"七十寿职员杨仲模同治叁年岁次"。匾的工艺精美，四角有蝙蝠，字用的是堆灰金砂，底衬有用水银玻璃制作的兰竹。该匾2012年从车阳村老厝被盗，2021年12月追回。

车洋馆茶叶经营顺风顺水，销售渠道畅通。杨仲框兄弟不断扩大生产规模，在车阳村建起13榴东西走向的木屋，经第一次火灾后，又在原地基盖起14榴房屋，供春季制茶用，不幸又遭遇回禄。至今，村里流传杨氏建房的故事。

杨仲框十分重视子孙的教育，设族塾延聘教师教授子女，培育后代。其长子杨叔禅（1818—1867），字其缁，号鞞山，咸丰九年（1859）例加四品都司；次子杨叔契（1835—1888），郡庠生，二十二岁考取府学第一。其四个孙子杨季榆、杨季芳、杨季璜、杨季灏皆考取功名。长孙杨季瑜（1849—1899），又名秀彬，号梦梅，贡元，同治庚午府学第一名，娶翁江萧功达之女。杨家与翁江萧氏结为亲家，萧家三泰茶庄在上海经营茶叶生意，两家在茶叶经营上相互照应。杨季瑜文采出众，曾与孔昭淦等一同担任文昌阁教席，著有《一笑楼诗草》。杨季芳（1852—1900），字可芬，号梦阑，名秀春，郡庠生。杨季璜（1856—?），名秀涛，子可望，号梦熊，太学生。杨季灏（1864—?），名秀南，字可东，号竹苍，太学生。一段时间内车洋馆内杨氏子孙皆秀才，因此达官贵人登门拜访络绎不绝。车洋馆还成为车阳村驻白琳的办事机构，也成为白琳茶市著名的茶馆。

鸦片战争后，白琳经济因为茶叶得到快速发展，也带进了鸦片毒品，一时间白琳的鸦片馆开张，官宦子弟、富商子女、秀才文人等浪迹其中，杨叔禅、杨叔契与杨季瑜、杨季芳、杨季璜等不同程度沾染了毒品。

鸦片与赌场是相生相伴的，白琳大帝宫因杨仲框倡导建成，杨叔禅、杨叔契把大帝宫当成赌场，日夜开张，很快把杨氏祖辈经营的基业和资产败光。据传，杨氏子孙中个别人等因吸食鸦片，走路摇摇晃晃，路上有银圆可捡也无力弯腰去捡。

1930年土匪何金标一把火把车阳馆化为灰烬，杨氏子孙把地产卖给袁子卿，这片土地上由此建起了合茂智茶行。

祥丰茶庄

🍃 蔡丽娟

祥丰茶庄，又叫洋中茶馆，位于康山王渡头，创办人为蔡维侧。据瓜园《济阳蔡氏宗谱》载，蔡维侧（1850—1903），号侍卿，清光绪年间武生，白琳瓜园人，幼嗜诗书，家贫不能读师塾，成年后一直以未读书为憾，经常对人说："人生斯世，负此七尺，弗克以功名显，徒积千金产作守财奴，何为？"乃从吴钧堂前辈学习武艺。吴钧堂为霞浦县名师，武艺冠绝，平时进门经常破壁飞过去。蔡维侧先生身躯伟岸，勇力过人，吴钧堂一见大奇之，尽授其技艺，所以刀、盾、骑、射靡不精绝，县府比试名列前茅，第二年为武庠生。蔡维侧年方壮岁，有弃儒请缨之志，连赴秋闱三科考武举人。

白琳盛产茶叶，有悠久的制茶传统。光绪年间，白琳平厝里一平姓人家在康山王渡头经营茶庄，因经营不善而破产，制茶的厂房被官府没收，机缘巧合，给蔡维侧创办祥丰茶庄提供了一个良好的契机。蔡妻丁氏乃当时丁县令的表亲，丁县令就让蔡维侧租用平姓人家的厂房开始制茶，厂房共24榴，在白琳属于很大规模的茶庄。蔡维侧经营有方，茶叶质量上乘，销量不断增加。几年后以很低的价格买下厂房，创建祥丰茶庄。祥丰茶庄主要制造红茶和绿茶，原料均是白琳特产福鼎大白茶。红茶是白琳特有的白琳工夫茶，纯手工生产，经自然发酵后烘干，制成茶砖远销英国。绿茶是祥丰茶庄的特色茶——莲心茶，选用明前的茶叶做原料，经十几道工序加工而成；莲心茶色泽鲜绿，茶味清香，深受顾客好评，远销新加坡等地。蔡维侧若干年的顺当经营让家产日丰，便在离瓜园不远处的洋中买下大片土地—东至大官道，西接瓜园，南至百步溪，北至山丘，置房产25榴。清光绪二十五年（1899）福鼎域内不太平，丁县令为保卫家乡，下令各区设立民团，蔡维侧被推举为白琳区团董，蔡维侧力任其事，查户口、置器械、练团丁，稽查严密，毋少懈，鼠辈闻风远避，地方赖以安堵。光绪二十九年（1903）蔡家长孙蔡乃仓完婚，当天宾朋满座，鼓吹盈庭，蔡维侧端坐而逝。

蔡维侧年老时，便把生意给长子蔡德教经营。蔡德教（1868—1951），清末秀才，无心经营茶庄，便把茶庄内主要的事务交由同族兄弟蔡德理管理，经营由同族蔡维露打理。民国年间一场大火，把瓜园洋中的房产化为灰烬，大大地重创了蔡家的根基（洋中房产如今只剩部分的围墙，还依稀可见当年的风采）。随着蔡维露与蔡德理自立门户，祥丰茶庄衰败下来。对茶叶经营不上心的蔡德教，其人品却被村民津津乐道，至今还有人感激他。在瓜园有一句俗语"秀才不知秤花"，说的就是蔡德教。他为人豪爽，与人为善，村民向其交租，从来不过秤，于是便有此一说。蔡德教还乐于助人，茶庄中有一雇工得病，脚上生疮流脓，无人照料，他便为他寻医治疗，并细心照料他的生活起居，经年之久治愈后还为他张罗娶妻。于是村里还有一句俗语"秀才为人提尿壶"。

在白琳，瓜园蔡氏经营的茶庄有好几家，祥丰茶庄只经历了两代人，但培养技术精湛的茶技师很多。土改时白琳茶叶初制厂里的茶技师很多都是瓜园蔡氏的人。祥丰茶庄的厂址在1956年曾经作为白琳纸厂的厂房，开办几年后倒闭了，现在还作为民居，有人住着，但规模只有原来的五分之一。民国年间洋中房产失火，蔡德教茶叶生意衰败，便用茶庄房子拆掉后的木料建起洋中住宅的总厅。

洋中蔡氏对茶叶的热爱并没有因一时的茶庄生意失败而衰退，蔡德教曾孙蔡尔缠，在改革开放后又重新开办茶厂，创办白琳茶苗良种场。其培育的茶苗品种，除传统的福鼎大白茶、福鼎大毫茶外，还有福建省茶科所新培育的金观音、黄观音、黄牡丹，以及外省的安吉大白茶等。

双春隆茶行

◎ 白 杨

民国时期，说起"阿亥"，不要说白琳，就是福鼎，也是无人不知无人不晓。因他还留下了经典的比喻败家子民谚："你有阿亥的世事（资产），也会被吃空的。"

阿亥何许人也？本名吴观楷，字世和，也叫白琳亥，民国时期福鼎著名茶商，磻溪黄岗村蛤蟆座人，生于光绪乙未年（1895），从1930年开始经营茶叶。

1941年，福鼎县对全县茶商进行登记。在福鼎档案馆中查找茶行的登记表，双春隆茶行的主体人是吴世和，注册资金6000大洋（其他大多数从1000—5000元不等），注册地在白琳。据吴氏后人说，登记表格中另一茶行第一春（位于统坪顶，后成为供销社的土产收购点），主体人是吴安兰，实际控股也是吴世和。吴安兰是吴世和的堂弟。

第一春茶行前身是福鼎县示范茶厂，是时任福建省茶叶管理局局长庄晚芳派梅筱溪到福鼎创办的茶厂。因种种原因一年后停办，吴世和就把原厂址收购，变成其另一个茶行。

吴世和小时候上过几年私塾，1910年9月来到白琳。最开始在杂货商店做工，替老板打下手，因为天性聪颖睿智，且办事十分用心卖力，看店、记账、进货等，样样娴熟自如，深得老板喜爱、器重和信任，18岁以后，阿亥已是一位"金牌"雇员，布店、药店、当店、钱庄的聘约纷至沓来。白琳是茶商聚集地，有了原始积累，吴世和从他人手中盘下茶叶加工厂，取名为玉琳茶厂。

20世纪20年代，白琳茶叶主要销往福州，吴世和与福州福鼎茶叶商会的陈炽昌、梅筱溪交往较深，他经常到福州经销茶叶。一次偶然的机会，遇上国外茶商，要直接从吴世和手上购买茶叶。在签订合同前，对方需要看吴世和的实力。吴世和与翠郊古民居的主人是堂兄弟，连夜派人先期到翠郊洋里做好准备工作。几天后，吴世和陪茶商到古民居考察，茶商直接跟吴世和签订购销合同，省去当时茶叶必须经过洋行一步，得到最大利润。

1930年土匪何金标劫掠白琳，大马路一带房屋遭回禄夷为平地。吴世和把土地购买后，创办双春隆茶行。

双春隆茶馆有几个茶叶审评师，其中最著名的是吴观箫（后担任白琳茶站站长）。

福州会馆陈炽昌（右二）、梅筱溪（右一）、吴世和（左二）等人合影

自从茶叶有了销路，吴世和派评茶师、制茶师在磻溪黄岗，点头柏柳、翁溪等村收购茶叶。翁溪汪家洋村是福鼎大毫茶发源地，刚开始时大毫茶制作成白毫银针产量很少，但滋味香气都比菜茶制作的银针优点多。吴世和每年春茶开始时，就全部采购由大号茶（即福鼎大毫茶）制作的白毫银针。最初用来拼配菜茶做的土针，俗称"撒面"。一次偶然的机会，吴世和与制茶师把"撒面"撒在白琳工夫红茶上，品饮后滋味、香气与平常截然不同。经客商认同后，其创制少量白毫银针与白琳工夫红茶一起调饮，以致欧洲贵族在泡饮红茶时，加入少量白毫银针以示珍贵。

双春隆茶行的茶叶生意越做越大，茶叶分别来自白琳、点头、磻溪、管阳、太姥山等地。茶叶销往日本、欧洲、港澳、东南亚等地。有一批茶叶在1949年销往香港，因战事没有取回银票，吴世和的后人在20世纪70年代还到香港找寻。

双春隆茶行在每年茶季初时，还发行茶行专属银票，以弥补毫洋、铜圆之不足，作为向农户收购毛茶、发放拣茶工人的工资。

吴世和除了创办双春隆外，还涉足药行。白琳最著名的药行平安堂于1936年由吴世和创办，1944年定为平安堂，1956年公私合营时盘点合资经费在全市药行中最多。

广泰茶行

> 刘经风

1941年，福建省建设厅茶叶管理局要求经营茶业者登记造册，福鼎档案馆的登记表中唯独缺了广泰商号。广泰在白琳名气很大，怎么会漏登记了呢？原来广泰茶行包括同顺泰、同顺记2个商号，其主体人分别是詹振班与詹家镕；而广泰是广州同顺泰在白琳设的收购茶叶点的简称。广泰茶行原来在康山（后为白琳茶厂）是詹振班、詹振步兄弟创办的。

詹振班（1894—1933）、詹振步（1896—1964）祖籍翁江小弯，自小在白琳茶行打拼。民国初年，詹振班兄弟在自家茶园救起因水土不服而晕厥的广州茶商吴天恒，彼此成了莫逆之交。吴天恒茶叶生意做得很大，经营闽红（白琳工夫）、白毫银针、绿茶等，把茶叶销往欧洲及东南亚。詹振班、詹振步与吴天恒合作，创办广泰茶行在白琳负责收茶，把好质量关，吴天恒派得力助手曾镜银（绰号阿炮）长期驻扎在白琳。

经过3年的经营，广泰茶行发展很快，詹振班与詹振步分开经营，詹振班在康山老厂，詹振步在白琳石门头购置房产，扩大生产，茶叶生意做得风生水起。

由于詹振班脑子活络，爱结交朋友，花钱大方，在福州商界都出了名。詹振步常常劝诫哥哥："钱要省着花，不能花天酒地，不要参与赌博。"詹振步节俭低调，发财后不单经营茶叶，还做起油行。

1933年，詹振班从福州乘船回福鼎，一个远房亲戚带着人问能不能搭便船，詹振班不知自己已经被人盯梢，当船开至一半路程，在深夜惨遭

广泰茶行大门

旧茶厂原址

民国闽红 　　　　　　　　　　　　同顺泰内庭

同顺泰大门 　　　　　　　　　　　同顺泰后门

杀害，银圆被劫。此后，其茶行由儿子詹家镕担任经理。

1941年，詹振步注册成立同顺泰茶行，茶行在石门头。2021年现居住者在改造装修旧屋时，发现靠西面的一堵墙上糊着民国的报纸，留有"闽红茶叶、中茶公司"字样，还有一张英文报纸上登有肯德基等字样。

三块大石块做成石门，"石门头"地名由此而来。土改时，茶行被没收，成为乡财政所，分给贫下中农住宿。茶行西侧房产先后成为白琳大队、印刷厂等。1958年台风来临，大门被毁，又从杨府爷宫搬来三块石头作为门头，有一副对联"福我万千家宫开仁寿，佑民数百载洞溯灵岩"镌刻其上。

康山的广泰茶行就是民国的同顺记茶行，白琳当地人依然称呼广泰，1950年曾作为福鼎茶厂，1953年为白琳茶厂。

恒丰泰茶庄

白 杨

白琳的瓜园村，距离白琳集镇5华里，风景迤逦，一派田园风光，人称"水木山庄"。村民大多姓蔡，历来以种茶为生，许多茶农都掌握种茶、茶叶粗加工等技术。

1916年，白琳瓜园村蔡维露创建茶馆。1921年，蔡维露与蔡维照、蔡维自、蔡维举四兄弟在白琳共同创办茶庄，正式命名为恒丰泰茶庄。兄弟们商议后立下规矩："义有所利则取而均之，事有所难而身而任之，不以分居而有异也。"这也成为恒丰泰茶庄的店训。

蔡维露（1879—1940），字斯湛，号雨田，家有五兄弟，排行老三。早年跟随族中兄弟蔡维侧在祥丰茶庄从事茶叶经营，是祥丰茶庄的主办。他业务能力极强，记忆力惊人。据传，在一次收购茶叶时，因记账师还没到位，送茶叶来收购者络绎不绝，他连续秤了18箩筐的茶叶，筐筐茶叶的数字完全记在脑海里，过后每一秤除去箩筐的皮重，一一把数字读出，毫无错漏，令人信服。

清末民初，白琳茶叶销售的方式大多是茶商向洋行或大茶行承包制造的精茶（成品茶）运往指定港口交货，由洋行、茶行外销港澳及欧美。茶叶的运输途径主要通过海路运输，1906年沙埕港开通，与福州、上海通航后，白琳的茶叶都由后岐码头上船运至沙埕港，再运往福州。英商义和洋行以150吨位轮船在沙埕港垄断经营运输业。恒丰泰茶庄创办不久，茶庄的茶叶由洋行收购。各个洋行为了自身利益，有意压低茶叶价格，故意推迟茶叶的收购日期。眼看雨季将至，以茶为生的茶农叫苦不迭。蔡维露决定召集另外两大茶商双春隆和恒春祥，共同收购白琳茶农的茶叶，摆脱洋行的控制，自主经营，冒险出海下南洋。大家齐心协力，组结20余人，共同起航下南洋销售茶叶。经历巨浪险礁的海上漂泊，一行人终于到达马来群岛，此行获利甚丰，为恒丰泰茶庄的发展奠定坚实基础。恒丰泰茶庄等把茶叶直接销给东南亚华侨，成为福鼎茶叶直接外销的先行者。

恒丰泰的二当家蔡维自（1885—1936），字斯行，号束卿，家中兄弟排行老四。蔡维自在茶庄中主营销售，自打开东南亚销路后，蔡维自押解茶叶出海销售，或者在外经营茶叶，回家第一件事就是把销售所得的银两抬到祠堂总厅，召集恒丰泰所有股东与加工茶技师等,对获利的银圆进行清点,按约定进行分红。

在瓜园村,至今传扬着蔡维自敢于担当的故事。1932年3月,土匪厉木恭劫掠白琳,抓掳人质。见蔡姓族人被抓,蔡维自挺身而出,对土匪说:"他们的家里有钱赎回人吗?要抓抓我。"土匪见蔡维自器宇轩昂,似有钱人,便把他掳为人质。在匪窝蔡维自据理力争,后匪徒从蔡维自身上搜到一些银两,找不到更多的银两,才释放他回家。

蔡维自长期在外经商,有幸得遇民国高僧印光法师。他敬仰、师从法师,从此一心向佛,将自己感悟"买田买地,不如建寺"告诉族人,参与建设"永安寺",后逐渐淡出茶叶经营。

蔡维举(1892—1965),字斯案,号齐卿,在蔡氏兄弟中排行老五。在恒丰泰茶庄里,蔡维举长期在两个哥哥手下做事,耳濡目染使其成为一个善于经营品牌的茶庄主。1939年,民国福建省政府实行茶叶统制,购买毛茶须携带营业许可证,经登记的茶商得到贷款后,以预购定金的形式发给茶贩,而茶农生产的茶叶必须卖给商号,商号则按省茶业管理局核定的茶类准制箱数进行产制。蔡齐卿成为法定代表,属华联公司下属的企业,恒丰泰注册资本金为5000两,成为全县注册资本金是第一等级的茶庄。

蔡维照(1877—1934)家中排行老二,因大哥蔡维州在就去世,从青年时起就担负养家糊口之责。茶庄成立后,以管理内务为主。

蔡家兄弟打开东南亚的茶叶销路后,从外销赚取大量钱财,在村中大兴土木,除了原有恒丰泰老宅外,新建"上新宅""下新宅"和"永安寺"。

据相关记载,恒丰泰茶庄从茶农手上收购毛茶后,要经过审评、精制、再烘焙包装等工序,需大批工人师傅,茶庄在册登记的有制茶师(包括检验师)13人,茶叶加工55人,女捡茶工100多人。

蔡氏兄弟十分注重家庭教育。恒丰泰兴盛时期不忘办私塾教育子弟。据《蔡氏宗谱》载,蔡氏后人在民国时期不少人读中学、大学,每个儿孙辈都写得一手好字,从事医学、科学研究和当公务员者人数不少。

1943年9月,大刀会匪首齐聚白琳,县长王道纯派军事科科长康捷成率带一个中队,配备机枪两挺并短枪队

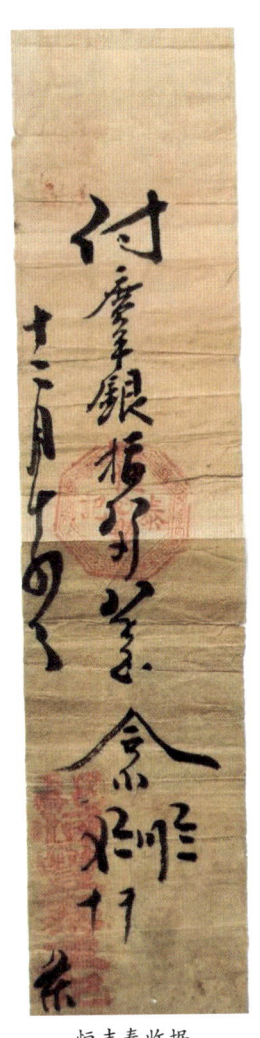

恒丰泰收据

30名驰往白琳清剿，走到百步溪的百步亭门口，康捷成被刺死，惊动福建省政府，派出大军剿匪，还怀疑大刀会与瓜园村民有瓜葛，清算时恒丰泰的上新宅与下新宅同时遭受火灾。茶庄多人无家可归，纷纷搬迁到亲戚家中，恒丰泰茶庄元气因此大伤。

新中国成立后，茶叶属于国家二类物资，由国营茶厂统一经销，恒丰泰茶庄的商号渐渐被人淡忘。

如今，随着福鼎白茶的兴起，蔡氏后人复举恒丰泰的品牌，传承制作白琳工夫、白毫银针、莲心茶、猴毛茶技艺。

恒丰泰包装盒

蔡维露兄弟和开创者"为己利，为乡农利，亦为天下义"的商业精神，带动周边茶农们兴茶致富。有诗为证：

青山碧水瓜园秀，深根固柢乡土情。
先祖厚德载岁月，后世敦勤写春秋。

林仁记茶号

高周光

白琳盛产茶叶，加之地理区位和交通枢纽的优势，清中叶，广帮与南帮在白琳开茶馆收购茶叶。白琳集镇在清末至民国鼎盛时期共拥有36家茶馆茶行，很快成为茶叶重镇、茶叶集散地。大部分茶馆茶行集中在玉琳老街，其中就包括林仁记。

林仁记创始人林宋益（1879—1915），磻溪镇炉屯村樟柏洋人（20世纪60年代前隶属白琳），娶磻溪黄岗周氏。林氏祖辈在福鼎磻溪、白琳种植茶树、采茶制茶，并肩挑茶叶远走他乡兜售。林宋益早年为白琳茶商双春隆茶行创始人吴观楷收购磻溪片的茶青，有一回到家后发现结账数目不对，吴观楷多给了银圆，连夜徒步翻山越岭送回白琳。因其为人诚实、本分，做事勤勉，账目清晰，深得吴观楷信任，后来委以重任，专门负责茶叶运送事宜，组织挑工将茶叶从后岐码头经沙埕港到福州马尾码头，再乘船下南洋。吴观楷还将自己的妹妹嫁给林宋益的儿子，两家亲上加亲。彼时，中国近代著名海军将领萨镇冰任海军提督，林宋益常年在马尾码头中转茶叶，两人因此结识并有交情。

经过多年的打拼与积累，林宋益于民国创立林仁记茶号，自此与双春隆成为商业合作伙伴。凭借独到的制茶工艺和诚信经商的良好口碑，林仁记跻身36茶馆之列，迈入鼎盛时期。

林宋益老宅

萨镇冰送的牌匾

林宋益去世后,由夫人周氏继续经营茶号。

林仁记是福鼎茶业贸易发展史的书写者和见证者之一,至今已有110多年的历史。与百年老字号茶号一起留下来的还有一座百年老宅院,三进合院,占地5000平方米,保存完好,坐落于炉屯柏洋村。老宅厅堂的正上方挂有一块匾额,上书"松贞柏寿",是萨镇冰为贺林府周老夫人五十寿诞送的寿匾,落款1928年。萨镇冰为福鼎及福鼎人所题的字仅有4处,林府寿匾是其一。

当家周氏教导子女及后生晚辈诚信为本,与人为善。社会动荡的年代,林家常接济乡邻、收留难民。

2017年,林仁记茶号传承人叶茂胜在林氏祖宅(炉屯)成立福鼎市寿源茶业,集茶业生产、加工、销售及茶文化传承为一体,拥有数百亩高山茶园,在全国多个省份设有分号。

林仁记茶桶

(本文根据林丽基、叶茂胜口述整理)

陈长春号茶行的沿革

陈婉如

陈位坦：创办陈长春号茶行

陈长春号茶行创办者陈位坦，生于清光绪二十一年（1895）。陈位坦年少时跟随父辈种植福鼎大白茶，学会压条培植茶树；年龄渐长，拜白琳茶师学制绿茶、白茶与红茶。

清代白琳就是茶叶集散地，广州、闽南、福州茶商汇集白琳采购茶叶。其有幸结识广州茶商伍列通，对方见陈位坦茶树种植、培育、制作茶叶样样皆能，嘱其自创茶号，包销陈位坦生产的茶叶。陈位坦于1924年在白琳创办陈长春号茶行，茶叶销往广州、香港等地。

陈长春号印

1928年，正当陈位坦茶叶生意做得顺风顺水时，莲心茶畅销，伍列通头一年大量预订莲心茶，不意陈长春号管家叶雄礼起歹心，头春刚结束，就把他人的莲心茶运到广州，广州的茶商以为是陈长春号的茶叶，照收结算。待陈位坦把茶叶运到广州时，伍列通说"茶叶已经收购并付款结算"，还把单据拿给陈位坦看。陈位坦方知出现内鬼，茶叶变卖无人要，亏了巨资，自此陈长春号渐渐衰败。所幸一门手艺尚在，回乡后把一生技艺传给家中兄弟。因儿子陈崇某年幼，待其年纪稍长，从其叔伯父处传得衣钵，使得种茶、制茶技艺得以传袭子孙后代。

经历了开办茶行的挫折，陈位坦身心俱疲，不幸得病，1940年撒手人寰。

陈崇某：东方红茶厂的制茶师

陈崇某，又名陈从亩，生于1933年，因早年丧父，尤其懂事，年少时读过几年私塾，年长后跟随叔伯父学种茶、制茶技艺。陈崇某年龄虽小，但学习种茶、制茶技艺有特殊兴趣，对制茶工艺尤为上心，很快就掌握红茶、绿茶、花茶生产技术要领。

1952年，陈崇某向亲戚朋友筹措资金，提供股金2万元，加入点头供销合作社，成为供销社一员。

20世纪60年代末，福鼎县要求大幅度增产茶叶产量，各人民公社掀起开辟茶园种植茶树的热潮。点头公社也不例外，每个大队都开辟大量茶山种植茶叶，茶叶采摘后由大队茶厂加工制作毛茶，再给国营茶厂收购。点头公社的东方红茶厂应运而生。当时，福鼎域内在民国时期有名气的制茶师都在国营茶厂上班，东方红茶厂招收技术工人给陈崇某提供了契机。

1966年的茶票　　2万元股票

陈崇某为自己成为一名制茶师感到无比的骄傲。1972年，陈崇某离开供销社，与堂弟陈宗守在东方红茶厂一起负责茶园管理并担任制茶师。

陈崇某兄弟在东方红茶厂工作20年，平常虚心向福鼎国营茶厂的名师学习，积极参加上级部门组织的各种茶叶生产学习班，不断提升自己的制茶水平，掌握了各种茶叶制作的工艺。陈崇某兄弟俩在东方红茶厂恪尽职守，尽心尽职，直至1991年茶厂因茶叶市场放开体制转变而解体。

陈侯增：坚守传承茶技艺

陈崇某之子陈侯增，生于1957年8月。少时耳濡目染父辈们种植加工茶叶，掌握了种茶、制茶技术。20世纪70年代，陈侯增在点头观洋村的集体茶场当管理员，注重茶树种植、养护与管理，茶园管理水平在同行中处领先地位。

随着改革开放大潮的到来，1984年全国茶叶市场放开，村集体茶园被承包了，陈侯增自己开辟荒山与自留地，种植上茶树，茶树品种有福鼎大白茶、福鼎大毫茶、福鼎菜茶以及歌乐茶等。由于在村集体茶园工作，积累一套茶树、茶园管理的丰富经验，种茶技术应用娴熟，很快拥有高品质的茶园十多亩。

2000年后，陈侯增在村里办起茶叶加工厂，制作烘青绿茶、白茶、白毛猴，产品质量优良，受到客户们好评。近年来，福鼎白茶兴起，陈侯增潜心白茶制作技艺，在白茶制作加工技艺精益求精，传承祖父辈的制茶工艺。

大廷茶仓：陈长春号的延续

陈长春号传至第四代——陈廷（生于1986年9月），他自幼跟伯父陈侯增学习制茶、种茶技艺，致力于传承和研究福鼎白茶制作技艺，在白茶加工及产品提香创新领域积累了丰富经验。

2014年，白琳镇在白琳隧道口开辟茶叶加工区。2018年，陈廷在茶叶加工厂置地办厂，创办福鼎大廷茶叶仓储有限公司。大廷茶仓取"大正之象，耀世明廷"之意，是一家以茶叶加工与收储为基础，集产业服务、品牌运营、文化推广为一体的新型茶企。大廷茶仓传承陈长春号的精髓，重视源头与技艺研究。

大廷茶仓生态茶园位于太姥山北麓，面积1200余亩，海拔300米以上，茶园生态链完整。茶园有独特的山林气场，漫射光多，能促进茶叶氨基酸等的合成，形成非常有利于茶树生长的小环境；加工的茶叶沾染着独特的山野气息，口感醇厚之余，还伴有显著的花香蜜意，令人一饮难忘。

民国时期的白琳茶馆

🍃 杨应杰

民国时期，白琳人都称茶行为茶馆。茶馆相当于现在的公司，从采办新鲜茶叶，到生产加工，到销售及资金回笼一条龙。1939年，国民政府实行茶叶统制，购买毛茶须携带营业许可证，经登记的茶商号得到贷款后，以预购定金的形式发给茶贩，而茶农生产的茶叶必须卖给商号，商号则按省茶业管理局核定的茶类准制箱数进行产制。销售经营权统归省茶业管理局。

福建省政府建设厅茶业管理局茶贩申请登记表							
姓名	籍贯	年龄	住址	茶号雇用或私人营业	雇用茶号	经营年数	经营地点
审核结果			核许号发可营业证数				

上列各项确系实情，附缴二寸半身相片二张，恳请准予登记给证营业，谨呈福建省政府建设厅茶业管理局。

申请人：（签名盖章）

证明人：（保董或甲董签名盖章）

民国　年　月　日

白琳的茶馆究竟有多少？有人云24家，有人云36家。现以周瑞光先生在福鼎档案馆查找统计数据为准（详见本书《抗战时期白琳茶的畸形繁荣》一文表格）。表内列有白琳茶行34家，但不包括梅伯珍的示范茶厂和詹进步的广泰茶行。

又有2004年版《宁德茶业志》登载的1940年福鼎县茶号经理、地址与准制茶类数量表：

名称	经理人	地址	品牌	制茶种类	准制箱数
华大	周锐生	白琳	夺标	首春工夫	8000
				二春工夫	1000
				红茶标	500
				白毛猴	1000
				莲心	400
生利元	林寿诒	白琳	奇芳	首春工夫	200
生利兴	林汝良	白琳	品红	首春工夫	500
				红标茶	200
生利隆	林碧如	白琳	冠红	首春工夫	300
				二春工夫	50
福大	王应中	白琳	宝玉	首春工夫	300
				二春工夫	100
同泰	詹忠评	白琳	奇红	首春工夫	400
升和	吴守惠	白琳	红霞	首春工夫	400
				二春工夫	100
				红标茶	100
福记	陈寿敬	白琳	峨眉	首春工夫	200
林杏记	林树均	白琳	冠峰	首春工夫	200
春和	周忠杰	白琳	春和	首春工夫	400
白茶合作社	李华卿	白琳	白毫		700
广生	周宗彬	白琳	仙岩	首春工夫	300
建春	平老鼎	白琳	宝春	工夫	300
新法发	林明栋	店下	白玉	首春工夫	400
				二春工夫	300
毅旦	周介西	店下	民权	首春工夫	550
				二春工夫	150
新宝源	李柏如	店下	宝源	白毛猴	250
				莲心	250
复成	俞春圃	店下	复成	工夫	150
鼎大	张维周	店下	天宝	首春工夫	2500
				二春工夫	500
				红标茶	200
				莲心	800
鼎兴	郑步源	城内	鼎兴	首春工夫	300
				二春工夫	100
林春生	林炳南	叠石	赛红	首春工夫	200
同春德	王玉卿	透埕	仙香	首春工夫	400
				二春工夫	100

(续表)

名称	经理人	地址	品牌	制茶种类	准制箱数
联春泰	池云彬	点头	国色	首春工夫	550
				二春工夫	250
				红茶标	150
				白毛猴	1100
福兴	陈浩生	点头	锦花	首春工夫	500
				二春工夫	200
				红茶标	150
鼎华	曾焕齐	点头	瑞茗	首春工夫	250
				二春工夫	100
恒和盛	林如成	浮柳	恒胜	首春工夫	800
				二春工夫	200
				红茶标	150
				莲心	200
华成	缪仰西	巽城	华成	首春工夫	900
				二春工夫	250
				红茶标	200
成和	朱英俊	巽城	民族	首春工夫	1000
				二春工夫	200
				红茶标	200
福隆	阮德寿	杞坑	福隆	工夫	150
合盛兴	林启明	后风亭	盛兴	工夫	100
瑞发成	林昌庆	前岐	瑞发	二春工夫	200
协益	傅维辉	店下	协益	白毛猴	300
				乌龙	300
新源昌	丁子香	店下	源昌	白毛猴	200
				莲心	200

从本表看，白琳茶号只有13家，规模最大者为华大的周锐生，准制茶数位列福鼎县前茅。此表与周瑞光文中两表结合对照看，周锐生茶号在白琳众多茶行位列中上游，双春隆、合茂智、恒丰泰、林鹤记、福泰兴、同顺记、长和春、第一春、王万兴、福德兴、公益成的茶行登记的资本金都超过或与之并列。为什么这些茶行的准制茶数不在本表之列？笔者经过考证，原因就是白琳规模大的茶行已摆脱广帮、闽帮的束缚，直接与外商

五老观极茶箱花

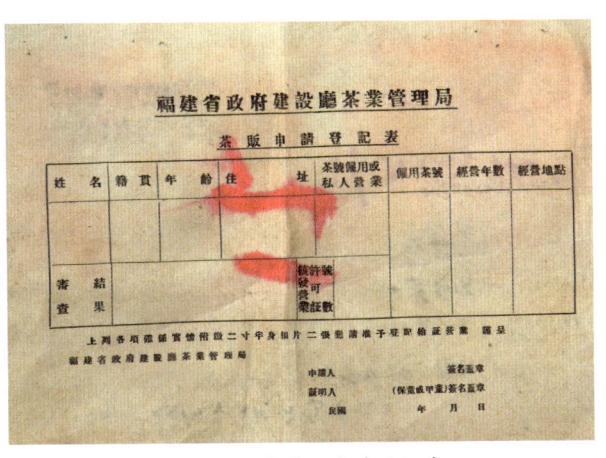

民国时期茶贩申请登记表

联系，茶叶销往上海、香港地区和新加坡、英国、苏联等国家。

现择要介绍白琳著名茶行。

合茂智茶馆　负责人袁子卿，又名袁宗宋，茶馆在大马路（后曾为公社、粮站办公地点），原来茶馆叫车阳馆，是车阳杨氏创办的茶馆，先租后卖给袁子卿。1930年，袁子卿把白琳工夫红茶原材料由白琳菜茶改为福鼎大白茶，茶的品质为之大大提升，取名"橘红"，福州、上海茶行定点收购。

双春隆茶馆　负责人吴世和，又名吴观楷。馆址在大马路，与合茂智一巷之隔，吴世和与合茂智都是福州华大联号的茶商，两家关系密切，原两茶馆间架起一天桥（今毁）。双春隆茶馆实力雄厚，注册资本金6000元大洋。还有另一茶行"第一春"，主体人与代表虽然注册是吴安兰，实际控股是双春隆茶馆。双春隆茶馆在茶季时，还发行茶行银票，以弥补毫洋、铜圆之不足，作为向农户收购毛茶、发放拣茶工人的工资。

示范茶厂　1939年福建省建设厅创设示范茶厂，在福安、福鼎都有分支机构，庄晚芳局长亲自挂帅，游通儒、张天福、陈大鼎等具体负责。白琳分厂由点头柏柳茶商梅伯珍（梅筱溪）出任厂长，厂址在统坪顶（后设为供销社土产门市部），当年茶叶5800多件。示范茶行停办后被双春隆茶馆收购。

双春隆茶馆旧址（林钢生 摄）

广泰茶馆　广泰茶馆实际上是广东茶商与白琳茶商相结合的产物,是白琳茶商詹振步与派驻白琳的广州茶商曾镜银(绰号阿炮)合作,在康山溪坪合伙开办的一个大茶行。1945年,广东茶商还专门坐飞机在康山溪坪上空视察,因飞机没有降落地点,未在白琳停靠(至今老人们还不能忘记飞机来时的情景)。1950年,中国茶叶总公司福建分公司是在康山广泰茶馆旧址上建设的福鼎县茶厂(许多书籍中误作双春隆茶馆),福鼎茶厂迁福鼎后此处改为白琳茶叶初制厂。

白琳群众对茶馆的称呼与表中不尽相同。1941年,有些茶馆经理已数易其人了,有的茶馆本身是家族茶馆租给广帮或南帮办茶者,不一而足。据笔者所了解列举如下:从玉琳古街统坪顶开始,依次是垅墘李茶馆、周忠杰茶馆(后为医院)、路下馆、新馆、恒丰泰馆(后为供销社土产门市部)、丁合利馆、石门头茶馆、和尚馆、合茂智(后为公社粮站办公地点)、双春隆茶馆(后为供销社及药店),中街有街头下馆、春生馆、林仁记、浦后等茶馆,康山村有桥头馆、加伟馆、胡信泰馆、广泰馆、篱笆馆、溪丁馆、横头馆、柚子树馆、恒春祥茶馆、洋中茶馆等。

一份珍贵的白茶收据

白 杨

2009年，笔者因一次偶然的机会获得民国时期的一份茶叶收据（见下图）。收据的正面编号0727，眉头上书写着"保证责任　福鼎县白琳区白茶生产运销合作社联合社（简称白茶合作社）收据"。收据具体内容为："兹收到翠郊村石床保甲社员周阿本白毫壹拾斤壹两净（经评定每斤预给壹元玖角），计暂付国币壹拾玖元零角壹分整，此据。"落款："中华民国二十九年五月十七日。"加盖经理李华卿、司账池礼廷的印章。并加以附注："白茶盈利时须执本收据方得领款，倘遇遗失即到社声明免被他人冒领。"末行："本联交社员收执。"收据的背面盖着印章："白琳白茶产销联社，第一次补发茶款，国币六元六角五分。"

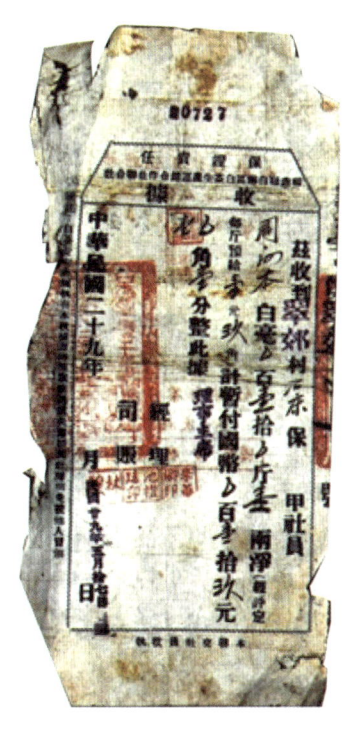

白琳茶商李华卿向翠郊石床周阿本购买茶叶收据

捕捉这份收据里的信息，它透露出以下内容：

一、抗战时期白琳茶的畸形繁荣

收据的年代为 1940 年，举国上下正在全面抗战。在那民不聊生的岁月，福鼎生产的白毫银针从茶农手中收购的价格每斤居然高达大洋 1.9 元。

周瑞光先生曾经做过探究，撰写《抗战时期白琳茶的畸形繁荣》，文中写道："值 1937 年'八一三'淞沪战争爆发后，日本海军第三舰队司令长官谷川宣布对我沿海实施封锁，未几，上海、南京、杭州相继弃守，沦陷区同内地的商品流通渠道和运输路线遂被隔绝。白琳茶叶以及前岐（矾山）明矾、桐山烟草等大宗产品乃至全福鼎县金融流通之血脉，民众生活之源泉被中断了生机。幸赖当时同业商会的巨头如林鹤樵、颜焕文、夏远朋、张维周、梅莜溪、周锐生等积极活动，获得时任福鼎县长陈廷桢、书记长丁梅薰的支持，遂向第三战区司令官顾祝同要求转饬驻沙埕军警对运输船只准予通航；同时，前岐李坤记、鳌江王广源等民族资本家乃借外国商船为庇护，先后向英国德意利士轮船公司、怡和公司以及葡萄牙国飞康轮船公司雇用运输船，挂着外国旗帜，频繁地从沙埕港内抢运工夫红茶、白毫银针、莲心茶、明矾及烟草土特产转道福州、上海、天津、厦门营销至世界各地。俾使福鼎县白琳为中心的名茶摆脱困境，出现了畸形繁荣的局面。"

福鼎市档案馆的资料记载，1940—1942 年向外销出的茶叶量最多，得益于华侨的帮助。

二、白琳是白茶的主产区

当时的行政区划是：省、县、区、村、保。本收据明确由福鼎县白琳区的白茶合作社出品。白琳为区，翠郊为村，石床是保，石床保属翠郊村管辖。

白琳是白茶的主产区，清光绪《福鼎县乡土志》载："茗，邑产以此为大宗，太姥有绿芽茶，白琳有白毫茶，制作极精，为各埠最。""福鼎出产以茶为大宗，二十年前，茶商麇集白琳，肩摩毂击，居然一大市镇。"又载："举州一带，多植茶，谷雨一过，人行路中，茗香扑鼻。"举州与石床相邻，这一带产茶、制茶盛行。

收据中的石床保社员周阿本，是当地很有制茶经验的茶农，制作白毫茶的水平高。他参加白茶合作社，向合作社第二次出售白毫银针是 5 月 17 日，收入 19.01 元，上一次出售茶的量比较少，收入只有 6.65 元。

收据要社员妥善保管，如果意外遗失，必须到合作社声明，以免被他人冒领钱币。

民国时期，白琳不仅是茶叶的主产区和集散地，聚集着大量的茶商，同时也造就了大批像周阿本这样的当地制茶师，从而使白琳成为全县茶业重镇。

三、白茶合作社创始人——李华卿

从收据上看，白茶合作社的经理为李华卿，会计是池礼廷。李华卿是何许人呢？

李华卿就是李得光（1902—1981），福鼎县点头垅乾（龙田）村人。李得光17岁结业于福鼎县第一高等小学，18岁考入福建省立第三中学，1923年考入北平中国大学法律系，后秘密参加中华革命党（农工党前身），主持民运部工作。他先后在广西桂林、梧州，福建宁德、福州，广东广州和香港等地工作。

1937年，抗日战争全面爆发，政局动荡不安，福建省的茶业形势异常严峻。在外奔波多年的李得光因劳成疾，返乡养病。1938年初创办北岭中学（福鼎一中前身）。

李得光先生年轻时照

1939年，因战乱白茶销路受堵，造成福鼎当地茶价暴跌，茶农损失惨重，怨声载道，福鼎经济支柱来源之一的茶业遭到毁灭性的打击。从小出生在茶乡的李得光知晓茶农的疾苦，当他了解到白茶滞销，民生受严重影响，毅然挺身而出，扛着病坚持走村入户，倾听茶农诉求，深入了解白琳和点头等地茶叶状况。李得光在充分了解茶叶行情后，根据在外多年打拼积累的经验和茶叶销售渠道，利用人脉打通把福鼎茶叶运输到福州与广州的路径，使白茶通过华侨销往国外。同时，与福鼎茶业公会共同努力，打通茶叶外销的运输路线。

李得光根据民国颁布的合作法，向福建省合作局申请并由省茶叶局担保提供贷款，成立"福鼎白茶合作社"，各村成立村社，亲自担任白茶合作社主任。数千茶农可直接向联社所辖的村社出售生产的白茶，领取茶款。这不但规范了白茶生产原料交易秩序，还为广大茶农提供技术标准和指导意见，对提高白茶品质与价值具有积极的推动作用；更重要的是，"白茶合作社"的成立打开了白茶的销路，进一步推动了福鼎茶产业及地方经济发展。

（本文参考了李国淳、周宗燕提供的资料）

白琳工夫及其制作技艺

冯文喜

白琳工夫是福鼎出产的工夫红茶，以主产地福鼎县白琳命名，具有高超的纯手工制作技艺和独特、优秀的品质，与福安"坦洋工夫"、政和"政和工夫"并列为"闽红三大工夫红茶"而驰名中外。白琳工夫制作技艺是创制工夫红茶的中心工序，传承久远，是极其宝贵的非物质文化遗产。

白琳工夫发端于福鼎白琳，其制作技艺传承至今有250多年的历史。据清乾隆《福宁府志》载："茶，郡、治俱有，佳者福鼎白琳。"可见，至少乾隆时期，白琳就以产茶而著称。福鼎产茶地域主要分布在白琳、点头、磻溪、巽城、店下和桐山等地。其中白琳、磻溪和点头是福鼎三大茶叶主产区。自清代以来，以福鼎大白茶、福鼎大毫茶等为原料，产制红茶，取名"白琳工夫"。据民国《福鼎县志》载："工夫红茶主要有白琳工夫、红茶标、橘红、花香和干介等……当时白琳合茂智茶馆老板袁子卿用福鼎大白茶产制红茶，取名'橘红'，胜红茶标一筹，乃工夫红茶之珍品。"时人称，英国女王尤喜白琳工夫，以致知道世界上有白琳，每每喝茶就问白琳是个什么地方。

白琳工夫走过兴衰起落，历经了发端兴盛、由盛转衰、由衰复盛和兴盛式微等四个时期。清代至民国之前为发端兴盛期。据相关资料记载，清光绪年间，福鼎出境红茶2万箱，每箱50市斤，远销上海等地。民国初期，茶业由盛转衰，年产值不到百万元。民国中期至1950年前是由衰复盛时期，有史料表明，工夫红茶在1934年输出6840担，产值48万元（法币），到1940年，输出14392担，产值183.46万元，达到鼎盛。甚时，福鼎工夫茶主产区白琳、点头等地茶业十分兴旺，茶商贸易繁荣，茶栈茶馆林立。茶商向洋行或大

旧茶馆（林钢生 摄）

茶行承包精品工夫茶在指定港口、码头交货，再由洋行、茶行外销港澳及欧美各国。福鼎因工夫茶而出现繁荣的码头、港口，如白琳的后岐商港、八尺门港、沙埕港，点头商港，巽城渡等。在白琳本地，已经出现不少资本雄厚的茶馆，如吴阿亥的双春隆、袁子卿的合茂智和恒丰泰等商号。他们摆脱外地茶行、洋行的控制，将茶叶直接运往营口转运满洲里销往苏联等地。

20世纪50—70年代是工夫红茶兴盛式微期。50年代末，国际形势发生变化，国外对红茶需求下降。1950年春季，在白琳、点头、桐山和巽城等4个地方搞茶叶初制，实现工夫红茶由手工作坊走向机械制作。1953年，福鼎加强红茶采制技术指导，对工夫红茶的主要工序萎凋、冷发酵和炭火烘焙等规程进一步深入研发，并应用于加工生产，使工夫红茶质量大大提高。1958年，福鼎成立国营白琳和磻溪湖林等2个初制厂，此后，福鼎初制厂增加百余个，以机械作业为主，手工作业为辅，推动了工夫红茶初精制发展。1959年，白琳工夫以优质上乘的品质荣获全国红茶质量优胜红旗奖。

自清代创制始至1950年，白琳工夫红茶是纯手工作业，以民间农户、茶贩自设置茶作坊生产形式存在，并由茶商、茶馆收购毛茶或茶青（鲜茶叶）进行精制加工成品茶。福鼎茶树品种繁多，以福鼎大白茶、福鼎大毫茶品质最为上乘。大白茶原产地在点头柏柳，相传竹栏头村陈焕于清光绪年间在太姥山麓"上才山"发现移植于家，后相继在白琳、翠郊、磻溪、黄冈、湖林等地传播栽培，是红、白、绿茶的对照种。大毫茶时称"大号白毛茶"，相传是清光绪六年（1880）点头翁溪王家洋林圣松从太姥山麓五蒲岭发现并移种，它和大白茶于1984年一起被列为国家级茶树良种。此外，还有"福鼎乌龙""歪尾桃"等茶叶均是制作工夫红茶的原始母料。

代表白琳工夫高级茶独特风格的是橘红，它的条形紧结纤秀，含有大量橙黄白毫，特具鲜爽愉快的毫香、汤色，叶底艳丽红亮。其优秀品质首先取决于精选上等鲜叶，十分讲究鲜叶原料的采摘嫩度，尤其是福鼎大白茶，更要求早采嫩采，否则芽叶过大，成品外形粗松，滋味淡薄，影响品质。在初制工艺中，特别注意控制适度萎凋，以提高鲜爽度，并严格采取轻重揉结合，及时提取成形的芽叶，以保存毫芽。发酵叶先上烘，采用双复焙的方法，先以100℃—120℃（干燥机进风口温度）高温烘至八成干，继以85℃—95℃烘至足干。后一次烘焙，要"文火慢焙"，认真掌握火候，力求在透发毫香的基础上保持鲜爽特征。这些工艺特点对于工夫红茶传统风格的形成，有着重要的影响。

白琳工夫属于发酵茶，香味、汤色和叶底主要是在发酵过程中形成。白琳工夫茶初制加工工序为：采摘→萎凋→揉捻→解块→发酵→烘焙。白琳工夫茶叶精制是将初制的毛茶再经过加工处理为精茶，加工包括整理形态、剔除劣异、分清品级等工序。

精制处理主要分精细、长短、轻重，剔除梗、籽、朴、片及残存非茶类杂物，其目的是要求获得一个制率高、耗费低、外形符合商品形态、内质达到各级质量标准的产品。白琳工夫茶精制工序：验收→定级→归堆→拼配→保质。白琳工夫茶制作工序环环相扣、相辅相成，体现了高超的制作技艺。

我在白琳茶厂工作的经历

王奕森

1951年，我报名参加福州的劳动培训班，在劳动培训班学习8个月，1952年去福建省贸易公司报到。当时同学一共30多人，又被派出去支援地方，我分配到福鼎工作。那年我22岁，到桐山茶叶收购站参加工作，安排在福鼎著名茶师陈鼎善师傅手下当学徒。1953年，陈鼎善调到白琳茶叶收购站，我调到白琳茶厂工作，茶站和茶厂距离很近，因此，每天又可以到陈鼎善的茶站学习。我刚从事制茶懵懵懂懂之时，是陈鼎善师傅给我指导，让我在制茶道路少走许多弯路。

王奕森像（2008年）

当时白琳茶厂还在建设中，我先是下派到白琳农村做茶贷工作，即到茶农家里去，调查了解农民茶叶互助组需要贷款事宜。我住在白琳一个大户人家的楼上。初到白琳，对茶叶很是好奇，在我住的人家楼下，看到妇女捡剔茶叶，在簸箕上把茶叶的芽头和叶子进行剥离，手法十分娴熟。我问捡茶妇女："你剥离的茶叶叫什么？叶子留下做什么？"可能是听不懂我所讲的话，中年妇女指着坐在她身后的男子，叫我去问他。

那男子对茶叶十分了解，他侃侃而谈，我和他一聊就一个半时过去了。他说："这是白茶精制过程中的一道工序，把芽头剥离，留下单芽就是银针，这是白茶精品，销往海外，价格十分高，捡剔下来的叶片也叫白茶。"

当天晚上，我去白琳区公所开会，会后，区委吴秘书把我留下谈话。从他口中我知道上午和我聊天人是白琳亥（双春隆茶行的吴观楷）。吴秘书善意提醒我，叫我今后不要太接近白琳亥，因为他正在接受组织审查。

那是我第一次接触白茶，也是唯一一次遇上白琳亥，留下很深的印象。

不久后，我到翠郊村放茶贷，住在茶叶互助组雷成回的家里，又一次看到妇女捡剔白茶。她仍告诉我，白茶制作不容易，要看天吃饭；银针很值钱，剥好后要储存好，等茶站的人来收购（以前有茶贩收购）；放在家里这段时间里，必须要用红布袋包扎起来，剥下来的叶片也是白茶，要与银针分开，装在更大的红布袋里，然后把布袋分别埋在放地瓜米的仓库中央储存。在地瓜米中储存白茶，是福鼎茶农在长期实践中得出的经验。

1953年之后的几年里，我所在的白琳茶厂主要生产研制白琳工夫红茶，比较少接触白茶。一直到1963年，福建省茶叶公司下达给福鼎茶厂生产白茶的指标后，我在白琳茶厂才开始进行白茶室内热风萎凋与新工艺白茶的研发。为解决白茶制作完全靠天吃饭的难题，我才多方面、多渠道了解白茶，掌握白茶生产技术的点点滴滴。

陈鼎善1955年病逝，享年64岁。我又师从福鼎另一位著名茶师吴观箫。吴观箫是民国时期双春隆茶行的掌盘，具有高超的制茶本领，在我的心中，只有陈鼎善和吴观箫这两个师傅。

白琳茶厂建成后，我和白琳茶厂魏宝全等人全身心开始研制橘红。福鼎大白茶茶

1953年白琳茶厂工人合影留念

树种植的面积有限，采摘量也比较少，原材料更多用白琳菜茶（土茶），适制橘红的原材料比较缺乏。1957年以后，福鼎大白茶种植面积大了之后，特别是翁江茶场成立后，才解决原材料匮乏的局面。

制作红茶工艺需经过揉捻与发酵。旧时揉捻都是靠手工，而且用脚揉，如何运用机械揉捻呢？我在1957年参加湖北恩施茶叶现场会，看到水力揉捻机，就请教制作原理与机械设备，回到茶厂后不断琢磨和研制，终于研制成功，而且付之应用，吸引了闽东地区寿宁、周宁、福安等地茶叶技术人员前来参观学习。

通过几年的努力，我们在红茶制作的技术上有了重大突破，进行室内萎凋冷发酵和炭火烘焙，使红茶质量有更大提升，实现产量与质量双丰收。福鼎茶厂选送的白琳工夫荣获全国红茶质量优胜红旗奖，其中很大一部分是白琳茶厂生产，再经过拼配后送的样。

1958年，白琳工夫红茶名列祁门红茶与滇红之后，获第3名，在此之前，白琳工夫红茶排名在坦洋工夫和政和工夫之后，位列第7。白琳茶厂生产的红茶经福鼎茶厂精制后运往上海，经过苏联的茶叶专家审评后，全部出口苏联，还成为苏联的国宾礼品茶。中苏关系破裂后，红茶滞销，此乃后话。

1958年春，我被抽调至磻溪黄岗村全国茶叶现场负责会筹备工作。

（本文由杨应杰根据王奕森口述整理）

抗战时期白琳茶的畸形繁荣

周瑞光

白琳在清末民初时，为福鼎县第四区，居全邑之西部，含旧之白琳、点头、水郊、磻溪自治区为一区。东至藤屿海与一区八尺门海界，南至漆溪与霞浦杨家溪界，西至阜坪龟阳与霞浦长崎界，北至大小峨与五区娄山界，东南至杜家与霞浦龙亭界，西南至仙蒲后山与霞浦共界，东北至点头与五区王孙界，西北至石马岭与五区管阳界。全区地约350平方千米，人口4万多，出产有茶、竹、木、纸、炭等，以茶为大宗。各乡之拥巨资，开高第者，半由茶叶起家。白琳为闽广客商荟萃之地，尤属茶市中心。

1937年"八一三"淞沪战争爆发后，日本海军第三舰队司令长官谷川宣布对我沿海实施封锁，未几，上海、南京、杭州相继失守，沦陷区同内地的商品流通渠道和运输路线遂被隔绝。白琳茶叶以及前岐（矾山）明矾、桐山烟草等大宗产品，乃至全福鼎县金融流通之血脉，民众生活之源泉被中断了生机。幸赖当时同业商会的巨头如林鹤樵、颜焕文、夏远朋、张维周、梅莜溪、周锐生等积极活动，获得时任福鼎县长陈廷桢，书记长丁梅薰，参议长李得光、李海等的支持，遂向第三战区司令官顾祝同要求转饬驻沙埕军警对运输船只准予通航；同时，前岐李坤记、鳌江王广源等民族资本家乃借外国商船为庇护，先后向英国德意利士轮船公司、怡和公司以及葡萄牙飞康轮船公司雇用运输船，挂着外国旗帜，频繁地从沙埕港内抢运将工夫红茶、白毫银针、莲心茶、明矾及烟草土特产转道福州、上海、天津、厦门营销至世界各地，俾使福鼎县以白琳为中心的名茶摆脱困境，出现了畸形繁荣的局面。后为1941年3月统计的福鼎县茶叶厂家名册中的白琳部分，从中可窥见一斑。

1941年3月统计的福鼎县茶叶厂家花名册（白琳部分）

公司行号工厂名称	主体人或经理姓名	资本金额	代表姓名	别号	年龄	籍贯	营业种类	职务	公司行号工厂地址	备注
合茂智	袁子卿	5000	袁子卿		43	福鼎	茶	主体人	白琳	华大联号
福德兴	阮良材	5000	阮良材		58	福鼎	茶	主体人	白琳	华大联号
陈合记	陈家玮	3500	陈家玮		42	福鼎	茶	主体人	白琳	华大联号
广生	林秉荣	2000			38	福鼎	茶	主体人	白琳	生利兴联号
锡康	林汝良	1200			37	福鼎	茶	主体人	白琳	生利兴联号
生利隆	林 碧	3000			45	福鼎	茶	主体人	白琳	独营
生利元	林寿治	3000			41	福鼎	茶	主体人	白琳	独营
王万兴	王应中	5000			30	福鼎	茶	主体人	白琳	福大联号
步升春	吴守惠	1500			52	福鼎	茶	主体人	白琳	升和联号
长和春	吴洪年	1500			34	福鼎	茶	主体人	白琳	升和联号
一团春	周忠杰	1000			41	福鼎	茶	主体人	白琳	春和联号
朱美记	朱乃成	2000			38	福鼎	茶	主体人	白琳	春和联号
复兴春	周泽三	3000			35	福鼎	茶	主体人	白琳	春和联号
辉兴和	吴振声	2800			40	福鼎	茶	主体人	白琳	春和联号
昌丰记	雷少和	700			40	福鼎	茶	主体人	白琳	春和联号
建春	平志鼎	1000			30	福鼎	茶	主体人	白琳	独营
林鹤记	林锡龄	5000	林锡龄	鹤樵	47	福鼎	茶	主体人	白琳	华大联号
恒春成智记	蔡邦智	3000	周壁人		38	福鼎	茶	主体人	白琳	福大联号
双春隆	吴世和	6000	吴世和		46	福鼎	茶	主体人	白琳	华大联号
泰春	周锐生	5000	周锐生		39	福鼎	茶	主体人	白琳	华大联号
康泰	陈海生	1000	陈梅生		39	福鼎	茶	主体人	白琳	春和联号
万和春	夏寿田	5000	夏寿田		28	福鼎	茶	主体人	白琳	福大联号
新生源	陈涛生	2500	陈涛生		36	福鼎	茶	主体人	白琳	同泰联号
泰成	黄品菊	3500	黄品菊		33	福鼎	茶	主体人	白琳	春和联号
福泰兴	阮尧廷	5000	阮尧廷		50	福鼎	茶	主体人	白琳	华大联号
林仁记	林爵卿	2500	爵卿		40	福鼎	茶	主体人	白琳	华大联号
第一春	吴安兰	5000	吴安兰		38	福鼎	茶	主体人	白琳	华大联号
长和春	占忠豪	5000	忠豪		55	福鼎	茶	主体人	白琳	华大联号
恒丰泰	蔡齐卿	5000	蔡齐卿		49	福鼎	茶	主体人	白琳	华大联号
公益成	吴芸九	5000	吴芸九		50	福鼎	茶	主体人	白琳	华大联号
德记	赖庭辉	4200	赖庭辉		52	福鼎	茶	主体人	白琳	华大联号
同顺记	詹振班	5000	詹振班		45	福鼎	茶	主体人	白琳	华大联号
同顺泰	占家镕	4200	占家镕		21	福鼎	茶	主体人	白琳	华大联号

福鼎县国营茶场

○ 杨应杰

福鼎国营茶场因场址先后建于翁江和百步溪，故先后名翁江茶场、百步溪茶场。

1954年秋，福鼎县茶业技术干部郑秀娥、蒋秀荣等在桐山玉塘老区农场进行秋季短穗扦插育苗获得成功，这在茶树栽培技术上具有跨时代的意义。在这之前，茶苗都是用压条繁殖和种子繁殖。压条繁殖俗称"炉苗"，即将母树身上的枝条通过环状剥皮后，埋在土壤里生根而进行无性繁殖新的茶树，用这种办法繁殖的茶树，比用种子繁殖的茶树性状稳定，茶叶品种与产量也有保证，但最大的缺点就是茶苗繁殖速度慢，茶苗供应量严重不足。种子繁殖虽然较便利，但繁殖速度也不快，更主要的是茶树性状、品质变异大。利用茶叶短穗扦插育苗成功后，福鼎县委、县政府大力推广此技术，大量培育福鼎大白茶和福鼎大白毫。在这样的背景下，福鼎国营茶场应运而生。

1956年8月，福鼎茶叶指导站派郑兆然等7人在玉塘郑库口老区农场学习扦插技术，安溪县政府也派茶叶技术员到场部指导交流扦插技术。安溪茶苗扦插的枝条长达7寸，而福鼎茶苗扦插的枝条只有一片叶一个芽，长1.2寸左右，这对繁殖福鼎大白茶和福鼎大毫茶具有很重要的意义，因为当时整个福鼎县的大白茶、大毫茶植株数量有限。刚开始扦插茶苗，亩产只有7.5万株，产量不高，远远满足不了大面积推广茶树的需要。福鼎县政府在当年11月从翁江涝旱洋（又称劳改洋）划出土地120亩，供扦插育苗科研用，县茶叶指导站派7人进驻翁江王瓜屿进行指导育苗技术，技术员工资由国家发放补贴每月8元，有高中学历的技术员每月12元。1957年初从翁江村当地挑选精干人员5名，共12人，由杨祖西任场长。育苗同时还要开垦荒山，供茶苗栽培，县里又派集训队40人进驻翁江村，由原来12人分头管理集训队，在场部所在地进行开荒。茶园开垦后，把扦插成功的茶苗种上。1957年开垦茶园几十亩。

1958年，福鼎县茶场正式挂牌成立，上级派李弟古任书记，孔繁振任场长，福鼎县政府提出开发万宝山，从管阳、点头、白琳、硖门等公社各抽调400人，共几千人聚集到国营茶场开垦万宝山，由茶场统一管理。杨烁桑等5人负责勘测，远至店下溪岩，近有白琳柴头山、大湾、白琳寨、管天下、半片山等地。轰轰烈烈的开荒运动开始了！可惜运动还未开展一半，被另一场运动——大炼钢铁所取代，开荒茶园的任务只完成百分之十五。

1960年7月,沿海内迁140人作为国营茶场的新生力量,可是艰苦的环境与重体力粗活,让许多人经受不住自行离开了。大浪淘沙,最后剩下成为茶场工人的只有9人。

1963年9月25日,福州市政府在八一礼堂举行声势浩大的支持闽东建设动员大会,共有1500位刚从学校毕业的年轻学生,报名上山下乡到农村参加锻炼,时间为3年,提出"红在农村,专在农村"口号,分赴福安、柘荣、罗源、福鼎等地。福鼎国营茶场分配51人(原定50人,其中1人作为附属人员加入),另有2名温州人也同时来到。刚到茶场3个月,50多人统一吃住在翁江,伙食由公家提供8元/月作为生活补助。年轻人朝气蓬勃,精力旺盛,工作之余,也给场部增添不少"乱子",于是场部决定把53名年轻人分派到各小队,如外宅、翁江、大湾、桥北、半边山、白琳寨,这样场部和各队都有了知识青年。因劳动强度太大,许多人都感觉经受不住,而"文化大革命"开始了,原来定的3年期限也已超过时限,有些人便组织起来,徒步到飞鸾乘船回福州。有20多人回去后就再也没有回到茶场,还有20多人扎根翁江组建家庭,时至今日大都已退休了,如林本志、陈伙明、蔡忠、杨美英、陈坛光等。

1965年3月,福鼎县茶场选派了年轻且苗红根正的技术员李观妹到非洲马里指导培育茶叶,轰动一时,茶场职工也都引以为荣。1971年,响应知识青年上山下乡的号召,国营茶场又迎来了十几个知青,增添了活力,茶场特建设知青点供年轻人住宿。

茶场成立初期,以推广短穗扦插育苗为主,亩产只有7.5万株,扦插前插条还要用白糖蘸,并且要在苗木上方覆盖草遮阴,十分烦琐。这里值得一提的是江孝喆(技术员,后任副场长),他不断进行研究、实践,最后用芒萁草遮阴,既简单又便捷地培育福鼎大白茶、福鼎大毫茶茶苗,亩产达32万株,成活达到28万株左右,茶苗远销江西、广西、江苏等地。此外,还扦插"金观音""歌乐""铁观音""乌龙茶"等茶叶品种十几种。

20世纪60年代开垦茶园,茶青采摘后,全部由白琳茶厂收购,茶场一律不允许生产成品茶。至1968年,经上级主管部门同意后,在柴头山分场试制红茶,生产后的茶叶半成品也由白琳茶厂收购。1970年茶场总共生产成品绿茶3000担,1973年起自产自销成品茶。改革开放后至20世纪末,国营茶场改制,退休职工由国家负责,在职员工只留下几个管理人员,茶园实行员工家庭承包制。

茶场的领导变动很大,分设场长、书记,原来为正科级单位,属地区农业局直辖,隶属于省农垦厅,现在是县农业局下属的一个单位。现在的体制是在职工包干茶园,5人为场部管理队员。

(本文参考了郑兆然、杨硕桑、陈伙明、林本志、肖克杭等人提供的资料)

白琳的三所茶业中学

> 白 杨

20世纪五六十年代，白琳曾办有3所茶业中学。1959年，福鼎县茶业技术学校迁居白琳；1965年，白琳公社农业中学在三坵栏办学，重点开设茶业课程，民间称作"茶中"；1965年，白琳茶业中学在翠郊古民居开学。

1958年春天，福鼎县茶业技术学校开始筹办，经福鼎县政府批准，县委宣传部主管，茶业局、财政局、教育局共同配合建校，校址在磻溪，校长由茶业局局长张清海兼任，教师有马坚忍、杨祖陈等3人。当时马坚忍在点头小学任教，因毕业于福安农校茶叶专业，故抽调至茶业技术学校负责具体工作。学制二年，公办性质，半工半读，学生来自全县各公社，第一届招收58名。1958年秋，借用磻溪小学教室开始上课，并迅速建起新校舍（前后仅用100天），租用两亩山茶园进行种茶、采茶实践。学校文化课程设置为语文、数学、茶业基础，劳动课程主要以到茶园参加实践劳动为主。1959

翠郊茶中旧址

年校址迁至白琳康山村王渡头广泰茶行旧址。第二届招收新生42人，学习内容为茶叶加工制造。后校址又迁至白琳翁江，校长由李弟古兼任。学校虽然没有固定的校舍，但办学成效显著，在省职业中学校长会议（劳模会）上，学校被评为先进，奖板车一辆。培养出来的学生有曾碧古、陈明钱、林明荣、敖永峰、黄石妹、黄宝聘、邱贤成等，回各公社茶站工作后，都成为茶叶行业骨干。1960年学校停办。

白琳公社农业中学在1965年6月创办，一共办两届，校址设在三圻栏，校长由戴瑞民（文化站站长）兼任，具体负责人为杨祖福。学制两年，半工半读性质，有语文、茶叶基础、植物生态等文化课程，劳动课程有茶叶短穗扦插、农作物种植等。学生从白琳公社集镇与各村小学毕业生中招收。1965年小学毕业生要参加初考，初考成绩上福鼎三中录取线的被三中招收，其余学生都进入农业中学就读，当年招收学生40名。学生自带口粮，吃住都在学校里，在北斗坪龟墩处设有学校茶园、菜园，学生经常相互交流，有时组织学生到翠郊参加劳动学习。

翠郊茶中原教室

白琳茶业中学也在1965年6月创办，校址设在翠郊大厝内，具体负责人和教师由任国纲担任，学生28人，课程设置以语文、茶叶基础、劳动课程和教授短穗扦插茶苗技术为主，同时开辟茶园，种植蔬菜与番薯。

1966年9月，白琳农业中学的饶维光、薛建玲两位同学和茶业中学的林丹仁、蔡美珠同学经过学校民主选举，被推选为红卫兵代表，进京参加国庆观礼。

1967年，白琳农业中学的师生一道参加大串连，到福州后被劝回家。紧接着"复课闹革命"，学校解体，学生有的回到小学复读六年级，有的辍学，也有的到福鼎三中进一步学习。农业中学共办学两届，第二届时被迫解散，茶业中学也同时解散。

（本文参考了马坚忍、林丹仁、林晋碧等人提供的资料）

白琳茶叶的生产制作过程

杨应杰

旧时白琳生产茶叶都是手工制作，可以生产白茶、红茶、绿茶。三种茶的生产制作程序分别如下——

红茶：茶树栽培—茶叶采摘—萎凋—揉捻—发酵—干燥—毛茶—通焙—筛分—扇簸—拣剔—复筛—复火—匀堆—装箱。

绿茶：茶树栽培—茶叶采摘—杀青—揉捻—干燥—毛茶—通焙—筛分—扇簸—拣剔—复火—匀堆—装箱。

白茶：茶树栽培—茶叶采摘—晒（凉）干—毛茶—通焙—筛簸—拣剔—复火—精茶—装箱。

红茶制作的量最大，占整个产量的95%，时称"白琳工夫"。红、白、绿茶都是从茶树采摘新鲜茶叶后进行粗加工成毛茶和精加工成精品茶后，装箱外销至福州或上海。

一、茶树栽培

白琳地势东面临海，云雾缭绕；西部地势渐高，群山相连；北部地势较缓。全域群山叠翠，土壤偏酸性，且日照充足，温度适宜，雨量充沛，最适合茶树生长，所以茶树栽种面广。茶树繁殖用种子繁殖与压条繁殖方法进行。种子繁殖茶叶产量不稳定，原有优良性会发生变异。压条繁殖一般在秋冬季节，把整枝枝条环剥树皮埋在地里，让其生根，来年茶根生成，就可成苗，一个枝条压在土里能生成多棵树苗，俗称"炉苗"，产苗率很低，但茶树的优良性状因无性繁殖得以保证，清末民初，福鼎大白茶、福鼎大毫茶就用此法繁殖。茶树都是间种、套种在菜地里，茶树因疏于管理，有的树长得比人还高，采茶时还要借助专用的凳子或梯子才能采摘。如果茶农勤劳，知道"七挖金，八挖银，九时挖人情"的道理，在七、八、九月时茶园进行深挖、除草，来年的茶芽一定能长得壮。

二、茶叶采摘

大约清明前三天开采。一般采一芽一叶或一芽二、三叶。分头春、二春、三春，一直采到农历七月半后，三春茶结束。旧时采茶不像今日的茶园里采茶，据采茶老人回忆，母子俩一天可采20—30市斤。白琳有一著名采茶女姓陈，能双手采摘，一天能采40斤左右，曾出席全国采茶比赛。采来新鲜的茶叶，有的农户自行加工成白毫银针、红茶条或毛茶，半成品卖给有实力的茶馆（茶行）；有的直接把新鲜茶叶挑到白琳茶市（旧时茶市在黄塗头一带）进行交易；有的是小贩直接到山间地里向农户收购新茶叶，再转手卖给茶馆（茶行）。

三、茶叶加工

白琳的所有茶馆（茶行）都可以对新鲜茶叶进行毛茶粗加工，大多数茶馆直接从农户手中收购毛茶。水郊、棠园、黄岗、湖林、柘荣、泰顺一带有条件的茶农都会自行进行茶叶粗加工，把新鲜茶叶加工成毛茶，一可省去运输的载重量，二可放在家里待价而沽。许多农户对加工红茶都积累了丰富的经验。白琳工夫红茶品质好坏，取决于初制中萎凋、揉捻与发酵。萎凋讲究的是时间。揉捻，一般用脚在簸箕上充分地揉，先轻后重，后又轻揉，先顺时针方向揉，后逆时针方向揉（以前没有机械生产，20世纪50年代才有木制手工揉捻机，1953年后才出揉捻机揉捻）。紧接着发酵，发酵至关重要，茶叶用布包至茶叶转为青红，如太红茶叶会变黑，发酵至八分是最好的效果，一定要根据气候控制发酵时间（3—4小时），有时倒春寒就要增加温度与湿度，使茶叶发酵充分。然后进行干燥，制成毛茶。绿茶初加工讲究的是杀青环节，控制好火候与时间。白茶晒或焙的时候，不能用手，手带汗渍有咸性，破坏针上的绒毛，影响白茶的品质。这些毛茶都运往白琳茶馆收购，每个茶馆都设有精明的茶师，根据农户制作的毛茶评定等级，按质论价收购，有的年份毛茶价格特别好。1936年茶叶销路很好，价格也高，之后3年茶市不好，1939年1斤白毫银针可卖2个银圆，相当于1担谷。1949年，许多农户家的毛茶作为柴火来烧了，使许多农户当年颗粒无收，损失惨重。

四、拣茶

拣茶就是拣剔毛茶中的茎、梗、筋与非茶物质，是茶叶精加工中的一个重要环节。每年春季来临，白琳各茶馆云集来自福鼎、霞浦、柘荣、泰顺各地的拣茶女，每个茶馆至少有百个拣茶工，多者达500人。有谚曰："白琳茶馆好聚娘，桐山童某（俊男）好架梁。"还有白琳方言快书："天光早，闹喳喳，一班诸某（拣茶女）去拣茶，有的头邋邋，有的脸麻麻，有的簸箕当雨伞，有的簸箕一路拖，一路拖，拖得（石门）茶馆脚。早来坐厅当（堂），晚来坐厅睑（边），茶叶没捡壹粒仔（一点点），就叫师傅来看茶，师傅讲么使（不行），就骂师傅酷头（骂人语）目瞅（眼睛）花。"拣茶时，就连3岁小孩都可以挣钱，为何？拣茶女把儿女带在身边，装模作样地把簸箕放在孩子面前，拣茶工是按茶头来计工钱的，所谓茶头就是从毛茶中剔除的粗品茶叶（包括杂枝或难看的茶叶），拣茶工一日里如果拣十几簸箕的茶，茶头的量相对就会多，收工前抓一把茶头放在儿女的簸箕里，验茶师心知肚明，照例发给小孩几个铜片，所以茶叶兴旺时3岁孩童也可挣钱。

五、精加工与包装

精加工中的通焙环节是决定茶品质的主要环节。对毛茶进行焙烘一定要用炭火（炭火严禁炭头以免产生烟，炭烟会破坏茶叶品质），先把焙笼加到一定温度，再把茶置于焙笼上，先用旺火焙至六七成，再用微火焙烘，这样才会充分除去日光晒茶的"日光气"，茶香味会扑鼻而来，且茶叶不易变质。然后对茶叶反复簸、筛，主要使茶叶均匀，品质规格相同。最后装箱。茶箱包装十分讲究，茶箱板一定要用枫香木（梗树）制成，不会使茶叶产生其他异味。制作茶箱十分考究，白琳有专门制作茶箱的师傅，制茶箱时，所用的铁钉不能露在木板外，茶箱内铺上铂金，外涂上柿浆，最外用竹篾包扎，有的商号还画上箱花。茶箱的规格是有规定的，红茶为二五茶箱，与白茶、绿茶的茶箱有区别。这样精美的包装有助于白琳工夫茶的远销。

六、运输与销售

精美包装后的茶叶，到后岐码头（少量从宝桥渡上埠）装船，运到沙埕港码头，再由大船转运至福州、广州、上海直销海外。有些茶商贩把成品茶雇人力从官道（白琳—五蒲岭—三十六弯—霞浦）运输到福州茶商行。三十六弯因路弯林密，常有零星强盗出没，茶贩时被打劫。20世纪20年代，有一王姓茶商从福州返回，在三十六弯遭劫，只身着短衫而归，消息传出，令许多茶商发怵。白琳茶叶销售渠道一般由广东商号、闽南商号，如华大联号、升和联号、福大联号与外商联系，一部分则直销海外。

（本文参考了吴传敦、张家堆提供的资料）

新工艺白茶

白杨

新工艺白茶由福鼎白琳茶业初制厂研制，自1968年问世至1993年白琳茶业初制厂破产，25年中该厂产销新工艺白茶每年达4000多担。白琳茶厂是独家经营新工艺白茶的企业。新工艺白茶被编入《中国茶经》，录入高等教育的教材。新工艺白茶是福鼎茶产业的一朵奇葩，成为福建省白茶史上的光辉篇章。

据新工艺白茶创始人王奕森回忆，1963年，他被任命为福鼎白琳茶叶初制厂生产技术副厂长，参与研制新工艺白茶。王奕森1953年从福鼎茶厂安排到白琳茶叶初制厂，从事茶叶初制技术研究，边生产，边实验，边研究机械化生产白琳工夫红茶。1955年，他参加福建省茶叶公司茶叶干部技术培训班学习一年。1962年，由于中国与苏联断交，红茶出口趋于失销，全县红茶生产转轨生产绿茶，省外贸专家建议白琳茶厂选择转轨绿茶生产的同时，也研制室内生产白茶，白琳茶厂由王奕森领衔致力于白茶产制的技术研究。1963年室内热风萎凋研制成功，白琳茶厂成为省外贸出口白茶的生产基地。

新工艺白茶创始人王奕森

在白茶研制过程中，王奕森等人发现低级茶青制造白茶产生低档茶片过多，影响制率和成本。如何对低档茶片进行改造？过去茶商制造白毛猴茶时，有用白牡丹干叶回湿装入袋里用脚踩揉成卷曲形的做法，王奕受此启发，也用粗老茶片覆水回湿，用揉茶机把茶片揉成卷曲条形和皱褶状。此后王奕森致力于钻研粗老青叶轻揉制成白茶，作为白茶的拼配原料，当时流行叫"产业革命"。又经多次反复试验，他研制出新产品，新产品香味、质量有明显提高。茶样送到省外贸公司白茶审评室，经专家审评香气滋味尚可，但不能认定为白茶。

1968年夏天省外贸茶叶公司的茶审评员刘典秋专程来福鼎白琳。他刚从香港回来，福建省白茶在港澳市场受台湾白茶冲击，急需制造一批质高、价低的低档白茶来打退台湾茶商占领的市场。刘典秋找到王奕森，还拿出在港澳市场销售的白茶样品，要求试制样品，越快越好，便于布样。白琳茶厂成立革命领导班子和生产领导班子，王奕森是生产领导班子负责人，组织力量开展新品种研制。连续试制数批，经过纳优、排劣精制成茶7箱210市斤，运抵省外贸转香港给刘典秋布样，样品包装标号为"仿台白茶"。8月下旬，县革委会生产组来文：茶叶采摘将至结束封园，希快速组织人力抢制"仿台白茶"300担。在国庆前完成任务，王奕森立即与白琳、点头、磻溪、巽城茶站联系，转告县革委会来文精神，张贴公告，要求广大茶农采摘荒山野茶，谁采归谁，现金收购。消息一传出，茶农采摘茶叶的积极性空前高涨。白琳茶厂日收购茶青200多担，日夜抢制，国庆节前完成任务，调运省外贸原箱转运香港营销。春节后接到刘典秋来信，"仿白白茶"1968年试制、试产、试销，当年产销300担，今已断货脱销。目前是港澳茶楼首选茶类，深受消费者欢迎，台湾白茶已退出香港茶楼酒家，对此表示祝贺与感谢！

　　1969年，省外贸茶叶公司来信，约王奕森到公司协助研究制订"仿白"标准样和调拨价。经研究，协定"仿白"标准样分三个级，调拨价以传统白茶两个级别的夹中价，作为"仿白"的上级标准级的调拨价，改换"仿白"的标号，以"轻揉捻白茶"作为商品名，在全省茶叶会议中予以公告。产品列入外贸出口茶类的任务，年产1000担，并与香港合记公司签订供销协议。白琳茶厂产制的"轻揉捻白茶"样、价，由福鼎茶厂贯彻执行。从此，白琳茶厂成为省外贸茶叶公司独家产制"轻揉捻白茶"的加工厂。由于销区对轻揉捻的名称不理解，给供销人员解答增添麻烦，为此又改名"新工艺白茶"，也称"新白茶"。

　　1970年，王奕森被免去白琳茶厂副厂长职务，调到湖林茶厂工作，直至1978年恢复白琳茶厂副厂长的职务。这期间，新工艺白茶一直没有停止生产，但产品质量还不是十分稳定。由于产量增大，原料调配价值增高，制作技术工艺松放，形成高成本、低质量。省外贸来信、来电、来文，反映价高、质次，不符合验收标准样，必须降级验收，否则，退货返工处理。王奕森等人重新研究探讨技术工艺流程，调配原料使用价值。1980年，重新创制验收标准样，同时调整了调拨价格，解决了样、价问题。特别是在香气、滋味方面超过了1968年试制的标准，产品面貌焕然一新。从此，新工艺白茶由专销茶楼、酒店的低档茶，转向港澳市场的商品茶，销量居高不下。1982年后，除了每年保证供应福建省外贸2000担，以满足港澳市场的需要，额外生产的产品通过广东外贸茶叶公司销往新、马、泰地区市场，从最先两三百担，到1985年每年供应2000担。广东外贸茶叶公司表态，新白茶数量不限，包销。

我与有机茶的情缘

◎ 蔡良绥

20年前，我读了美国科普作家蕾切尔·卡逊《寂静的春天》一书。书中记录蕾切尔在自家别墅纳凉时，突然发现树上的小鸟掉下来，因为不是医学专家，为了知道小鸟死因，于是将死掉的小鸟拿到她的朋友医学专家那里去做解剖、化验，发现小鸟吃的谷物里含有农药DDT，肝脏里有恶性肿瘤，肿瘤里也有DDT。她认为，滥用化学农药、化肥将给地球和人类带来一场灾难。书一出版，生产化肥和农药的企业主认为她是一个妖魔，许多人孤立她、谩骂她。她的精神受到很大打击，不到60岁就去世了。20世纪70年代末，美国总统要求评估美国的生态环境，调查蕾切尔所言是否属实，经专家评估认定，蕾切尔所言基本正确。从此，美国掀起了禁用高残留农药的一场革命。

这一内容深深烙印在我的心中，成为我后来坚持做有机茶的思想源头。

我出生在白琳坑里洋村，对这山、茶、车头山尚书岭古道有着无法割舍的情结。20世纪60年代，我父亲就是翁江国营茶场（坑里洋分场）技术员，我经常为他送点心，在茶山上采过茶，每天可以收入一两元作为日常家用和学费，茶园、茶叶就是儿童时代的重要记忆。

20世纪70年代末，我高中毕业回乡，村里来了茶业局的夏品恭、蔡佳针等技术员，他们系统指导、传授茶树品种、育苗、加工方面的知识，我因此成了最早掌握短穗扦插育茶苗技术的年轻人。那时，我带领村里年轻人育了几百万株的福鼎大毫茶和福鼎大白茶茶苗，推广到各个村落。

我的家族与茶叶分不开。曾祖父蔡声题是福鼎很有名的茶叶出口商。清朝时，村里的大爷爷娶了磻溪黄岗周氏奶奶时，从她娘家陪嫁带过来"白毛茶"（福鼎大白茶前称），全村"分枝压条"种了几十亩。那时我们家族很兴旺，有良田300多亩，占了整个车头山的山地大约五分之一，木制揉茶机（制白琳工夫红茶工具之一）有15台，焙笼30多个，年加工白茶、红茶1000多箱（每箱10公斤），每箱可值白银30两。后因为鸦片战争爆发，一船到南洋的价值连城的白茶和红茶在海上被抢劫一空，合作伙伴詹振班又在船上被海盗杀害，家境逐步没落。爷爷4岁时，曾祖父因长期的苦恼而染疾去世，留给爷爷7个兄弟姐妹的只剩下20亩茶园、3亩水田、9间屋子、

2头牛、5台手推揉茶机、1台手工米线加工机和2台纺机布。爷爷几兄弟又经过20多年的努力，家境逐步变好，恢复了红茶、白茶的加工和经营。

机缘巧合，我创办了裕荣香茶业有限公司，专门做白茶和特种绿茶出口业务，把加工好的白茶、特种绿茶卖给浙江、湖南、安徽、上海、天津等外贸国有茶企，同时也自营出口一部分独特的茶产品。外国人对农残等卫生标准要求十分严格，为了企业的发展必须建立自己的有机茶基地，我就选择坑里洋老家这块无任何污染的宝地。

如今我秉承先辈的传统工艺，结合现代生产技术制作白茶，创制发明专利"GABA白茶"，同时又以可持续的生态平衡原理生产有机茶。虽然现在很少做茶叶外贸的供货商，但公司早就申请了自营出口经营权，产品出口欧美20多个国家和地区，曾经是美国最大茶叶经销企业"茶瓦纳"的白茶和特种茶的供货商。现在公司生产的白茶以内销为主，坚持要把最好的茶叶供给国内消费者。

这些年，我在福鼎白茶的加工、种植、白茶标准制定、功能作用、香气和审评等方面也做不少的研究，如对"白茶标准化加工工艺研究""白茶审评""白茶长期储存方法""白茶主要香气成分分析""白茶抗氧化成分分析""白茶适制新品种选育""生态茶园建设"和"标准化出口备案基地建设"等方面的研究，同时参与许多白茶标准化起草等社会公益性工作和活动，也刊发了不少论文和宣传福鼎白茶的文章。此外，我也走进省内外不少地方传授白茶的相关知识，为福鼎白茶的传承和可持续性发挥自己应有的作用。

文教卫生

白琳办学述略

邱元法

白琳社学、私塾之设，早已有之。南宋淳熙九年（1182）梁克家《三山志·卷第二十六·人物类》记载：白琳人黄诜于唐乾宁二年（895）登赵观文榜，为福鼎域内第一位进士，终左宣义郎，节度巡察判官。其长子慕华，自白林（白琳）迁翁潭（今翁江），官至水部员外郎。白琳人黄楫于宋乾道五年（1169）登郑侨榜，为白琳第二位进士。同为黄姓后人的白琳第三位进士黄沐之，于宋庆元二年（1196）登邹应龙榜，知丽水县令。黄氏一族不断有人榜上题名，几代为官，跟当时的教育息息相关。

社学之设始于元朝，是由地方筹款兴办的一种学校。清光绪初年，知县邓嘉绳立福鼎社学6所，白琳社学（在白琳街）是其中之一。

私塾亦称蒙馆。白琳私塾始于何时，历代有多少，无法查考。清末民初，兴办私塾已相当普遍。《福鼎教育志》载：1948年，白琳翁江私塾招收学生11人（女子），主要教授《三字经》《千字文》，塾师曾梅文，每月学费为干谷100斤，由学生分摊；1950年，白琳私塾11馆，塾师11人，学童133人，塾师束脩计干谷18260斤。

白琳早期学校明确见载于《福鼎教育志》的有：

白琳中心小学（林钢生 摄）

区立玉琳高等小学堂（今白琳中心小学）　　该校于清光绪三十一年（1905）创办，址在白琳溪坪文昌阁，创办者为当时白琳社会名流——蔡厝里蔡维俊、溪坪陈凌霄、胡信泰茶行胡邦彦、岭尾许锦新及许春槐等人。始办初、高两级，次年仅办初级。1915年更名为初级国民学校，1921年复添设高级部，旋因生员寥落，复专设初级。1950年，学校更名为白琳中心小学，为区重点小学。1956年，开始附设初中班，即福鼎三中前身。1970年，历经几百年岁月洗礼的文昌阁——白琳中心小学校舍被拆还田，并入福鼎三中，称三中小学部，成为宁德地区唯一一所"九年一贯制"学校，至1980年才恢复独立设校。有趣的是，该校历29任校长（1949年前10任，后19任），曾出现两对父子校长：陈梅亭与陈瑶卿（白琳溪坪人）、陈猷源与陈德裕（秦屿人）。

公立翁潭初等小学堂（今翁江小学）　　该校于清光绪三十二年（1906）始办，是辛亥革命前夕福鼎15所小学堂之一，1912年更名为初等小学校，1915年改名为初级国民学校。址设翁江萧氏宗祠，萧氏宗族捐出"公堂田""祠堂田"部分田租赞助办学，招收萧氏子弟及翁江周边村落他姓子弟就读。白琳街尾孙先生、磻溪炉屯陈咸熙等一批文化程度较高的先生先后在这里任教。1934年，翁江萧氏子弟萧宗潜于北平华北大学教育系毕业后回乡创办新型翁江小学，校址仍设在萧氏宗祠，捐出萧氏祖宗留下的"公堂田租"的一部分作为学校办学经费。1939年，私立北岭初级中学（福鼎

福鼎三中综合楼（2010年）

福鼎三中掠影（白杨 供图）

一中前身）为避日机侵扰，迁翁江萧氏宗族仓楼办学，翌年秋回迁城关。萧氏宗祠作为翁江小学办学校址一直延续到 1987 年。

福鼎三中　　1959 年，白琳中心小学附设初中班独立，改称福鼎第三中学。该校 1956 年始建后，初招 2 个班，112 人，招收白琳、点头、磻溪、秦屿、店下、硖门等乡镇小学毕业生及部分城关学生。1958 年，增至 9 个班，500 余人。1970 年增设高中部，生源来自白琳、点头、磻溪、管阳、城关。该校培育了一大批优秀人才。

白琳镇中　　2001 年，白琳镇经济因玄武岩产业发展进入鼎盛时期，流动人员急剧增多，福鼎三中容纳不下日益增多的学生，因此，由白琳镇政府向市政府申请筹建白琳镇中学，当年借用老区印刷厂旧址招收初一新生 386 名。2003 年撤并沿州小学附设初中班和翠郊小学附设初中班，把学校并入白琳镇中学，学生人数一度达 1200 多人。2017 年因教育布局调整，该校并入福鼎三中。

新中国成立后，白琳教育得到蓬勃发展，学校之设遍布大部分行政村。值得一提的是 1965 年夏秋之间，白琳创办了农业中学（址在白琳林场）、茶业中学（址在翠郊洋里大厝）。福鼎县茶业技术学校 1958 年秋办于磻溪，1959 年迁白琳王渡头旧茶厂，与翁江茶厂合办，有茶叶生产基地 10 亩。

溪坪文昌阁学堂追忆

陈少华

我1962年毕业于白琳中心小学。那时，白琳中心小学设在白琳溪坪文昌阁。将近半个世纪，岁月沧桑，时过境迁，母校那历史景观、人文轶事还时常萦绕在脑海，不时撩起我美好的回忆，先生们慈母般的形象更是铭刻在我心灵深处。

白琳素有悠久的办学历史，早在光绪元年（1875），知县邓嘉绳创立的6所社学中，白琳老街的社学就是其中之一。经历了30多年风风雨雨之后，热心乡村教育的白琳街尾蔡厝蔡维俊、康山溪坪陈凌霄、胡信泰茶行胡邦彦、岭尾许春槐和许锦新，于光绪三十一年（1905）发起创办了区立玉琳高等小学堂。小学堂址设白琳溪坪文昌阁，也称白琳溪坪文昌阁学堂。

白琳位于福宁古驿道上，科举时代，福鼎学子赴省、郡赶考者，大多步行取道于此，白琳建成的溪坪文昌阁自然成了这些学子的仰慕之地。

据《福鼎县志》记载，白琳溪坪文昌阁是福鼎历史上三大文昌阁之一（一在桐山书院，一在秦屿），为清嘉庆六年（1801）所建。

白琳溪坪文昌阁学堂坐东北朝西南，东北毗连着蛤蟆山丘；西南不远是白琳十景之一的金山，在与金山相距数百米的田野中是白琳茶厂；东南环绕着源自太姥山麓磻溪五蒲迂回不息的康山溪长流水；西北是依仗着沿山傍坡而建的白琳长蛇形老街。学堂占地面积大约十亩，前面是一片绿草茵茵的大操场，高低不平的简易篮球场和设备简陋的小活动场紧挨学堂两旁。学堂的主体建筑文昌阁为双层木质结构，由四面敦实的照墙紧箍着，包容了前低后高的两进楼阁。苍老的楼阁古朴典雅，气势恢宏，远远望去，大有宫殿之气派。那一高一低两进楼阁的屋脊之上，龙凤鸱吻，跃跃欲飞，神话人物，风采奕奕。前后两进楼阁与左右两厢楼房连成一体，形成一座典型的江南四合院。

学堂大门耸立着一座高大的牌楼，牌楼大门八字敞开，两旁花岗岩门柱上雕刻着秦篆楹联，上联是"种十七世阴功享兹祀史"，下联是"承三千年蹼纬以传文明"。牌楼上方双层飞檐稳重端庄，四角雕棱凌空翘起，仿佛是一尊既华贵又庄严的古代官宦之冠。牌楼下方的横匾上浮雕着"福鼎县白琳中心小学"校名，是时任校长陈明陶先生题写的行书，笔法苍劲有力，独具风骚。牌楼两侧与空斗青砖墙体壁联，酷似长龙的黛瓦墙帽蜿蜒其上。学堂前面的鹅卵石大路，一边毗连着白琳老街、村居民房，径直通往五十里外的福鼎县城；一边与白琳至秦屿古道相接，迂回通向福宁首府霞浦。大路两旁错落有致地并列着形态各异的垂柳，龟裂的柳皮与学堂一样苍老，一样久远。

跨进学堂大门，只见两棵金桂像忠实的卫兵挺立在前厅两旁的小天井中。金桂树高冠大，枝叶苍郁。无论何时，只要驻足其下，望着其冠，就仿佛闻到了金秋八月沁人心脾的芳香。前厅上方八角穹亭里的风花雪月、花鸟虫鱼，匠工精细，栩栩如生，让人

文昌阁门口的对联

不时地翘首仰望，赞不绝口。穿过前厅，先生办公厅外的巨大屏风远远地呈现在面前。屏风上端端正正地题写着圣人孔子名言：学而不厌，诲人不倦。这至理名言作为学堂训语，勉励过多少过往的先生，启迪过多少苦读的学子。屏风后面是宽敞明亮的办公厅。那时先生的办公厅与其说是他们办公备课、批改作业的地方，不如说是"戒备森严的营房"。尽管没有卫兵把守，学生们还是敬而远之，只在其外悄声绕道而行，就怕被先生们发现似的，一个紧跟一个轻手轻脚地步入自己的教室，真是"不敢高声语，恐惊先生们"。

绕过先生的办公厅，就来到了"U"形的大天井。天井四周养着各种各样的花卉，有牡丹、芍药、玫瑰、石榴，还有木笔、芙蓉、丁香、含笑，应有尽有，简直是一个小花园！天井北侧那四根浑圆的木柱托起了悬棱飞椽、雕花刻兽的巨大八角天穹亭台，特别引人注目。校长先生经常高高地站在那八角天穹亭台中央向全校师生训话，那话语声如洪钟，不用扩音喇叭也能传遍两厢教室的每一个角落，回荡在整个文昌阁大小厅堂之间。

与八角天穹亭台毗连的大厅堂，旧时是文昌阁举行祭奠孔子仪式的平台，设置为学堂后开辟成礼堂。礼堂宽敞幽深不太明亮，可以容纳三五百人，是师生们平时集会

的场所，也是节日演出的地方。礼堂上那小舞台十米见方，坚硬的樟树木板铺就，除此之外全涂上白色石灰，显得庄严肃穆。节日演出时小演员们可以在舞台上尽情地载歌载舞，可平日里学生们谁也不敢登上舞台越雷池半步。

大厅堂的后面是仅隔一层木板的小天井，由一道不高的泥墙把学堂与蛤蟆山丘隔开。沿着泥墙脚下，先生们利用空余时间以废弃砖块为材料砌成花圃，花圃中养着各种花卉。先生们戏称这个小天井是学堂的"后花园"，因为这是他们那时休闲与娱乐的场所。

小天井的一侧有一口清澈见底的水井，井水清甜可口，都说是孔圣人赐给他的弟子们用的；另一侧是先生们的厨房，厨房并不宽敞，只容得下三四张八仙桌。厨房里靠泥墙一边筑着一个长方形锅灶，锅灶一端可以用柴片蕨草烧菜，另一端可以谷壳当燃料蒸饭。那时，先生们每天往返于学堂两厢楼房上层的宿舍、低矮简陋的厨房和学堂两厢楼房下层的教室，他们就是这样日复一日地辛勤教学和平淡地生活着。

白琳溪坪文昌阁是白琳古代的孔庙，是民众祭奠孔子的圣地，八角天穹亭台则是民间社戏的舞台。从八字敞开的正大门到宽敞幽深的大厅堂直至小巧玲珑的"后花园"，径直虽然不足百米，两厢之间也不过五十米，但它浓缩了白琳地方亭台楼阁的建筑特色，展现了白琳地方传统文化的精髓，是白琳一座历史悠久的古建筑。可惜的是白琳溪坪文昌阁后来被毁，拆去了小学堂，开出了几亩地。

随着年岁与日俱增，我对白琳溪坪文昌阁学堂的历史变迁越发感兴趣，对其办学的延续也更加关注。

白琳溪坪文昌阁学堂创办伊始开设初、高级班，次年仅办初级班。1915年，学堂更名为白琳初级国民学校。1921年复办高级班，旋因生员寥落，又只设初级班。1950年，改称白琳中心小学，为区立重点小学。1956年9月，小学开始附设初中班。1959年2月，初中班从小学析出，在白琳中街杨府爷宫山岗上独立设置福鼎三中（初中部）。1970年2月，文昌阁小学校舍在"农业学大寨"运动中被拆还田，该校并入福鼎三中，时称福鼎三中小学部。由此，福鼎三中就成为那时宁德地区唯一一所九年一贯制的学校。这一拆迁合并，也结束了白琳溪坪文昌阁学堂65年的办学历史。

历史在发展，办学在延续。1980年9月，白琳中心小学独立建制，恢复设校，但是校舍仍蜗居在福鼎三中围墙之内。1984年9月，白琳中心小学迁往白琳街头顶三牛栏，征用里溪头林场和统坪群众用地为校园。学校始建一幢教学楼，1993年又建一幢教师宿舍，1998年再建一幢教学综合楼。校园面积20000多平方米，建筑面积5000多平方米。2003年9月，学校又迁址白琳鹅域，投入830万元，修建起了在宁德市农村中心小学中堪称一流的校舍。校园面积27亩，建筑面积5300多平方米。

白琳中心小学从 1905 年在白琳溪坪文昌阁创办至"文革"前夕的 65 年中，历任校长约有 22 位，其中 1905—1949 年间 10 位为孔昭淦、陈梅亭、许穆臣、周荫莲、裘雪庵、陈瑶卿、沈锡庚、陈玉婵、林震、蔡德珍；1949—1966 年间 12 位为朱友为、周志平、周天培、卓亦溪、林本旺、陈猷源、陈明陶、刘正鉴、蔡子清、林亚端、李笃英、王祖修、刘正鉴（重任）、陈明陶（重任）。

孔昭淦先生是白琳溪坪文昌阁学堂首任校长。孔昭淦，原名昭新，字冠廷，号桂舲，世居福鼎管阳西昆，为孔子第七十一代裔孙。光绪十年（1884）科进取县庠生，光绪十六年（1890）科录取补廪，光绪二十三年（1897）科乡试荐卷，被福鼎知事黄鼎翰聘为乡土志协修。宣统元年（1909）科取中拔贡，同年被公举为福建省咨议局议员。孔昭淦先生热心社会公益，关心地方兴革，任省咨议局议员时，力提裕国利民议案，除衙蠹、禁缠足等事项皆切中时弊。废除科举以后，孔先生出任玉林小学堂暨官立高等小学堂堂长，其极意改良私塾，授学循循善诱，上司嘉其热心教育，委充其为县视学兼劝学所长。

白琳溪坪陈梅亭和陈瑶卿（笔者的曾祖父和祖父）一对父子，先后在白琳溪坪文昌阁学堂任校长。

陈梅亭，清末贡生，名传镫，字礽耀，别字叟鹤，号梅亭，又号梅臣，官章蔚青。光绪二十五年（1899）科蒙戴宗师取县学第二名入泮，任区立玉琳小学堂校长十有九年，光绪三十二年（1906）又任鼎邑修志局分修。身为学堂校长，他好义急公为民众。1921 年，与翁江萧仰山、白琳许穆臣等人发起并捐资修复周仓岭古驿道，修建"泗洲文佛"亭，方便民众来往通行。1924 年，福建时局嬗变，官兵流窜浙江过境白琳，到处索款拉夫，民众匿不敢出，其沿街劝导民众应役，并躬自前行，直至浙江桥墩始得返回。何金标、厉木恭股匪闯入白琳，焚毁房屋，抓丁勒饷，其亲赴贼窝斡旋以解救难民，倡设民团以抗股匪。

新中国成立后，陈明陶、刘正鉴两位都曾两次接任白琳中心小学校长，这是白琳乃至福鼎教育史上罕见的。他们虽然没有惊天动地的业绩，没有如雷贯耳的名气，但是他们为白琳教育事业的延续和发展呕心沥血，鞠躬尽瘁，值得一书，值得传扬。

白琳溪坪文昌阁学堂是我们童年成长的摇篮，慈祥的先生们是我们难忘的良师益友。从一年级到毕业班，先生们的音容笑貌、举止言谈，现在还铭刻在我们心灵深处。一年级时胖墩墩的点头人朱瑞珍先生，仅让我们学会数字"8"的正确书写，不知耗了多少休息时间。二年级时又高又瘦的店下人李竹坚先生，指导分角色朗读《狼和小羊》，给我们留下了难以抹去的印象。三年级时高高鼻梁的桐山人周品祥先生，是一位不可多得的少先队辅导员，他和少先队员一样，不管是在校内还是在校外，也不管是酷暑严寒还是周日节假，红领巾总是在他的胸前飘扬。四年级时铁面无私的点头人李毓英先生，是巾帼不让须眉，我们对她敬而远之，十分佩服。五年级时既严肃又可亲的管阳人马坚忍先生，年纪轻轻，生活异常考究，他身上中山装的风纪扣总是扣得严严的，我们望而生怯又肃然起敬。六年级时能歌善舞的桐山人施美影先生，能说一口标准流利的普通话，还能跳欢快激情的新疆舞蹈，她那一出独舞《美丽的新疆》，经久不衰，是当时白琳文艺演出的保留节目。值得一提的是福州人张桂如先生，1956年从福州师范学校毕业，统配来到白琳工作，她文质彬彬，风度翩翩，俨然像一位帅气的男子。她是我们六年级的算术老师，酷爱文学，善于交谈，经常给我们讲故事。一次，她代课班会给我们讲《林海雪原》故事片段，当讲到"血洗夹皮沟"一章一些抗联战士被土匪许大马棒杀害后首悬树上恐吓群众时，她哭了，我们也哭了。

　　白琳溪坪文昌阁学堂六载时光，先生们睿智的思想、崇高的人格、丰富的知识、慈母的爱心，像雨露似的滋润着我们健康成长，如明灯一般领引着我们走向人生。

　　时光流逝，印记依旧。我至今还深切地怀念着白琳中心小学的前身白琳溪坪文昌阁学堂。它经历了漫长的风风雨雨，培育了一代又一代的学子，现在虽然宝物荡然无存了，但是它仍然铭记于我们心间，是我们心目中永远的母校！

白琳中心小学拆校还田追述

☙ 庄孝赵

白琳中心小学创建于清光绪三十一年（1905），初为区立玉琳高等小学堂，民国时期称白琳中心国民学校，1950年改称白琳中心小学。"文化大革命"期间，为扩大耕地面积，除大砍"六头"（鸡头、鸭头、蔗头、芋头、茶头、果树头）外，还掀起"拆屋还田"的浪潮。这所有60余年历史的小学，于1970年初被拆还田。

这所小学设于白琳溪坪（街尾）文昌阁。原校址是否为农田不详，但笔者记得学校北面毗连一块坡地，屋辟坡而建，也许占有部分田地。在记忆里，校舍建筑为双层砖木结构。由大门进入有一小厅，再进去有一个天井、一个大厅，东西两厢为教室，上层两厢为教师宿舍，靠东北有一间为厨房。校舍四周为围墙，大门前面和学校西面各有一块操场。大门口有条石路直通吕沙线白琳段，长数十米。东南距白琳茶厂数百米。整个校园占地面积近10亩。

该校被拆后并入福鼎三中，称福鼎三中小学部，使福鼎三中成为宁德地区唯一一所实行九年一贯制的学校。三中校舍原已不足，白琳小学并入后更为紧缺，部分学生无法开课。于是便将小学拆下的木料搬到三中，临时搭建几个简陋教室，解决了小学生上学问题。其时，我在三中任教，曾带领学生搬运木料，所搬的木料大多为半新的杉木、杂木，有些还相当粗大结实，并无腐朽之痕迹。

既然拆校是为了"还田"，就不能误了农时。因学校地基略高于毗连的农田，需抓紧加以改造，于是福鼎三中组织各班级师生轮流突击铲土。直到地基铲至略低于农田，然后送水浸田。不料，土里混杂着大量的碎瓦、砾石，教师又带领学生摸泥，将碎瓦片、小石块抠出，细细拣，反复摸。这样连续干了一个星期。时值盛夏，骄阳当空，学生们累得汗水涔涔，腰酸背痛，一个个手指红肿磨破，但为了增产粮食，大家毫无怨言，不怕疲劳，连续作战，终于将碎瓦、小石基本拣干净了，及时种下稻子。

白琳中心小学拆校迄今30余年。时过境迁，岁月沧桑，其"还田"之"田"早已不复存在，均已变为商店林立、楼房鳞次栉比的白琳镇最繁华的商业区。

（本文写于2000年）

白琳镇医疗卫生发展轨迹

陈献新　林秀利

白琳镇人民在长期生产生活中积累了极其丰富的以青草药治病方法和经验,涌现出一批民间医生。

1921年,李景梅医生坐堂开诊,以青草药为主,擅长配合针灸、刮痧、拔火罐等治疗百姓因风、寒、暑、湿诸邪引起的疾病,人尊称他为"景梅仙"。时有一陈姓青年中暑,昏迷不醒,身热三日不退,家人认为不治,准备后事,经李景梅医生针刺、刮痧,竟然开口说话,后经汤药调理痊愈。

杨楚卿熟读《黄帝内经》《伤寒论》等,精研《温病条辨》,16岁便悬壶济世,望、闻、问、切精确,开方合乎理法。时逢沙埕、黄岐一带大疫流行,疫情来势凶猛,乡人用轿子将杨楚卿医生抬至疫区。他审时度势,因地制宜,开方施药,两个月间救人无数,控制了疫情。此后,每年都在六七月上沙埕、黄岐进行诊治一两个月,当地群众称他为"杨半仙"。

1926年,欧阳光览之父(佚名)受省城都市文化影响,回家创办药铺,取名"卫生堂",聘请外地名医坐堂,经营中药、补药、成药,并有少量西药,为当地人民治病买药提供了极大方便,生意一度兴隆。1936年,吴世和投入资金5万元创办"逢春堂"医药批零店,1938年改名"双春堂",1944年又改为"平安堂",经数年精心经营业务大增,批发扩展到霞浦、福安等地。"平安堂"对药材质量要求严格,研究加工炮制,坚持次货不出门,获得病人、客户信任,与县城陈洛生、蔡回春的大药铺并驾齐驱。

此外还有绰号"老吴仙"开的"吴和堂"和蔡存隆父亲开的"先贤堂",虽然规模不及"平安堂"但生意也不错。同时有专治跌打损伤的林志扬,专治毒蛇咬伤的蛇医山后村民叶阿雷,以膏药外敷治疗疔、疮、疖、痈等无名肿痛的"安利堂",及专门收集新鲜青草药为人治病的"老包仙""老董仙"等。

而肖楚孙、蔡泽民,则是在家中坐诊不开药店,二人熟读《素问》《金匮要略》《伤寒论》,通晓"四大名家",精通"频湖脉法"。肖楚孙曾在地区医院工作,善治疑难杂症。蔡泽民则对妇科不孕、带下崩漏颇有造诣。同时比较有名的有李国臣、张绍毅、林文灏、林振。李国臣善治风寒,张绍毅擅长妇女杂症,林振专攻儿科,各有所长。

在白琳镇相邻几个较大村都有诊所，譬如沿州、翁江、翠郊、郭阳的诊所都具有一定规模。1956年"先贤堂""卫生堂""平安堂"实行公司合营开办联合诊所，此为白琳医院前身。

中华人民共和国成立后，福鼎卫生工作贯彻"面向工农兵，预防为主，团结中西医，卫生工作与群众相结合"方针，于1955年3月在县卫生科领导下，由周庆命、蔡泽民、肖楚孙、蔡存隆等7人成立白琳联合诊所，以中医中药为主开展中医内科、妇科、儿科医疗工作。1958年8月在上级党委政府领导下成立了白琳卫生院，共有人员11人，以蔡存隆、陈延希为院长，开设中医内科、西医内科，由陈少山医生开创外科清创引流术，陈玉姿医生开展新法接生，并成立防疫组进行血吸虫、丝虫病、疟疾、百日咳、天花等预防接种工作，设立检验室，开展三大常规检查。20世纪60年代中期引进一台75毫安X光机，当时人员有20人，病床10多张。70年代中期在上级领导支持下新建一座病房大楼，购置血生化仪，开展生化、肝功等检查，并且更新一台200毫安X光机，为当时本县乡镇功率最大的拍片机，并添置一辆救护车，病床增加为30床。80年代中期医院通过送出去进修等方法来提高治疗水平，医院能开展下腹部外科为主的阑尾炎、疝气、计划生育结扎、外伤清创缝合手术，医务人员增加到五六十人，防疫工作更加广泛，开展妇幼保健工作。90年代中期在镇政府关心支持下，征地面积3400平方米，并新建院舍800平方米，功能科室较为完善，行政管理更为细致。至2010年，医院在岗职工76人（其中主治医师3人、医师护师29人、医士护士13人），核准病床40张，设有内科、外科、妇产科、骨科、检验科、放射科、B超心电图室、手术室、公共卫生科等功能科室，并拥有相应的医疗设备。卫生院占地面积4275平方米，建筑面积1416平方米，新建1700平方米的病房综合楼，可承担辖区22个行政村共4万人口日常疾病的诊治和护理以及基本公共卫生服务。医院各项工作进步较大，医疗业务辐射到磻溪、点头等周边乡镇，实际服务覆盖人口近6万人，业务收入连年上升，各项工作走在全市乡镇卫生院前列，为当地医疗卫生事业的发展作出应有贡献。

白琳业余京剧团

◆ 陈少华

白琳是享誉中外的工夫红茶之乡，也曾是国粹京剧艺术风靡之地。

早在抗日战争胜利前夕，酷爱民间艺术的白琳人就发起了搭建戏班的倡议。1923年从浙江苍南宜山迁居到白琳中街的梁其媄，是白琳戏班的创始人之一。1945年，48岁的他凭借着自幼喜好吹拉弹唱的浓厚兴趣，与白琳大马路的陈玉西和翁江的姚仁贵等人四处奔走，招兵买马，两个月时间就拼凑起了白琳戏班，称白琳文明京剧团。但是，鼓噪一时的白琳戏班因为解放战争，很快就夭折了。

新中国诞生，曙光在前，百废待兴，给夭折不久的白琳戏班带来了新的希望。

1950年冬，梁其媄重新搭建戏班之心未泯，多次与当时的京剧戏迷林杰生、陈松西、徐昌节等人一起商议搭建事宜。为此，他们到处张贴海报，日夜奔走相告，一面招收新的学员，一面争取多方捐资。一时间，重新搭建戏班成了当时白琳的一大新闻，不少青少年都跃跃欲试。功夫不负有心人，一个月之内，他们就搭建起了一个有20多名当地青少年报名参加前台表演组和后台鼓乐队的戏班。

重新搭建的白琳戏班汲取教训，抛弃东拼西凑演员以应付临时演出的陋习，重点培养表演人才和鼓乐队骨干。当时，戏班聘请了浙江省平阳县北港王定仁老先生执导，他以生、旦、净、末、丑行当的要求，物色对象给予专门指导训练。戏班选择在白琳街道袁氏合茂大厝内排练，以集中定时排练为主，配合政策宣传活动，努力提高小演员们舞台表演水平。戏班每排练成熟一部正剧，都首先在本地试演一场，修改充实后受邀到外乡村演出。那时，崭露头角的新生白琳戏班在集镇的街头巷尾表演，与民众一起分享着新中国诞生的喜悦；在乡村的田间地头演出，留下了他们宣传土地改革政策的足迹与身影。他们所到之处都受到了观众的欢迎和好评。

戏班重新搭建之后，辗转于白琳街道袁氏合茂大厝和离街道不远的承天山潘上庵、禄马山和尚寺和亭下天王寺之间排练，成功地练就了《徐策跑城》《打渔杀家》《斩经堂》等10多集折子戏和《白蛇传》《小枪山》《清风亭》等20多部正剧，同时涌现出了曾学信、曾兆雄、周一锋、李观政、杨承龙、陈明连、黄钰珠、梁夏妹、刘梅仙、张利生等一批多才多艺的舞台新秀，林杰生、陈松西、丁兆生、詹振秋、陈延焜（笔者的父亲）等一支一专多能的鼓乐队骨干。那时，白琳戏班远近颇有名气，外地邀请演出接连不断。1953年正月，白琳戏班与前岐、沙埕、秦屿戏班在福鼎城关南校场即后来的国营福鼎茶厂同台演出3天，最后获得了在县政府中山礼堂献演的殊荣。

重新搭建的白琳戏班有痴迷于京剧事业的老一辈人的执着，也有献身于京剧表演艺术的年轻人的艰辛。

梁其媸为白琳戏班的重新搭建，可谓费尽心机，呕心沥血。戏班开班伊始，他不顾家人的强烈反对，毅然无偿地捐出他在白琳几十年苦心经营米厂、酒厂、南货、肉铺、旅店所得的一大部分积蓄，并和其他戏班头一起沿街说服那些店家捐资，以这些钱作为戏班排练的启动经费，购置戏服和道具，聘请外地导演，支付戏班开销。不仅如此，他还先后动员自己的大女儿、小女儿、大儿子及大儿媳妇加入白琳戏班。在他的影响和鼓励之下，他的子女们后来都成为白琳戏班的台柱。

科班生活是锻造小演员的熔炉。在闭门排练的初始阶段，家长式的严厉、白眼、责骂，甚至惩罚，小演员们开始时难以忍受，到后来的司空见惯；舞台基本功训练，小演员们一个个起早贪黑，风雨无阻，不分严寒与酷暑；嗓子吊哑了，喝一口白开水润润喉便是；大腿劈疼了，站立一会儿又继续；翻跟斗身子散了，躺在地上喘一口气就起来；走台步脚跟麻了，墙根还没靠稳又开始；一招一式，一次不行，都要推倒重来。小演员们就是这样日复一日地练就了京剧舞台的各种基本功。在走向乡村登台表演的日子里，没有公路，没有车马，演员们经常自挑行装，跋山涉水步行前往；戏班下乡没有办集体伙食，演员们就入乡随俗分户到群众家里吃家常便饭；下乡演出都是日场之后连夜场，演员们带着脸谱吃饭已经习以为常；夜场之后的歇息，演员们的宿舍不是在宫庙里，就是在戏台上。就这样，演员们同舟共济度过了一个又一个春夏秋冬。

路遥知马力，日久见人心。魔鬼似的训练，长时间乡村艰苦跋涉，造就了像曾学信、黄钰珠、曾兆雄、周一锋等一批京剧表演人才，吓跑了一些把进戏班视作可以抛头露面、彰显自己的意志脆弱者。

1955年冬，以排练曲目为主、少有外出盈利演出的白琳戏班，经费到了极端困难的地步。经费的困难直接影响着演员们的情绪，从那时起戏班开始松动，演员由原来每天绰绰有余的3桌人马很快就减少到不足10人，有的演员还不打招呼就暗地开溜。刚刚开班时，每餐可以六菜一汤吃得很丰盛，到后来只能把用盐巴炒熟的黄豆装在竹筒中让演员们夹着下饭。作为创始人之一的梁其媸也几乎到了倾家荡产的地步。已经到了山穷水尽的白琳戏班，不得不自行解散。戏班解散之后，享有台柱之称的曾学信、黄钰珠、曾兆雄、周一锋、李观政、陈明连、梁夏妹、张利生等8人在戏班头之一的林杰生斡旋下，受聘前往寿宁县京剧团参与演出。

1956年,毛泽东提出了"百花齐放,百家争鸣"的方针,这是繁荣和发展社会主义文艺事业的指导方针。自那时起,从中央到地方层层贯彻落实"双百"方针,给了白琳戏班又一次新的契机和新的希望。

次年正月,梁其媄深感重新组建白琳戏班机不可失时不再来,就再一次邀请京剧戏迷林杰生、陈松西、徐昌节等人在自己家中商议,并且建议改白琳戏班为白琳京剧团。他们用了3天时间认真讨论组建方案,方案拟定之后,立即报请当时的白琳区委审批。

简成坦,农民出身的土改干部,1958年3月自福鼎前岐调任白琳区委书记。他熟悉农村工作,重视群众文化生活,一收到组建剧团的报告,经过认真调查研究之后就批准成立,并且根据农村实际建议把该剧团命名为"白琳业余京剧团"。

1958年5月,白琳业余京剧团正式成立!

白琳业余京剧团成立的消息不胫而走,感召着远在寿宁的原白琳戏班8位台柱。他们谢绝了寿宁同仁的挽留,放弃了优沃的待遇,毅然卷起铺盖回到了离别3年的白琳,重归科班故地——白琳业余京剧团。

白琳业余京剧团的成立,像是一块磁铁吸引着众多决心投身于京剧表演艺术的青少年。他们中间有来自本地的杨德渺、卓兆生、卓亚弟、潘德春、蔡佳奖、林春妹、黄秀英、李荔枝等,也有来自外乡的林章团、梁亦雪、梁亦銮、王念慈等,还有浙江苍南的林开进、戴美秋等也不顾路途遥远闻讯前来加入。

白琳业余京剧团成立之际,在区委的领导下展开了几场热烈的讨论,制定了切实可行的规章制度。在充分酝酿的基础上,民主推举曾学信为团长,黄钰珠为副团长,并且聘请梁其媄老人为顾问;剧团实行"自负盈亏"经济体制和演员工资等级制度,以贯彻社会主义酬劳政策;剧团坚持科班培养演员的传统办法,摒弃老旧落后的家长式恶习,以演代培,演培结合;剧团高薪聘请名师执导,提高新老演员的舞台表演水平,以图走出家门扩大剧团的影响力。

陈少亭,浙江省温州市松台八角井人。他曾在上海京剧三团担当过A角武生演员,后因舞台表演不慎脊背受伤,受伤之后他退而受邀地方剧团担任导演。他精通许多京剧曲目,娴熟生、旦、净、末、丑不同行当表演技艺,台前幕后一把手,可掌鼓可操琴,登台表演不减当年遗风。他执导既严厉又细腻,言传身教重在细节,一招一式程式严格,不失经受名剧团锤炼之风范。他是白琳业余京剧团乃至白琳戏班历史上执导时间最长的导演,演员们与他相处无不尊敬地称他为严师慈父,久久不能忘怀。他1966年3月告老回家,他的得意门生鼓乐琴师杨德渺曾多次专程前往拜访,长叙师徒之情。

重新组建的白琳业余京剧团,有段几经周折的办团经历,有一批吃苦耐劳的老一辈演员的支撑,有一群勤学苦练的新生演员的补充,有一位蜚声远近的名师执导,还有一些热心京剧事业的领导的关心和支持，真正迎来了"百花齐放，百家争鸣"的春天。

白琳业余京剧团在党的正确路线指引下，伴随着时代的脚步，克服了重重困难，不负众望得到了巩固和发展。其间，剧团成功地演出了《三岔口》《游龙戏凤》《宋江杀惜》等一百来集折子戏和包括《包公案》《施公案》《彭公案》《杨家将》《水浒传》《三国演义》等在内的一百来部全剧。那时，剧团足迹遍布全县各区乡，还长途跋涉于本省外县福安的赛岐、甘棠、坂中、白石，霞浦的牙城、三沙、水门，柘荣的黄柏、富溪、乍洋，和浙江省苍南县的桥墩、莒溪、矾山、马站、钱库，泰顺县的雅中、泗溪等地演出，也经常赶赴浙江省平阳的瑞安、北港、南雁和苍南县的灵溪、金乡、矾山等地参加庙会斗台演出，获得好评，载誉而归。

多年来，剧团孕育了一大批顶梁台柱，老生曾学信的《四进士》《赤桑镇》《徐策跑城》，青衣黄钰珠的《白蛇传》《玉堂春》《苏三起解》，花脸曾兆雄的《闹寿堂》，武旦林春妹的《穆柯寨》，武末梁亦銮的《芦花荡》，文丑周一锋的《邱玉成斩子》，卓亚弟的《打渔杀家》，林开进的《野猪林》……这些名角，在那些年里粉丝遍布；这些曲目，在那些年里久演不衰。

白琳业余京剧团是名副其实的业余剧团，演职员来自各行各业，有务农的，有经商的，有阉猪的，有孵坊的，还有看病的，他们不论是在剧团组建的初始阶段还是在鼎盛时期，始终按照区委的要求，坚持做到农闲外出演出，农忙就地白天各自工作，晚上集中排练。其间，区政府还专门贷款为演职员及其家属兴办了竹编加工厂，让他们自食其力从事手工编织，增加家庭经济收入，这样既让演职员安心排练与演出，又为他们排除了家庭生活之忧。剧团组建不久，为了减轻演职员返往路程的困难，区委同意排练地点从远离街道的承天山潘上庵，转移到白琳街尾镇工会所在地（即今白琳自来水厂），以方便他们的生活、工作与演出。

1959年10月，为庆祝新中国成立十周年，福鼎县举办1949年后第一次文艺汇演。汇演期间，各路剧团云集，展演曲目众多，八仙过海各显其能。白琳业余京剧团在献演现代革命京剧《黄淑宗》中，演员们以精湛的演技、洪亮的唱腔，抒发了对革命先烈无比崇敬之情，表演得淋漓尽致，博得了在场评委和所有观众的热烈赞赏，独占鳌头，获得汇演一等奖。这一成功演出奠定了白琳业余京剧团作为当时福鼎县区乡一级支柱文艺团体的地位。这是白琳业余京剧团历史上浓墨重彩的一笔，是当时所有演员的骄傲，是白琳京剧演艺界有史以来200多名艺人的自豪，也是白琳人民群众的荣耀。

1966年，"文化大革命"开始了，正处在蒸蒸日上的白琳业余京剧团，不可避免地被解散从此销声匿迹了。

白琳业余京剧团虽然不复存在了，但是它几经兴衰的历史永远值得我们深思，那些为创建白琳戏班历经磨难的前辈们永远值得我们怀念,那些为繁荣白琳京剧事业付出艰辛的演员们永远值得我们记忆,那些为白琳业余京剧团的建立、生存和发展出谋献策的人们永远值得我们推崇。

（本文写作得到了张时锭、周一锋、杨德渺、林春妹、梁开浪等的帮助）

福鼎木偶和白琳新民木偶剧团

陈玉生

我国木偶分为杖头、皮影、提线、布袋四大类，在国内外享有盛誉的有上海和江苏泰兴的杖头木偶，河北唐山的皮影木偶，福建漳州的布袋木偶和福建泉州的提线木偶。特别是泉州木偶，历史悠久，技术过硬，大胆革新，把杖头、布袋、提线三者合一，演红了东南亚各国和美国、德国几十个国家，深受国内外观众好评，被称为我国木偶之首。

福鼎提线木偶，古称"悬丝木偶"，俗称"傀儡戏"，又称"戏仔""七条线"（过去木偶只用七条线来操作），距今大概有600多年历史。明代学者谢肇淛《长溪琐记》："大金所一民妇怀孕满月，家中偶采傀儡，演出《五显》传奇，场中扮一小鬼使，蓝面獠牙，头生三角，妇见之惊，就寝所产一儿，异彩怪状，与适所见分毫无别。"这里《五显》

提线木偶

即神鬼戏。这一记载说明福鼎在明代就有木偶剧。唱腔是南剧和乱弹，这是两种明代时在温州地区发源并流行的剧种。福鼎地处于闽浙边界，与浙江温州地区泰顺、平阳（包括今苍南）毗连，受浙江温州地区的影响较大。福鼎木偶生旦净讲韵白，而小花脸（丑）、店主、酒保等讲福鼎话或用快板形式说明，使观众易懂，能理解剧情，深受观众欢迎。演的剧目多是连续剧，如《绿牡丹》《粉妆楼》《薛仁贵征东》《薛丁山征西》《小五义》《月唐演义》《雌雄梅花剑》《七星楼》《封神榜》《江湖奇侠》等。还有彩戏和折子戏，如《刘海砍樵》《柴洪拜寿》《太阴图》《徐策跑城》《斩经堂》《朱家坟》等。福鼎木偶剧团拜田都元帅为祖师，每班都有一个"麻古亮"，就是田都元帅的替身。在演出前要点香参拜田都元帅，祈求演出成功，保全班平安。每逢初

木偶戏

一、十五早上要杀鸡、敬酒、烧香。农历八月廿三日是田都元帅诞辰之日,要摆福筵,烧天金元宝,祈保演职员和家人等平安,来年生意兴隆。

福鼎白琳新民木偶剧团,1960年由县文化科正式批准成立,发给演出证。团长徐振朝(1910—1978),原系福鼎管阳西阳北山村人,其兄徐振娇拜泰顺雅中欧其寿为师,从事木偶谋生。徐振朝自幼爱好文艺,受其兄影响,也同样走上木偶生涯。11岁时跟随其兄参加木偶演出,15岁时同管阳天竺林守乾及徐振娇合股正式办木偶剧团(当时是讲老林班),在管阳、泰顺、点头、白琳、桐山等地演出,很受群众欢迎。据徐振娇子徐茂进讲述,浙江平阳人民政府非常重视木偶,来泰顺、福鼎招收木偶艺人,徐振娇与林守乾二人参加平阳木偶剧团,徐振朝因多子女,生活困难无法参加,把原合股办的戏箱(戏担)卖掉,本人则带着儿女定居白琳康山(王渡头村)重新办起木偶团巡回演出,由于有较好的传统木偶艺术和南调乱弹的唱腔,深受群众欢迎。特别是演《奶娘传》(即《通天圣母传》)与众艺人很不相同(剧情基本相同,但做法不相同),首先自己画了四大天王符贴在舞台四方,把田都元帅梨园祖师挂在舞台中间,摆好茶、酒、果,点上香,念着传统祖师咒:

啰天哩,哩啰天,我是灵鹫白鹤仙;
玉皇召我上宝殿,命我回家去投生。
玉皇封我三太子,威风凛凛出天门;
我是灵山白鹤童,降生凡间田家中。
笙箫五乐我喜爱,琴棋书画件件通;

大比五年进科场，二八得中探花郎。
皇宫内院出妖怪，收妖灭怪御花园；
唐明王，喜盈盈，召我上殿问分明。
论功劳，赏御酒，连饮三杯醉酩酊；
醉卧后宫御床上，三魂七魄去遊宫。
娘娘见我多喜爱，手拿玉笔画丹青；
蜉蝣画我额头上，故此魂魄不投身。
敕建梨园探花府，田都元帅显威灵；
唐明皇，整戏班，封我民间喜乐神。
玉封九天风火院，游行天下救万民；
妙卢天尊传正法，黑白二将护我身。
郭赵二将两边把，郑一郑二把坛庭；
金花银花二小姐，梅花李花二小娘。
手提九天幔天帕，收除邪魔鬼怪精；
哪个城市我没去，哪个乡村我没行。
锣鼓见响我就到，戏文台上我领先；
啰天哩，哩啰天，邪魔鬼怪走天边。
连唱三声啰天哩，邪魔鬼怪走千里；
再唱三声哩啰天，田都元帅斩妖精。

念完后本团演职员才上台演出，7天13场戏，天天如此香烟不断。当演到圣母出世时，本人和村民首事跪在台下用圣杯以跌杯签为准。如"三圣一阳"说明圣母真正下降，台下放炮，台上敲锣打鼓，奏乐迎接，圣母降生，热闹非凡。如"圣母巡游"，各地收妖捉怪时，吹龙角步罡踏斗求雨行罡等木偶提线非常逼真，请神捉妖都是运用当地道士的腔调，很吸引观众。该团以演传统历史连续剧为主，演出了《薛仁贵征东》《绿牡丹》《小五义》《地宝图》等，直至"文化大革命"停演。1978年，徐茂进重新办起木偶戏担，组织了白琳新民木偶剧团巡回演出；2010年与黄学仁、张书建等人解放思想大胆革新，合股办起大型天桥舞台，电脑布景，改革音响，成为一个新型剧团。

基督教在白琳的发展

胡亦清　杨应杰

清光绪二十年（1894），英国传教士伊式雄牧师从福宁府到福鼎传道，揭开基督教在福鼎发展的历史。白琳的基督教发展有两支，一支为圣公会，一支为聚会处。圣公会又称圣公宗，安立甘宗，英国国教派，基督教聚会处又称兄弟会，是地方教会，不设牧师、教师等圣职人员，只有信徒、同工、长老称谓，负责聚会时的整顿兼办理一些事务性工作。20世纪20年代初，聚会处主要创始人为福州的倪拆声，创办《复兴报》（后改为《基督徒报》），因为他们唱的诗歌出自达秘派的《小群诗歌》，故被称之为"小群派"。1926年，倪拆声赴上海开辟地方教会，成立上海基督教聚会处。

白琳基督教圣公会由曾泉星（江西人）传道，由李云生（闽南人）传到白琳。光绪三十二年（1906）白琳圣公会成立，教堂设在白琳街头下，曾泉星、陈礼贤等购房屋三榴作为会址，有英国人偶尔到教堂传道。土匪何金标劫掠白琳时，放火烧毁街头下布道所，房内椅凳及什物散失一空。教堂没了，先是租在街尾胡家阿锦油行，后在里溪头（现教堂原址）租二榴房（1946年买）作为教堂传道之场所。圣公会传道士有陈永光、余礼义、胡濂坡、陈辅丞、郑德玉、李云灯为该堂负责人。1945年，白琳圣公会统计有信徒35人（其中男30人，女5人）。1953年圣公会取消，教众活动也停止了。改革开放后，基督教圣公会于1981年恢复了教堂活动，并落实宗教房产政策，于1983年在统坪顶旧屋建起新教堂。圣公会教堂教众活动有了新场所后，教众也不断增多，一时达300人。1993年磻溪岭头山教会从白琳分出，另设教堂。2005年，因统坪顶教堂面积太小，容纳不了教众，由陈进吉、游正泉、郑祖南、朱美玲等人发起，在里溪头原教会旧址建设600平方米的教堂。原来的教堂由教会牵头创办鞋加工厂。

基督教聚会处创立于福州，1950年9月23日白琳二堂（圣公会教堂称一堂，又叫玉琳堂）建立，初在白琳岭头仔陈阿全家聚会。"文革"期间聚会处活动以农村家庭式聚会形式存在，牵头者有胡长和、林德蒙、谢学金，内容主要是心理辅导。方便简捷的活动形式，使聚会处教众人数发展很快。1982年信徒增至120人，负责人是曾曜信。1984年，在建安石材厂旁建设新教堂（二堂）。2002年，信徒达280人。

（本文参考了陈进吉、裘秋英提供的资料）

福鼎三中五十年

福鼎三中50周年校庆筹委会

福鼎三中创建于1956年9月，原为"白琳小学附设初中班"。1959年3月，经福鼎县人民政府正式定名为"福鼎县第三中学"。1970年3月，增设高中部，同年，白琳中心小学并入福鼎三中，称"福鼎三中小学部"，使福鼎三中成为当时全地区唯一的一所实行九年一贯制的学校，直到1980年白琳中心小学独立为止。初建时仅两个班，学生数112人，2006年发展到初、高中6个年段35个教学班，学生总数达1940人。教职员工由6人增至现在的117人。建校50年来，有45届初中毕业生，31届高中毕业生。初、高中毕业生共达12656人，其中，初中毕业生8940人，高中毕业生3716人，为高一级学校选送了一大批优秀学生。据不完全统计，1977年，恢复高考制度以来，考上大专院校的有1640人。50年来学校大致经历了初创、发展、挫折、巩固、开拓和创新6个阶段。

一、开辟草莱，创校维艰（1956—1958）

1956年9月，上级派陈希立筹建"白琳小学附设初中班"。在此之前，福鼎全县仅有福鼎一中一所完中。初中班的设立，使白琳、店下、秦屿、点头、磻溪、管阳、硖门、崳山这一广大地区的学习得以就近升入中学学习。初创时，校舍设在白琳溪坪文昌阁，借用白琳小学教室上课。来自上述地区的近百名寄宿生租赁王渡头旧茶馆（现为白琳酒厂），挤睡通铺。晚自习在厅堂走廊，8个人围着一张餐桌。1957年春，由白琳小学校长陈明陶选定校址，在白琳杨府爷岗（现校址）建了3间教室。杨府爷岗原是山坡地，杂草丛生，虫蛇出没，山崖嶙峋，乱石累累。学校负责人一边抓教

1957年的教学楼

学，一边带领师生利用课余时间，披荆斩棘，凿石挖土，用双手开辟校园，艰苦建校。1957年秋，上级拨款500元，建了一幢五楹两层木构的师生宿舍，一座简陋的膳厅和厨房。接着建教学楼，增加了9个教室，初步形成了教学区。

1958年，特大台风刮倒膳厅，师生们只好在教室用餐。但师生们并没有被困难吓倒，而是自己动手拔茅草，建了一座茅屋膳厅。在白琳镇人民政府的支持下，师生们继续辟杂草，搬乱石，开辟大小两个操场，使学校逐步初具规模。1958年，学校改为连队建制，庄孝赵任学校连长，配合陈希立带领师生投入大炼钢铁运动。

二、奋力拼搏，力争上游（1959—1965）

1958年，班级猛增9个班，学生数达500余人。1959年3月，县政府正式将"白琳小学附设初中班"改名为"福鼎县第三中学"，并派陈世良任校长。当时，学校有"三差"：一是办学条件差，校舍不足，教师曾一度睡通铺，缺少办公室，教学设备缺乏而简陋，图书仅有200余册；二是教师大部分学历不达标，全校没有一人是师大毕业；三是学生学业基础差。但校长陈世良领导有方，教导主任陈希立等竭智尽力，依靠全体教职工，树雄心，立壮志，团结奋进，克服重重困难，精心施教，使学校面貌不断改观，教育质量逐年提高。连续三届毕业班学生中考成绩名列地区前茅，成为地区、县教学的一面红旗，受到地区、县教育局的表彰。

学校正确贯彻执行党的教育方针，提出"重政治、抓教学、搞劳动"的具体行动纲领。"重政治"，主要是加强学校党、团建设。兼任学校团支部书记的单春根老师，有计划地在学生中发展团员，积极开展团队活动。学校同时重视教师队伍建设，建立教师奖惩制度。学期有初评，学年有总评，并在优秀教师中发展党员，成立学校党支部，陈世良兼任党支部书记。支部生活制度健全，认真开展批评与自我批评，保证并

1959年毕业生合照

发挥了党的核心领导作用。学校严格执行各方面制度，如班主任跟班、科任教师配班制度，定期与家长联系的教师家访制度，学校生管和班级纪律评比制度，领导、教师听课制度，师生请假制度等，坚持做到有布置要求、有检查总结、有评比奖惩。同时，积极开展文体活动，寓教于乐，是思想政治教育工作中的一大特色。每学期，以班级为单位，开展歌咏、文艺表演比赛，师生自编自演。学校文艺宣传队经常到翁江、翠郊等地宣传演出，深受当地群众欢迎。学校组织文体小组，经常开展比赛活动。如郑仲起老师组织的音乐兴趣小组，活动开展得有声有色，卓有成效。这些活动不仅丰富了师生课余生活，还培养了一批人才。此外，各班开辟专刊，学校举办"共产主义教育栏"，每周一期，及时表彰师生的先进事迹。由于加强思想政治教育工作，教师教有目标，学生学有目的，即使在粮食低标准的困难时期，学校教学工作和仍秩序井然。

1959年的福鼎三中

"抓教学"方面，学校提出"狠抓'双基'教学，扎扎实实打好基础""为国育才，为校争光"等口号，突出"苦""早""交""学"4个字。"苦"即要求教学鼓干劲，下苦功夫，环环扣紧，"双基"过关，不留"夹生饭"。"早"，学校早计划，下学期工作，上学期期末就做好安排，教师利用假期备课，拟订教学计划。每学期一开学，学校就宣布了教育教学计划，各教研组、各科教学亦订好工作计划在实践过程中不断予以修订、充实。各项工作按计划进行，有条不紊。"交"，就是重视经验交流，团结协作，各学科密切配合。从教研到各科教学，期初、期中、期末，全校开展全面检查，总结经验，肯定成绩，表彰先进，纠正偏差，克服薄弱环节。"学"，就是强调教师以老带新、边教边学、互相学习，不断提高教学业务水平，全力以赴提高教学质量。

"搞劳动"方面，学校办有农场、砖瓦厂，各班设有学农基地。学校开设劳动课，组织师生到农场种植小麦、地瓜等作物，并割草烧砖瓦，砌学校围墙。这不仅培养了学生劳动习惯，还让学习掌握了一定的劳动技能。期间，教职员工和学生中感人事迹层出不穷，如：在困难时期校长陈世良千方百计组织师生采集野果、野菜和藕秆等做多种代食品，师生共用；教导主任陈希立，既当教师又当医生，任劳任怨，像慈父般关心师生，林丛生老师不仅教学认真负责，而且对学生要求严格，以身作则，班级管理是学校的一面红旗；方茂发老师在教学设备缺乏的情况下，制造教具，是技术革新

1961年毕业生合影

的尖兵；赵炳发老师担任俄语、地理、体育等课程，除搞好教学外，还积极开展各种体育活动；蔡联滨老师兼抓生管，每天起早摸黑，日夜巡视，常在三更半夜为学生盖被，对学生呵护备至；庄孝赵老师连续多年任毕业班语文教师，所带班级中考语文成绩曾获全县第一名、地区前三名，总结的教学经验印发地区各中学，并在《福建教育》上发表；总务潘正章积极为教学服务，及时添置供应教学用品，廉洁奉公，精打细算，是个好当家；工友杨春梅爱护学生如子女，对待师生亲如一家，勤勤恳恳，任劳任怨，态度和蔼，令师生难于忘怀；学生蔡慕熙思想好，劳动好，学习好，大部分学科成绩都达到满分，成为"考不倒"的学生。

三、"文革"时期，半工半读（1966－1976）

1966年，"文化大革命"运动波及福鼎三中。师生写大字报，学语录，讲路线，谈观点，停课"闹革命"。1967年5月，学校暂由陈希立主持校务，上级再次重申"教育必须为无产阶级政治服务，教育必须与劳动相结合"，运动纵深发展，愈演愈烈。1968年秋，上级一边号召学生上山下乡，一边派支左部队进校。1968年12月，学校成立革委会，革委会、工宣队带领学生下乡到翁江、瓜园、翠郊棠园、车阳、牛埕下支援农业，白天割稻，晚上学习。

1975年秋，上级派吴本栋同志接替李笃英主持校务，随后又派王祖修同志来校共同主持校务。学生半天学习，半天劳动。本校师生初战葛藤岭，开辟茶园五亩，既种茶又种地瓜。1974年春又大战鸡心岗，种茶、施肥、锄草。从1973年到1975年的高二班级都办了赤医班，为期2个月，由陈希立同志担任医药知识这教学。他把中医、西医、青草、针灸编成讲义印发给学生，以便治疗农村一般常见病。每年端午节前后一星期，他带领学生到太姥山一带采觅青草。

四、求实进取，鼎力争先（1977－1991）

恢复高考制度后，拨乱反正，学校及时采取一系列措施，各项工作开始走上正轨，呈现出一派生机盎然的景象。教师废寝忘食、呕心沥血、无私奉献，学生夜以继日、卧薪尝胆、忘我攻读。丁振奎、陈承宝、赵炳发、吴传敦、张帆、谢瑞喜、季炳家、黄联辉、林宣贤、缪恩泽等毕业班教师带动学生奋力拼搏，鼎力争先，使学校出现了崭新面貌：中、高考成绩逐年提高，政治科高考成绩连续4年名上地区红榜，语文、数学、物理、化学、历史、地理科高考成绩连续3年上地区红榜，1980年中、高考录取人数达27人，其中上大学本科7人，升学率在全县名列前茅。

1984年8月，上级任命赵炳发为校长，吴传敦为副校长，成立新的领导班子，建立健全学校的各项管理制度，并充分发挥教师的自觉性和积极性，大力培养并大胆使用青年教师，使他们很快成为教学工作的骨干力量，从而保证了教育教学质量

20世纪70年代的福鼎三中

的稳步提高。青年骨干教师锐意进取,教学能力稳步上升。1984届初中毕业生许元年取得全县中考成绩总分第一名;1985届初中毕业生马协玲取得宁德地区中考成绩总分第一名,直接被集美航海学院录取,创福鼎县初中毕业生直接上大学的先例;1987届初中毕业许桂芬荣获全县中考成绩总分第一名,于1990年荣获"庄彩芬奖学金",后上中国科学技术大学就读。

那几年,学校还克服重重困难,重新管理鸡心岗茶园,办校办工厂,搞服务部,踏踏实实地开拓着勤工俭学的道路。

这一时期,学校出现了许多感人的事迹。校长赵炳发身患重病,仍为学校教学楼的基建工程四处奔波、日夜操劳,因过度劳累引起心脏病突发,与世长辞。副校长吴传敦,以校为家,全身心投入学校工作,殚精竭虑,呕心沥血,传为佳话。

1988年11月,上级任命黄益寿为校长,新的领导班子进一步建立健全"一职责、三常规、五制度"等学校各项管理制度,强化量化管理,加强教育教学工作。同时充分发挥教研组在教学工作中的纽带作用,各教研组广泛开展了形式多样、丰富多彩的教研活动,分别举办了各种有声有色、异彩纷呈的智力竞赛,促进了教学工作。1989年中考单科成绩平均分,在全县语文科居第二名,政治科居第二名,数、理、化三科均居第三名。1991年中考,英语科平均分跃居全县第二名。

学校在抓好教学工作的同时,十分重视德育工作,成立了"德育工作领导小组",坚决贯彻"五育"并举的教育方针,制定了"勤奋、严谨、求实、进取"的校训,同时大抓整顿校园治安工作,成立了以校长黄益寿为组长的"整顿校园治安工作领导小组",开展形式多样的教育活动,并采取一系列措施,收到良好的效果。学校因此被

福鼎三中的88楼

宁德地区公安处、宁德地区教育局评为"整顿校园治安秩序先进单位"。学校还把国防教育列入学校德育工作的内容，广泛地开展了国防教育活动。1989年10月，全县国防教育试点工作在我校开展，成立以镇党委书记为组长的领导小组，针对中学生的特点，组织开展了形式多样、内容丰富的国防教育活动。

学校注重培养青年骨干力量，吸收部分优秀青年教师充实领导班子，增强了学校领导班子的活力。注重培养青年骨干教师入党，发挥党支部的战斗堡垒作用。1990年，校党支部分别被县和镇评为"先进党支部"。学校还加强了校篮球队的日常训练。1990年10月，学生篮球队参加县中学生男篮邀请赛，荣获亚军。

这一时期，学校经过多方集资，先后兴建了教学大楼、教师宿舍楼，建筑面积达2600平方米。维修了办公楼、旧教师宿舍楼，修建了灯光球场操场和大门，整修了大台阶及宿舍楼之间的绿化带，校容有了较大的改观。同时，购置了部分实验仪器、音响设备、图书杂志资料，设立了图书室、阅览室、广播室、美术室、物理实验室、物理仪器室、化学实验室、化学仪器室、生物室，教学设施越来越好。

五、抢抓机遇，开拓发展（1992—2000）

教育"两基"工程的启动，白琳玄武岩的开采，为学校提供了难得的发展良机。刚刚上任的郑诗赞校长东奔西走，得到上级和企业家的支持，筹措到大量资金，带领全校教职工开展了一场改变校园破旧面貌的战斗。1994年，学生宿舍楼落成；1996年，投资160万元的学校综合楼开工建设；1998年，造价达110万元的福鼎市第一座中学室内灯光球场（兼做师生食堂）竣工。由此，逐步完成师生宿舍楼扩建改造及操场的整修、厕所修建，电脑室、语音室、理化生实验室以及相应的仪器设备也一一得到配套充实。到1998年，4年间共筹措投入400多万元，扩建校园3000多平方米，充实一系列配套工程及相应设备，顺利通过省政府"两基"评估组的验收。同时，办学规模不断扩大，初中班级数急速增加，最高峰时学生数曾达到2100多人。随着班生数增多，教师人数也在不断扩充。

在改善办学条件的同时，学校启动内部管理改革并逐步深化改革，一系列规章制度的确立，规范了内部管理，强化了队伍建设，学校逐步走上了良性循环的发展之路。初中中考成绩逐年上升，升学率名列全市农村中学前列。学校先后获得宁德地区《国家体育锻炼标准》先进单位、福鼎市"两基"工作先进单位、"校园建设年"先进单位等荣誉。

六、与时俱进，再创辉煌（2001－2006）

21世纪初，国家大力推行素质教育，不断深化教育教学改革。2001年陈起和同志在这种形势下主持学校工作，适时调整办学思路与规划，制定了《"十五"计划和2000—2010年发展规划》。学校按规划要求缩减初中班级数，扩大高中招生数，提出力争于2005年底实现省三级达标。学校积极进行内部管理体制的改革，实行"三位一体"管理，逐步实现管理的科学化和民主化。采用竞聘方式选拔中层干部，提拔了7位处室正、副主任。经过几年发展，学校建立起一支熟悉教育方针政策和学校管理理论，勇于开拓，务实求新，精诚团结，廉洁奉公，深得广大教职员工肯定的领导班子队伍。

教育水平稳步发展。学校大力开展素质教育，不断更新教育教学理念，通过各种渠道加强师资队伍建设，培养了一大批教育教学骨干，有中高级职称教师40人，地市（县）教坛新秀20人，市（县）级以上先进教师22人，教师学历合科率（本科以上）达60%，有效地提升了学校的整体教育水平。2004年，学校先后被评为福鼎市实施素质教育先进学校（文明学校）、依法治校先进单位。2005年，学校顺利通过宁德市市级文明学校和福建省党政工共建"教工之家"的评估验收。2005年12月，学校被确认为省普通高中三级达标学校。

高中规模不断扩大。2000年秋，学校共有初中25个班，在校生1300人，其中高中9个班，450人。2005年秋，共有高中24个班，在校生突破1200人。

福鼎三中新教学楼（2022年）

硬件设施不断改善。随着办学规模的不断扩大,学校教育设施也在不断更新、改善与发展。5年来,学校开源节流,多方筹措资金,不断改善教育设施。2003—2004年,学校投资110多万元,建成综合实验楼1座,按三级达标要求配足理、化、生实验室、准备室、仪器药品室;投资50多万元建成了包括校园广播系统、听音系统、校园计算机网络系统、微机室、多媒体教室、电子备课室及梯形教室等现代教育设备。2006—2007年,总投入300多万元建设综合实验楼。

校园环境美雅洁净。学校重视校园整体规划和建设,共投资150万元先后征用原白琳老区彩印厂,改造成师生宿舍;搬迁居民14户扩建操场;征用原白琳粮站仓库,扩大校园面积;植树种花,建造文化小广场,为师生创造优美和谐的教学环境;加大绿化、美化的力度,重视校园文化建设,建校内雕塑,对橱窗、宣传栏、黑板报、教室走廊进行改造。学校每年开展体育节科技艺术节比赛,成立文学社,创办校刊,校园充满浓厚文化气息。

教育教学硕果累累。学校不断优化管理模式和教育手段,积极响应新课程改革,全面提高教育教学质量,取得了显著的成绩。5年来,高考上本科线人数近100人,专科以上上线率75%;高中会考平均及格率达97.92%,优良率达79.74%,达到省二级中学标准。学校教科研成绩和竞赛成绩也捷报频传。2003年学校承担了教育部"十五"规划课题"创新学习与实践"的子课题"创新学习与情感态度"的研究实验工作,取得良好成效,于2005年顺利结题。教师论文在省级以上刊物或学术会上发表、获奖的达60篇,学生竞赛获市(县)三等奖以上100多人次,学生被评为省、地市(县)"三好生""优秀学生干部"50多人次。同时,学校积极开展各项德育活动,广泛开展群众性文体活动,取得了丰硕的成果。2000年至今,学校成功举办了6届体育节(田径运动会),并举行文艺汇演、诗歌朗诵主题演讲、知识竞赛、征文活动、志愿者服务等活动,积极开辟第二课堂阵地。学校学生男子篮球队在福鼎市中学生篮球赛中屡获佳绩,2005年成功晋升宁德市甲级队行列。

白琳镇中学创办始末

包素涵

20世纪90年代末期,白琳镇由于石材行业的繁荣发展,来白琳务工的外来人口剧增,全镇的学生数急剧增加,扩大中学办学迫在眉睫。2000年,白琳镇党委、政府决定在统坪顶原校址创办白琳镇中学。

2001年春,白琳镇中学还在规划之中,福鼎三中统计当年秋季新招初一新生人数时,发现有385名初一新生因缺乏教室和教师无法就学,立即向上级教育主管部门与白琳镇党委、政府报告。为加快白琳镇中筹办进度。2001年7月5日,教育局任命福鼎三中总务处副主任杨应杰担任白琳镇中学校长筹建白琳镇中学。

校舍是办学基本要素,新建的白琳中心小学最早要在2002年夏才能完工验收,这意味着白琳镇中学2001年秋季新招的学生没有教室上学。办学关键是师资,385名学生需要6个班级,最少要21名教师。教育局从其他校调来7位教师分配给白琳镇中学,分别是阮立群、朱祖龙、包素涵、纪祥昆、蔡友成、孙振双、张家仓;新分配师范毕业生林夏英、张家安老师;又从福鼎三中借用林乃灼,从白琳中心小学借用任小燕、叶淑秋;聘用费嫔卿(原三中的顶岗教师)就这样,包括杨应杰校长在内总共只有14位教师。

开学在即,没有校舍怎么办?只能临时借用。当年福鼎三中购买原白琳印刷厂厂址准备给寄宿生使用,寄宿生还未进驻,镇中借来当教室、办公室和教工宿舍。把厂房改建成教室与办公室,必须在1个月内完工,课桌椅、教学办公设备添置等随之跟上,临近开学6间教室装修完成。

将近400名的学生中,有一半是寄宿生,寄宿生宿舍与食堂怎么办?教师住宿等怎么办?距离临时校舍不远处有一供销社仓库,可向白琳供销社申请借用。经过整修后,有宿舍、食堂、操场、教师宿舍等。麻雀虽小,五脏俱全,开学具备的基本条件在1个多月内准备就绪。

在白琳集镇有了两个中学,福鼎三中是老牌学校,刚创办的镇中连教室都没有,招生又成了大问题。许多家长对刚刚创办的学校没有信心,纷纷要求子女到三中就学。杨应杰率先把自己孩子带到镇中就学,起到示范作用。

2001年9月1日，白琳镇中学顺利开学，招生工作比原来预期的好。教师的爱岗敬业是基础，大家统一思想，克服困难，齐心协力，每个教师都关心学生的生活，尤其是寄宿生的生活。学校创造融洽的师生关系，培养学生爱学乐学的氛围。在简陋的校舍里，学校开展各种各样的文艺、体育与课外活动，尽最大努力把各学科与课外活动都开设起来。

原白琳中心小学让给镇中使用，当时没有寄宿生宿舍，改为中学后必须有宿舍与食堂。因此在开学后，建设寄宿生楼是当务之急。北侧是一片林地，经建设部门鉴定可以建宿舍。镇中开学后，马上开始征地、规划，建设师生宿舍楼。

2002年秋，新的中心小学校舍没有验收不能交付使用，意味着白琳镇中学第二届招来的学生依然没教室上课。学校临时把新建的宿舍楼改为4间教室，供新生上课用。

学生数增加，教师资必须增加，教育局根据学校的学生数，从其他学校调配一部分教师，把已经撤并的敏灶、大白鹭等中学的教师充实到镇中，加上师范学校刚毕业的教师，一下子增加近20个教师。

2003年，白琳中心小学搬迁后，白琳镇中学完全进驻，这才有完整的校舍。2004年招收8个班级初一新生，加上沿州、翠郊初中班撤并后学生全部转入镇中，学生人数达到1245人。

白琳镇中创办头3年，是最艰苦的岁月。3年里，校舍居无定所，师资紧缺，学生人数剧增，一下子超过千人，教师随着增加，有58名教师入编，另聘请4名代课教师；3年里，学校各项事业都得到发展，教师参加全国素质教育课题研究，发表许多论文，学生参加各类比赛频频获奖。2004年，首届毕业生在激烈的中考升学考试中，白琳镇中学交出16名考上福鼎一中的不俗成绩，在全市同类中学中排名靠前。这一成绩，令家长放心把孩子送到镇中就学。

2009年10月，吴圣秋担任第二任白琳镇中校长。2015年，福鼎三中副校长黄崇昭兼任白琳镇中校长。随着白琳生源数量大量减少，把白琳镇中师资进行整合成为大趋势。2017年，白琳镇中学经历十多年的办学落下帷幕，师生并入福鼎三中。

平安堂药铺

◎ 林振秋

平安堂药铺，在白琳镇大马路，原名逢春堂，1936年由吴世和创办，1938年改名"双春堂"，1944年定名为"平安堂"，1956年解散。

创办人吴世和在白琳从小伙计开始做起，至1930年经营起双春隆茶行。经营茶叶致富后，吴世和广置产业，投资3万多元的资金创办药铺。

平安堂由吴世和长子吴家骏负责，次子吴家驯协助。吴家驯在福鼎县育仁高等小学毕业，并在白琳广生堂药铺学艺3年，他的才华和经营管理艺术超出胞兄，协助兄长管理药铺使药行生气勃勃，蒸蒸日上。店内常年雇用8个伙计，批零兼营了1000多个品种规格药材，业务开展到霞浦、福安、柘荣等县。长期雇用了2个挑工，送药到霞浦各药店，还临时雇用了一些挑工送药到柘荣和福安等地，做到"价目单送上门，药材送上门"。平安堂对药材质量要求严格，坚持次货不出门。零售店中做到认真炮制加工，讲究实用装潢，如车前子、海金沙、旋复花等用纱布袋装，大腹皮酒制后出售等，获得远近批零商及顾客的信任。

平安堂药业迅速腾飞，不到几年工夫，其药业与桐山的陈济生、蔡回春并驾齐驱，年营业额达30万元以上，成为后来居上的福鼎名药店。1956年实行公私合营时，资金盘点达18934元，为福鼎县同行之冠。

文物古迹

白琳古文物选介

福鼎市博物馆

古建筑

三福寺双塔 该塔位于白琳镇下炉村柘里自然村三福寺正门前方10米处,据载始建于南宋时期,现存双塔为明代永乐九年(1411)建造。1986年福鼎市文物管理委员会依原样对塔身进行了维修。坐东南向西北,双塔形式大小相同,平面呈六角形,塔身高7.8米,实心,为楼阁式七层砖塔。由基座、塔身、顶刹组成。基座以石块砌成,底宽1.6米,塔身为仿木结构,每个转角处设仿木立柱,上架斗拱,每层屋顶均以小砖层层叠涩成密檐式,逐层收小。屋面俯视为凹弧形,转角隆脊向外作飞檐式,以筒瓦和板瓦铺盖。顶刹作葫芦形,每层正中均设火焰形壁龛。龛下用表面雕刻水波状图案的长砖环绕,其用砖共有36种不同规格,均为青灰砖。大砖用于砌造塔身,小砖用于屋顶叠涩出檐和仿斗拱、椽条等。除壁龛下用砖雕刻图案外,其余均素面。整体造型以细致精巧见长。双塔具有强烈的地方特色,每层屋面均以小砖叠涩成密檐式,结构精巧,小砖质料和仿木结构与密檐式结合的手法是其特点,为省内少见,对于研究我省早期建筑科学和艺术属难得的实例。该塔造型别致,保存完好,在现存的南宋时期同类历史建筑中较为罕见,具有较高的科学、历史、艺术价值。

岭头坪吴氏古民居 该民居位于白琳镇岭头坪自然村,坐南向北,属一进合院式砖木结构建筑,根据梁架结构与平面布局判断建于清代。通面阔47.5米,通进深35.85米,面积1702.88平方米。中轴建筑由门厅、天井、正厅组成。大门宽3.2米,门厅进深7.5米,天井宽22.1米、长18.35米,正厅面阔三间5米、进深七柱10米,穿斗式重檐悬山顶。宅内雕刻一般,有牌匾3块。该民居对研究古代建筑有一定的价值。

棠园邵氏民居 该民居位于白琳镇棠园村新洋自然村楼坪店,坐西北向东南,属一进合院式砖木结构,根据梁架结构与平面布局判断建于清代。通面阔28米,通进深24.65米,总面积690平方米。中轴建筑由门厅、天井、正厅组成。大门宽2.2米、高2.7米,大门中央额书"仰绍东俊"四字,门上书"神荼、郁垒",门两旁联为"依山长此仁为美,处世端惟让可风"。门厅楼阁式,面阔三间11.2米、进深3.5米,天井宽9.1米、长8.1米,正厅面阔三间4.4米,进深五柱带前廊12.8米,穿斗式木构架重檐悬山顶。月梁上刻有狮、花卉、龙、鹿等，窗花上刻有梅、兰、竹、菊等，雕刻精美。棠园邵氏民居雕刻对研究古代雕刻有一定价值。

棠园邵氏宗祠 该祠位于棠园村新洋自然村，坐西北向东南，属一进合院式砖木结构，根据梁架结构与平面布局判断建于清代初期。通面阔19米，通进深28.9米，总面积549.1米。中轴建筑由大门、天井、正厅组成。大门面阔4米，进深8.9米，天井宽9.8米、长7.5米，正厅面阔间19米，进深六柱减中柱带前廊12.5米，抬梁式悬山顶。该宗祠用柱粗大，雕刻精美，有凤凰、花卉，对研究古代建筑及雕刻艺术具有一定的价值。

邵氏民居

大赖郑氏宗祠 该祠位于白琳镇大赖村大赖自然村内，坐东向西，属一进合院式砖木结构，根据梁架结构与平面布局判断建于清代。通面阔16.8米，通进深18.85米，占地面积为316.68平方米，中轴建筑由大门、天井和正厅组成。外墙砌青砖，大门宽3.9米，天井宽16.8米、长10.75米，正厅面阔三间10米，进深四柱5.6米，穿斗抬梁混合式木构架悬山顶。郑氏宗祠整体结构完整，对研究民间传统建筑有一定价值。

翁江萧氏宗祠 该祠位于白琳镇翁江村翁江小学旁，坐南向北，属一进合院式砖木结构，根据梁架结构与平面布局判断建于清代。通面阔16.8米，通进深23.7米，面积398.16平方米。中轴建筑由外墙、大门、天井、正厅组成。墙体用水泥和砖构成，为近年来新修部分。大门宽2.3米，大门额书"萧氏宗祠"，两旁对联"励节高风褒荣金凤，明伦重地孝育慈乌"。天井宽9.25米、长8.1米，正厅面阔五间16.8米，进深五柱带前廊10.6米，抬梁式悬山顶。两旁各有一厢房。正厅上铺八角藻井。月梁雕刻有人物、鱼、鸟、狮、凤等吉祥图案，并镶有蓝色石块，柱础上刻有花卉、八宝，雕刻精美，艺术性较高。该祠对研究古代建筑有一定的价值。

刘坑亭拱桥 该桥位于白琳镇郭阳村刘坑亭自然村刘坑亭溪上，建于清代，呈南—北走向，由花岗岩石块砌成，双拱。桥长19.2米、宽2.8米、高6米，面积53.76平方米。拱桥的南面有桥头宫"五七大王宫"，宫面阔3.5米、进深3.8米。该桥为当年从秦屿通往福鼎的必经之路，是重要官道，对研究福鼎山区古代交通情况有一定的参考价值。

车阳同安桥　该桥位于福鼎市白琳镇车阳村车阳自然村车洋溪上，始建于清代，清光绪廿九年（1903）癸卯三月重修。桥呈西北—东南走向，花岗岩构的石梁柱桥。桥长32.8米、宽1.6米，面积52.4平方米。11节10柱，每节长3.34米、宽40厘米、高1.9米。车洋同安桥作为古代车阳村的重要桥梁，对研究福鼎山区古代交通情况有一定的参考价值。

刘坑亭拱桥

菜堂半岭亭　该亭位于白琳镇秀阳村三兜九自然村，建于清光绪十四年（1888），呈东西走向，石木结构，平面呈长方形。外墙花岗岩、青石砌成，内为木构，双向式，面阔4.9米，进深8.5米，面积为41.65平方米。该亭为古代官道上的休息亭，亭内有青石碑1通，额书"菜堂半岭亭"；碑文记载半岭亭历史；后款"光绪十四年岁次戊子阳月吉旦勒碑"。它建于白琳通往巽城的重要官道上，对研究古代官道、路亭有一定价值。

周仓岭亭　该亭位于康山村周仓岭半山腰上，建于清代，又称"昭苍亭"，东西走向，木构建筑，通面阔6米，通进深8.5米，占地面积为51平方米，中轴建筑由前、后门及中央路亭组成，大门宽2.1米，大门上半部分为拱形，亭面阔三间6米，进深五柱8.5米，属抬梁式硬山顶木构架，对研究古代路亭有一定的价值。

坑里洋定福门　该门位于白琳镇坑里洋村岭头自然村，建于清同治元年（1862），坐东向西，花岗岩石砌成。门两旁残墙长16米，厚8.4米。门宽2.05米、厚8.4米、通高3.7米。门顶部有一花岗岩石，宽1.6米、高55厘米，阴刻楷体书"定福门"三字，字径33×36厘米。后有款"同治元年瑞月建"。此处为古代抗倭炮台，炮台已毁，仅存此门。门下有一条古道，名为"尚书岭"，是秀阳村通往白琳的必经之路。坑里洋定福门是古代重要的交通要隘，是为抗倭而建，对研究古官道及抗倭历史有一定价值。

白琳初制厂　该厂位于白琳镇康山村康山自然村康山路107号，建于清代，坐东向西，属一进合院式砖木结构。通面阔32.5米，通进深33.75米，总面积1096.88平方米。中轴建筑由门厅、天井、正厅组成。大门宽2.3米、高3米，上书"白琳初制厂"五字，门厅面阔五间16.7米、进深6.85米，天井面阔15.5米、进深14.9米，正厅面阔三间4.7米，进深七柱带前廊12米。穿斗式硬山顶。两旁各有一厢房。白琳初制厂原为民居，新中国成立后用于初制红茶、白茶。白琳初制厂对研究福鼎近现代工业具有重大意义及价值。

古遗址

玉琳湖尾山遗址 该遗址位于白琳镇北200米，遗址面积1000平方米。湖尾山为东西并排的两个圆形小山包，相对高度30米。1987年第二次全国文物普查时发现，湖尾山南面山坡有遗物散布于地表，未见文化堆积层，黄色土壤，采集有素面陶片2件、石锛残件4件。2008年11月普查发现较多石片，未发现陶片，采集有石锛5件，石片10件。从该遗址采集的石制品观察，与马栏山石器制造场石器基本类同，对研究当地人类生存活动的历史有一定的研究价值。

玉琳店基山遗址 该遗址位于白琳镇北约200米公路西侧，相对高度35米。1987年发现，在店基山西段南坡与东北坡零星发现并采集少量石器，文化层已遭严重破坏。2008年11月普查发现，在店基山及店基山西面与之相邻的小山上均采集有石器、石片及黑衣陶片。从采集的石制品观察与马栏山石器制造场石器基本类同，陶片与霞浦黄瓜山遗址一致。该遗址的发现，对闽东新石器时代彩陶文化及人类生存活动的历史有一定的研究价值。

翁江潭头下遗址 该遗址位于白琳镇翁江村，相对高度30米。1987年发现，仅在山西段的东坡、东北坡零星发现石器及陶片，早期文化堆积层破坏严重。2006年温福铁路沿线文物调查时发现较多石器、石片和陶片。遗址大部分已被温福铁路南北向破开，2008年11月普查未发现任何遗物。从采集的石制品观察与马栏山石器制造场石器基本类同，对研究当地人类生存活动的历史有一定的研究价值。

古墓葬

藤屿萧辉西墓 该墓位于白琳镇藤屿村藤屿自然村藤峰山西山下，建于道光二十年（1840），坐东向西，三合土、青石混合砌成，平面呈"风"字形。通面阔12.3米，通进深18.5米，面积227.55平方米。由4个墓坪、栏杆、墓亭、墓碑、龟背形墓丘、后土正神位、祥兴宝库及两旁护手组成。墓碑刻"皇清岁进士例授修职郎显考萧辉西公偕寿母吴氏太孺人之墓"，上款"本山系十五都下堡藤屿座乙向辛加卯酉分金"，下款"道光二十年三月吉旦"。萧辉西为当地富翁，是萧圣洋、萧梦轩的兄弟。藤屿萧辉西墓雕刻精细，刻有人物、走兽、诗词等。该墓对研究古代墓葬具有一定价值。

外宅烈士墓 该墓位于白琳镇外宅村外宅自然村，建于1994年，坐西南向东北。墓周围圆形围墙直径11.5米，围墙门宽2.2米，面积132.67平方米。墓为六角形，边长1.8米。墓碑高1.55米、宽62厘米，阴刻楷书碑文"因公牺牲同志：林永安、黄玉

萧辉西墓

生、刘阿浅、陈振鼎、梁其泽、周明仕、庄明禹、钟阿康、何兆训之墓",前款"第二次国内战争时期",后款"中共福鼎县委员会　福鼎县人民政府　一九九四年七月立"。外宅烈士墓具有爱国主义教育价值。

三福寺双塔及出土文物

🌿 郭芳娜

福鼎三福寺双塔位于白琳镇下炉村柘里自然村三福寺正门前方10米处,始建于南宋,现存双塔为明永乐九年(1411)建造。1986年,福鼎市文物管理委员会依原样对塔身进行了维修。

两塔形式与大小相同,塔身高7.8米,实心,六角,为楼阁式七层砖塔。三福寺双塔对于研究我国南方地区古代建筑史、佛教史具有重要的参考价值,2005年被列为福建省级文物保护单位。

三福寺双塔的价值主要体现在如下三点:

第一,中国传统佛塔多作八角形或圆形,六角形实心砖塔较为少见。

第二,双塔以青灰砖砌造,仿木结构,每层屋顶均以小砖叠涩成密檐式。仿木结构的楼阁式与密檐式结合的特色手法,是研究福建省早期建筑科学的难得实例。

第三,双塔虽然并不高大,但其整体造型以细致精巧见长,塔身细长美观的线条、逼真的仿木构件、精巧的建造方法,都具有很高的观赏价值。

双塔位于国家级风景名胜区——太姥山的北面,邻近有省内著名的为数不多的私家大宅——翠郊古民居,因此可一并归入太姥山旅游区的范围之内,具有潜在的旅游价值。

1986年对塔身进行维修,在三福寺周边清理出土了宋代石槽、青白瓷小碗、筒瓦等文物,在顶刹出土有南宋银立像一尊、南宋银小圆盒一个、青白瓷盒一件和大量

双塔侧面(福鼎市博物馆 供图)

的宋代铜钱。

宋代石槽 长方形，花岗岩凿成，长 2.35 米，宽 0.56 米，高 0.48 米，壁厚 0.13 米。一侧阴刻楷书"时元祐丁卯岁正月日勾当僧德超行者德全监院僧可大匠人林蒲郑满荮太"，竖写七行。

青白瓷盒 扁圆形，子母口，弧形顶，卧足，灰白胎，器表施青釉，器内、足底露胎，盖面模印莲瓣纹，盖内墨书"经匣"二字，足内墨书"玟征舍"三字。口径 10.2 厘米，高 5.8 厘米。

筒瓦 灰黑陶制成，模印菊瓣纹，外径 12 厘米。

鎏金银佛像 造型呈扁平长方形，立于长方形底座上，高 4.8 厘米，宽 2.3 厘米。正面刻有立佛，身披袈裟，衣袖下垂，头戴三角形礼帽，双手合掌。顶上刻有"龙宫"二字，背面磨平，阴刻楷书"信女陈十五娘舍金佛像一躯镇于宝塔上舍身同圆佛果"，竖写三行。

青白瓷盒

鎏金银佛像

银圆盒 圆形，子母口，盖面微弧，底面上凹，素面，口径 2.3 厘米，高 0.8 厘米。出土时内盛宝珠，底面中央阴刻两行楷书"四息三有，同超法界"，边缘一圈顺时针阴刻楷书"信女黄四娘舍宝珠二匣镇于宝塔共愿报"。

银圆盒

周仓古隘

> 陈启西

周仓岭，位于白琳镇郭阳村，今有省际公路盘山崖而过。每至夕阳西下返照岭下，一片郁郁苍苍，得名"昭苍岭"。另一传为三国时期蜀将周仓带兵过此，因地势险要不便通行，就于此开道便民，此岭便以周仓命名流传至今，是为"周仓岭"。

周仓岭是白琳与秦屿交界之地，鼎邑以周仓隘为界分岭外岭内，历来是交通要道，隘门内开有客栈、饭店等。古官道顺两山峡谷而下三四里，有石阶1730余级，每级台阶长1.5—2米不等，宽0.35米，级深0.15米。古道在山谷间穿透而过，岭头为周仓古隘。古道边杂草丛生，漫过齐胸，行走古道间，灌木枝摇曳，人时隐时现，两耳

周仓官道与过路亭（福鼎市博物馆 供图）

只闻山风呼呼作响，间或有山鸟鸣叫。午时一过，半边山梁不见阳光，行人油然而生惊悚。阳春季节，更是半山云雾弥漫，人如行走水云间，精神倍加紧张。周仓隘因岭长势险，素有"一夫当关，万夫莫开"之险，意外频发。过去岭外村民由旱路去福鼎城关，必须从周仓隘经过。

周仓古隘旧属十五都辖，建造年代不可考，旧时为防沿海倭寇所建。隘门初建时为石制拱门，依山势两旁建有石阶可登寨门之上，拱门有两大扇木制门。隘门内相距十米处建有路亭一座，供过往客商行旅休息。亭内有碑刻等。周仓隘以前有兵驻防，人数七八人，后撤去。周仓隘大拱门上架设四门大钢炮，左右各两门，夹峙俯对隘下。一旦有海寇攻击，远者钢炮轰，近则关上隘门以弓弩、火枪射击。

清咸丰十一年（1861），金钱会起义军攻破福鼎城关，窜入白琳等地，古隘寨门也遭破坏。清末政府腐败，未能及时修复年久失修。1933 年，一场大雨使隘口拱门突然坍塌。国民政府拨款准备修复，因故迟迟未能重修，后来就在原寨门之上以粗松木横架铺就，再填上土石形成隘门，行人自下通行。隘门是用铁杆把粗大的整木串联而成，两边由铁钎扣实。倘若有海寇登陆攻上，就将两扇整木门扣紧，再用大铁锁锁上，刀砍不入。这种防御措施在冷兵器时代，对付海寇强匪入侵勉强有效。几年后，临时修复的木制隘门因木材腐烂而坍塌。抗战前夕，恢复原来石制隘门，但已经不是拱门，而是方形隘门。

民国末期，周仓隘上的钢炮还在，炮身上下锈迹斑斑；炮身有一人躯干粗，还有两翼支撑，长约 1.5 米；钢炮发射口五六厘米；炮身中部有一药引子，一点着浓烟滚滚，发射出来的铁蛋块似投石头般发射出去，对方可从容躲闪。钢炮发射完后要先冷却，再填装又要费时不少，起不到有效的杀敌作用。这些丢弃的钢炮，后来被村民抬去化了炼钢铁。

周仓岭地势险要，古隘口处两山夹峙，地处偏僻，常有山匪出没，过往客商行至此处都会提心吊胆。上山为匪的人基本上是周边的穷苦乡民，所以发生山匪抢劫事件，基本上只越货不杀人，除非过往客商与劫匪动武火拼。为了防止被熟人认出，山匪都会用大木灰涂脸。1920 年的中秋时节，外都一村民到白琳送中秋，入隘口一切安然，回来发现反常，一路上看不到下岭来客。当行至隘口前，山丛中突然窜出两个山匪，一人拿着把火枪，一个拿着把小刀。乡民孤身一人，山匪有枪，不敢与其火并，身上财物俱被抢去。两胳膊肘儿被山匪反绑，两手拇指用绳套子绑在一起，嘴上堵一布，往后被拉拽到坡后小坳谷。前后已经有十余人被劫。半晌过去，天色渐晚，山匪得货早溜之大吉，乡民才自己想办法走人。

周仓隘也是外都私盐贩运的主要通径。国民政府对盐务管理十分严格，各区设有盐务司稽查队，但均是各管各的不能越区稽查。周边的盐主产区在浙江沿蒲，私盐贩从浙江沿蒲运盐，从蒲门城里，经云亭、流江、杨岐、店下、岚亭、彭坑洋门直达周仓岭隘口。过白琳后，将盐运往内都管阳、磻溪、柘荣等地。经常出现秦屿稽私人员一路追私盐贩直赶至周仓隘口，就不敢追过隘门，过门就进入白琳地界。以前民间挑贩私盐的百姓，从沿海挑盐被秦屿稽私人员发现，就一路狂奔，只要能过周仓隘门就安全了，各区域内的稽盐人员不敢越界管理。旧社会百姓生活水平低下，周边村民很多人都干过贩私盐，因此许多年过去了，村民对周仓隘的印象依然深刻。

20世纪70年代，地方政府兴建周仓岭公路从古隘口通过，公路总共修了3次，克服重重困难终于建成。周仓古隘门及过路亭一并填作路基，周仓隘就此消失。福鼎域内通高速公路后，原本热闹非凡、因险峻而扬名的周仓隘更是日渐冷清。

白琳宫庙

杨应杰

白琳地饶物丰，民众富裕，捐资施舍寺院成风。自唐朝以来，寺院、宫庙林立。清嘉庆《福鼎县志》载："潘山庵建在后溪。天王寺建于后周显德三年。下院建在柘底，前有二浮屠。中福寺在溪柄，今废。下兴福寺宋建隆二年建。赤峰庵在湖头。棋盘庵在藤屿，建于乾隆四十二年。" 1999年版《福鼎佛教志》载，1988年福鼎佛教协会认定白琳有16座寺（见下表1），居福鼎各乡镇之首。1996年又有10座寺庙在县宗教事务局登记（见下表2），1996年前未在县宗教事务局登记的寺庙也有若干（见下表3）。

表1 1988年福鼎佛教协会认定寺庙一览表（白琳部分）

白琳镇	兴国寺	天王寺	永福寺	同觉寺	悟心寺	金峰寺	光明寺	永安寺
	三福寺	赤峰庵	福泉寺	岭头庵	棋盘庵	单斗寺	柘坪寺	新福寺

表2 福鼎正式登记的宗教活动场所名册（佛教，白琳部分）

场所名称	地址	负责人	出家僧众	登记日期	附注
天王寺	白琳街头顶	步亮	13	1993.12.8	现住持为释世婵
永安寺	白琳赵闹村	步明	12	1993.12.8	1933年建，在瓜园村
三福寺	白琳柘里村	悟堪	6	1993.12.8	旧称下院
双塔寺	白琳白岩村	品发	7	1993.12.8	建于1950年
兴国寺	白琳后溪	寿松	7	1995.7.20	建于1928年
金峰寺	白琳湖头里		6	1995.7.20	建于咸丰八年（1858）
棋盘寺	白琳勤俭村	世仲	10	1995.7.20	建于乾隆四十二年（1777）
济林寺	白琳井口	品辉	5	1995.7.20	建于1962年
吉祥寺	白琳下炉村	长喜	8	1995.7.20	建于1918年
善德寺	白琳沿州村	题芳	12	1995.7.20	
炉智寺	白琳下炉村	立德	8	1995.7.20	建于1978年
前溪寺	白琳沿州村	题寿	6	1995.7.20	
华光寺	白琳小白岩	品西	5	1995.7.20	建于乾隆十四年（1749），原华光大帝宫
圆明寺	白琳统坪顶	戒辉	4	1995.7.20	建于1989年
福泉寺	白琳莘洋村	界祥	8	1995.7.20	建于道光年间

（续表）

场所名称	地址	负责人	出家僧众	登记日期	附注
同觉寺	白琳石床	德芬	5	1995.7.20	建于1933年
莲花寺	白琳郭阳村	题开	7	1995.7.20	建于1987年
有灵寺	白琳石床村	立通	5	1996.8	建于1988年
玄光寺	白琳溪尾潭	智慧	6	1996.8	建于1990年
宝兴寺	白琳旺兴头	戒定	4	1996.8	

表3　1996年前未登记的白琳寺庙

场所名称	地址	负责人	出家僧众	登记日期	附注
留云寺	白琳坑门里			2000年	建于1918年
赤峰寺	白琳翁江村				建于1918年
光明寺	白琳牛角笼				建于1937年
上槛寺	白琳旺兴头村				建于民国年间
曹溪寺	白琳旺兴头村				始建于明嘉靖年间
居士林	白琳竹鉴	杨永星		2000年	
金山寺	白琳金山			2000年	

　　除了寺庙，白琳还有许多宫宇以及居士林，如华光大帝宫、临水宫、马仙宫、天后宫、杨府爷宫等。华光大帝宫有多处，现存的有梗树岔棋盘华光大帝宫、翁江龙田宫、金山大帝宫，已毁的有玉琳中街华光大帝宫。杨府爷宫现存的是上杨府爷宫、狮头岗杨府爷宫，已毁的有中街杨府爷宫、翁江杨府爷宫。马仙宫有坑里洋马仙宫、倪家屿马五福宫、亭下鸬鹚宫。临水宫在沿州。天后宫已毁，原址在后溪，俗称后溪宫，后改为粮站仓库。

　　众多的宫庙中，潘山庵建设时间最早，在福鼎仅比昭明寺、广化寺（已毁）两寺迟。天王寺是福鼎十二中寺之一，三福寺前的双塔福建省闻名，倪家屿马仙宫富有传奇……下面选介白琳的一些宫庙。

　　永福寺　　又名潘山庵，建于唐贞观元年（627），坐落于玉琳村后溪神天山中，坐南朝北，曾多次重修。1992年昌珠任住持，1996年重建大雄宝殿，1998年修建山门、放生池、延生桥、济公像、石刻观音、海会塔、祖师堂。寺院四面筑有围墙，山门设在北面，为砖混结构，重檐歇山顶，造型古朴庄重，门楣为"永福寺"三字。大雄宝殿建筑庄严朴素，为砖木结构，重檐歇山顶，面阔五间，四面通回廊，回廊栏杆花岗石雕刻有各种图案，大殿内供奉释迦牟尼佛、阿弥陀佛、药师佛、观音菩萨、地藏菩萨、西方三圣、十八罗汉。现存明永乐年间石狮一尊，其线条流畅，工艺浑然天成，久经风雨，轮廓已模糊。

永福寺（林钢生 摄）

天王寺　　始建于后周显德四年（957），位于白琳里溪头村（旧称天王亭村）。白琳向为霞、鼎两县交通枢纽，商旅往来必经此道，是福鼎县内两驿站（另一驿站为栖林院），宋时称天王院。宋状元王十朋（乐清人）过此曾有诗云："千里归途险更长，眼中亲喜见天王。如今渐入平安境，旧路艰辛未敢忘。"相传古有天王神灵在此显圣，当地信士遂草结数椽供奉，命名"天王寺"。后在其邻近路口建立天王亭及戏台，例年演戏谢神，为天王寺附属建筑，1958年毁后建仓库。迨宋太祖天宝年间，白琳后山叶姓和点头垅墘李姓鸠工扩建，当时拥有寺产田租五百余担和园林多处。全盛时期，僧尼三四十人。该寺坐西朝东，规模宏伟，有大雄宝殿、罗汉殿、经堂、客厅、厨房、僧舍，古朴典雅。门外甬道，以六角形块石铺成图案，左右道旁，耸立着两座实心七层石塔，塔基直径3米，高8米。寺中有石斛5个，深宽各2尺，长短不一，最长者6尺。相传五代时有人在此落草为寇，与距此五里之白琳寨遥相呼应，后被剿灭，幸存者削发为僧，此石斛即当年厨房所用。天王寺作为公共设施，屡被征用。1949年作为白琳粮站，后又做畜牧场、茶业中学，1960年做林场，还做过蔗糖厂、草包厂。"文革"中，僧尼被遣散，廊庑改为纸厂厂房，经堂安装机器，一直延续至20世纪70年代末。1983年，步亮着手修建寺院。旧基成正方形，面积约3000平方米。1995年以后寺院周边石材厂众多，原来修竹幽篁、佳木葱茏的美景已不复全。

马五福宫　　位于倪家屿，坐北朝南，建于明朝天启年间，今存古时瓷质香炉3个，其中一个写有"雍正七年春月吉旦立　弟子余明远立"等字样。此外还保留有两块石碑，形状巨大，上刻建立和捐资人名单等。宫内正中悬挂"马五福宫"牌匾。相传，外村

天王寺（林钢生 摄）

人侵占倪家屿村所属海域，因而发生争执，倪家屿全村推举胡、郑、王、黄、倪五姓村民到福宁府，请求知府做出公正判决，争回海域。这天夜里，知府夫人梦见一女子远道而来，自称是倪家屿马姓人氏，本村海域被占，把村人有怨难诉一事相告，并托其转告知府大人，希望能对此案做出公正判决。次日梦醒后，夫人思索昨夜梦中情景，便觉此事蹊跷，使差查问，得知倪家屿并无马姓女子，而海域讼争一事确有存在，便将此事诉予知府大人。不久，讼争一事得到公正处理。知府大人感于马仙显灵匡扶正义之德，立"马五福宫"牌匾送至倪家屿，悬于宫内，此后历代相传，保存至今。"马"即马仙娘娘，"五"即上访的五姓村民，"福"寄寓了马仙娘娘保境安民、造福人间的功德。马五福宫历代多次修建，原为木结构，宫宇狭小。2006年遭台风侵蚀已近坍塌，2007年重修。宫宇为砖混结构，面阔3间，宽10米，进深7米。农历正月十五和七月七马仙圣诞日，请木偶戏班演出，神人同喜。宫内供奉马仙、通海五九师爷、陶二相公、福德正神、铜甲将军、铁甲神王、掌印童郎、把簿童子等。宫后有一棵大榕树，树围达15米，树冠四面伸展，覆盖面积达2700多平方米。

棋盘华光大帝宫　　位于槐树岔村，原在藤屿村辖内，建于清乾隆四十二年（1777）。后为藤屿林氏祠堂地基，先建庵堂，后改供奉华光大帝宫。传说在乾隆年间，有一位姓马的神灵，化身为一位医生，治好了一位总兵母亲的大病。总兵为感恩前往酬谢，只知这位医生居住在棋盘山上，姓马，上山寻找无果，寻问当地百姓，闻悉棋盘山华光大帝宫的神灵姓马。总兵为谢神灵救母之恩，遂送华光大帝宫一枚铜质方印，重约5斤，上书："琳镇棋盘庵，主宰尚书印。"

上杨府爷宫（林钢生 摄）

杨府爷宫 白琳有3个。一在统坪顶，称上杨府爷宫。上杨府宫建于清同治七年（1868），施主垅墘李姓提供建宫用地，由统坪陈姓和丁合利茶馆等倡建，宫属天王亭境，供奉者为玉琳的统坪顶与亭下村一带的民众。"文革"时曾做小学堂，从现留下青砖、灰瓦、殿柱、雀替、梁枋雕塑依稀可见旧时的风采。宫内两个香炉都是同治年间的物品，其中一个石耳朵毁坏并被丢弃在宫后的丛林中，后由李梅花寻回，陈氏族人筹资请师傅补起来，现在还可看出补的痕迹。宫门正前方有一块"八卦石"十分逼真。宫旁枫香树与宫同龄。1976年宫扩建两榴房使建筑面积达到400平方米。1981年宫内的梁柱受白蚁侵袭严重，由大马路吴本锭师傅免费油漆。每年五月十八日杨府爷生日，举行仪式有请神、请福酒、出巡等活动。二是下杨府爷宫，在中街杨府爷岗上，建设年代也在清末，由湖头、车阳杨氏为首事倡建，1956年建设福鼎三中初中部时被拆。还有一个在狮头岗，始建于1955年，1995年扩建。依山势而建，坐北朝南。上殿砖木结构，面阔3间；下殿为砖混结构，亦面阔3间，为单檐歇山顶。

（本文参考了严孟芳、陈振兴、张祖义、朱挺光提供的资料）

藤屿古堡

杨应杰

藤屿古堡位于白琳镇所在地东 8 千米、距高速公路互通口仅 5 千米的藤屿村，东南依山西面海。古堡的城墙残缺不全，城墙宽 3—4 米，现东面城墙只有一段土包长 20 米左右，南面城墙长 50 米，北面城墙长 100 米，西面城墙断断续续有几十米。从遗留下来的城墙可以看出，城墙南北长 100 多米，东西长 200 多米，城堡总面积达 2 万平方米。南面城墙外有一条斜岭，宽 2 米左右，用石块砌成，奇怪的是它并未做成通常的台阶与石级，而是以缓坡形式迤逦至东南面的山脚下。东南方向有一平坦的园地，据老辈人说，那是古代的校场，缓坡的用途就是便于战马的活动。

据清光绪《福鼎县乡土志·地理》载："明嘉靖己未，倭寇福宁廉江诸里，蹂躏最惨，乡民议筑堡守御。"可见，藤屿堡至早建于嘉靖三十八年（1559）。但城堡究竟是谁始建，无从查考。城墙被破坏最严重是在 1960 年，白琳至秦屿公路的路基从城堡中间穿过，破坏了城堡最早的模样；又经历近 50 年的建设与改造，城堡已不成样子了。

古城堡原有东、西、南、北四个门。东门已荡然无存，据老人说：东门原有一株大榕树，是城堡中最大的榕树，在树中央可以摆放一张八仙桌，可惜在大炼钢铁时被砍伐。北门的位置从遗留下来的城墙与古榕还可以看出。大榕树树龄 410 年，树高 23 米，胸围 750 厘米。榕树经历许多磨难，顶干被台风刮断与雷击后重新再长，大树干形成分叉。唯有西门保留完整，西门呈拱形，高 2 米，宽 1.5 米，城墙厚 3.5 米，西门正上方生长着两棵树，分别是大榕树与马晒树（马早树），马晒树被大榕树紧紧包围着。大榕树树龄为 400 年，树高 20 米，胸围 700 厘米。榕树的板状根像几十条巨蟒，呈虬枝状紧紧缠绕着城墙的两面，使城墙更加

藤屿古堡南门古榕（林钢生 摄）

牢固，榕树树干的中央生长着阔叶的马晒树。20世纪70年代，滩涂围垦前，夏天，榕树的枝条紧贴着海面，儿童们在这里跳水、游泳。西门前立着两座狮子，狮子雕琢得很粗糙，却是古堡的守护神。西门外有一条古官道，通往白

藤屿古堡石狮（林钢生 摄）

琳，现在只留下一段道路，宽2米左右。在道路的远侧，有一地主宫，建于清同治年间，最早由叶姓所供，后由薛、汤、苏、何氏重建。堡内还有九口水井，到20世纪中叶还留下3个水井。

藤屿村下辖洋心、赤竹垅、康安、八尺门、藤屿等5个自然村，人口1350多，其中藤屿村约500人，有薛氏、汤氏、苏氏、何氏、潘氏5姓，薛氏人口最多。据《薛氏家谱》"薛姓维睿迁居福宁州桐山二十都藤屿，生崇祯乙亥年"可知，薛氏先祖于1665年前从瑞安迁到藤屿。原想迁秦屿，到藤屿后打听，因"秦"与"藤"方言相近，以为已到秦屿，后来才知道搞错了；想再迁走，却见藤屿到处爬满蟹、鲟，味道鲜美，依山傍海，地势很好，遂定居。《汤氏宗谱》载，五世祖汤台铭公迁藤屿，汤氏之前此地有林氏，藤屿村棋盘庵由林氏与汤氏捐建。汤氏一直掌控八尺门渡南侧的渡口，至2002年高速公路通车后八尺门才停止摆渡。

据藤屿老辈人回忆，祖先迁居藤屿古堡后，古堡内树木葱老，薛氏的总厅大厝与民居都是伐古堡内大树而建。由此可见，古堡在薛氏、汤氏到来之前已荒芜多年。相传在古堡内有兵器库，刀、枪、剑等埋藏在地下，1958年大炼钢铁时，村里花费大量劳力去挖，却陆陆续续挖出藏品多件：石箱一件，长2米，宽2米，高2米，箱内还有石抽屉，但石箱内没有一件藏品，唯有污泥满柜；马鞍一副，十分精美；铜镜一个，方型，50×50厘米，重达9斤；鹤烛台2件，两只鹤栩栩如生，一双翅膀还会动。

藤屿古堡位于八尺门内，地理位置十分重要，是海域内冲要塞，屯兵于此很有利。当时是官兵还是民兵把守，已不得而知，但从出土的物件与校场的设置判断应有官兵驻扎。至于其他种种，唯有留给后人探讨了。

（本文参考了薛尚宜、薛思秋提供的资料）

翠郊古民居

> 吴本栋 林 海

　　翠郊古民居（洋里大厝）坐落在距白琳镇9千米的翠郊村洋里。大宅主体建筑规模宏大，建筑主体占地面积约5000平方米（长、宽均约70米），由360根木柱组合成3个三进并列合院。四周封火墙共围出24个天井，6个大厅，12个小厅，共有房间192个，占地总面积20亩，就单体建筑而言，可谓江南第一大古民居。整体建筑的俯视图格局巧妙，且脉络分明，有如天造地设的围棋大棋盘，摆于幽谷之中随时恭迎仙人对弈。细品翠郊大厝，它具有北方四合院与江南园林庭院、皇家建筑与私家民居、客家围式土楼与浙皖苏民居相结合的特点。它是清朝雕塑艺术的结晶，又集道家思想、儒家文化、佛教文化为一体，具有历史性、科学性、艺术性。

　　洋里大厝于1989年被评为县首批文物保护单位。1994年洋里大厝拍摄的照片收入中国古民居大型画册23幅，于1996年在世界图书博览会上展出。2000年开发为旅游景区。2006年已提升为省级文物保护单位。

翠郊古民居（林钢生 摄）

古民居的大门八字开，门扇有四大字，左"神荼"，右"郁垒"，门楣有"海岳钟祥"4个字。一对青石雕刻着楹联，上联是"门拱紫宸春富贵"下联是"天开黄道日光华"。楹联底部各有一只浮雕的蝙蝠展开双翼。进入大门抬头就看到太子亭，形同八卦，也叫八卦亭，上有藻井。太子亭完全由木与木相嵌而成，其间雕有24只蝙蝠，寓意一年有春、夏、秋、冬四季24个节气（蝠与福同音，表示一年到头福祉相随）。亭顶平面上的双龙戏珠，颜色已脱落，只留下暗灰色的影子，中间的铁环供挂宫灯之用。八卦亭两侧便是原来的鱼池，鱼池壁上有立体壁画，池有围栏，栏外横着两条长长的花岗岩石条凳，成为人们聊天的茶座。边门楣是绿蕉叶下有一双四孔的金黄色古钱。

首进为单层，二进、三进均为二层楼房。各进大厅中厅大堂门平时都是关闭不开的，只在重大节日、迎贵宾、婚丧嫁娶时，才打开大堂门，表示隆重，平常只能从旁边喜门出入。不能让来人从大门直透主大厅，这是一种大盾内藏的文化。首进大厅两侧柱子上头装饰着柱头镜（二进、三进主大厅两侧的柱子上头也有柱头镜，共6个，被盗1个），观其画面可分为两类：一是雕刻飞禽走兽，二是雕刻鲤鱼呈祥。天井每条边由3块石条组成，每条石条长达6米。天井两旁的花墙尽是花窗并排，花窗上是手工雕刻出各种各样动植物的窗棂，有双喜图、双寿图、蝴蝶蝙蝠图、草龙图、松鹤延寿图、鲤鱼呈祥图等。草龙图四周有蝙蝠，双寿图四周有石榴。最具有当地风格的数"海趣"花窗，刻有螃蟹、虾、水虱、鲎，以及海草、浪花图案。大厅边门雕刻着八仙人物，左边门为铁拐李、汉钟离、吕洞宾、何仙姑；右边门为张果老、曹国舅、韩湘子、蓝采和。有些花窗虽然同是一种动植物，但却找不到完全一样的工艺雕花。吴宅的花窗不是一两扇，楼上每个房间两扇窗，楼下每个房间三扇花窗，有的房间前后三扇。楼上的窗为虚实结合的双层推拉窗，内为紧闭的实窗，外为虚的漏窗；宅内的房间明间用隔窗，厢房用和合窗。据说，光雕刻这些花窗就延续了三代工匠。我国雕刻艺术在明清时期发展到最高峰，吴宅就是一个典型的代表。它不仅用木雕装饰整个宅院，宅内的梁枋、殿柱、雀替、门楣、牛腿、

民居藻井

护栏、卷廊皆饰以精美木雕，横梁、牛腿、斗拱雕刻着双狮戏球、双龙吐珠、麒麟送子、龙凤呈祥等。还有石雕青石石凳、青石柱石、青石楹联，青石围栏，竹雕各种花样笔筒、笔插、联插、灰雕立体壁画等，无形中使大宅成为雕刻艺术展览馆。鉴于宅内雕塑神态逼真，栩栩如生，上海画院与北京画院的学生分别于1965年和1966年来这里实习，都较原计划延长多天。

古民居的二进中厅最高，中脊四放，为重檐歇山式屋顶，形成仿皇家宫廷建筑的风格，雄伟壮观。二进依次是门楼、天井、正厅（议事大厅）。二、三进之间用中间加隔墙的背部连接。三进也是门楼、天井、正厅（祭祀坛）。二、三进的6个大厅摆设一个样，主大厅挂6盏宫灯（太子亭一盏大宫灯），每个小厅都悬挂着2盏宫灯。大厅几桌上左右两边摆放或龙或凤烛台、花瓶，两侧各有两座太师椅，在太师椅上安放一张金黄色虎毯铺盖；主大厅有红绸横眉，金线刺绣八仙过海，两边绸联也用金线刺绣松下童子烧茶、鹤避烟。几桌旁苏东坡屏风，几桌前面两张八仙桌并排，桌围也是红绸，用金线刺绣双喜图或双寿图。二进主大厅曾经悬挂着一张萨镇冰题赠"俭朴可风"牌匾，牌匾上陪衬着八仙过海立体图。三进主大厅悬挂刘墉行书楹联："学到会时忘粲可，诗留别后见羊何。"墨迹貌丰骨劲，味厚神藏。二、三进还有光滑的青石柱石、石凳。三进的青石凳比二进的青石凳更精致，表现在石凳底座三面雕刻着蝙蝠图，每个青石柱石也都雕刻着蝙蝠，"抬头见喜，低头见福"。的确，抬头见到花窗双喜图，低头见到柱石有蝙蝠。

二、三进楼上的房间，有穿廊、回廊互相连通，二层楼全部联体相通，以门相隔绝。第二进楼上作为小辈结婚之后用房，第三进楼上为主人、长辈、贵宾用房，左侧房为未婚男丁房，右侧房是小姐闺房。大厝内共有8座楼梯可以上下，女眷不能随便进入大厅，只能在厢房出入。楼上走廊窗棂密布，可以从花窗窥视楼下大厅、小厅、天井、小院的一切动静。楼下往上看花窗内的动静就无法看清。相亲时长辈在大厅接待客人，男方言谈举止，楼上花窗内的小姐可以看、可以听。两侧厢房内厅摆设美人椅、茶几、半爿月桌，桌上花瓶笔插联插古董。两厢小院布局一模一样，均有花台、盆景、假山、大鱼缸，种植有牡丹、芍药、石榴、桂花等。大宅内大厅、小院都是一模一样的，外来客人经常走懵了，需人引路才走出大门。

三进后院有两口水井，左清右浊，左井饮用，右井洗物。三进封火墙外是后花园，接连土填岗，山上有红豆杉、南岭黄檀、竹柏等。南岭黄檀的茎有碗口粗大，像龙蛇一样缠绕在十几米高的红木树上又倒挂下来（常常把它当作秋千）。封火墙外南北两侧建有有数幢附属单层用房，为佣人住宿、仓库、马厩（马房）、柴草间、厕所。

翠郊古民居是吴家私宅。吴氏自吴应卯起，三代人先后建有多幢房屋。距洋里大厝几百米处，有一座房屋，风格、构造与古民居相近，规模比翠郊古民居小，现也十分破旧，系吴子穆（吴应卯长子）家业。吴子望（吴应卯次子）生4子，按"元、亨、利、贞"四房，在磻溪洋边周家宅（后因失火迁居到磻溪蛤蟆座，又遭失火，再搬迁到白琳大马路）、柘荣凤岐、点头连山建起4座形体相近、风格相同的大房。这4座房以翠郊为中心，洋边据南，凤岐处西，连山坐北，相距不到20华里。除周家宅古厝与蛤蟆座古厝毁于大火外，其余3座都保存下来，以规模论，翠郊古民居最大，系贞房吴大挺家业。大厝用料最精，建筑最典雅、精致，保存最完好。翠郊古民居建筑耗费银两高达60多万两白银之巨。

古民居建筑时间有几种说法：一是建于清乾隆十年（1745），"文革"时期，在打扫楼房正梁时，发现梁上有红绸布，上书"乾隆十年"；二是福鼎县文物部门曾对民居建筑风格与雕刻艺术进行分析，推断其为清中晚期建筑；三是据《延陵郡吴氏宗谱》（新谱）载，吴氏迁居洋里时间为清咸丰二年（1852），但由于建筑历

二层晒茶

时很长，故具体时间不明确。吴氏建房资金来源也有多种传闻：一是传说祖先勤劳、仁德，感动天神，天上掉"契纸"致富，这为百年以来吴氏口口相传；二是吴氏祖先贩茶做生意发财后，买地收田租致富，这是近年来比较流行的说法；三是吴氏祖先曾经历宫廷斗争，为避祸隐居偏僻山村，因为相传吴氏后人手中有宋朝宋徽宗真迹，但毁于20世纪50年代；四是先祖在清初有得到大笔意外之财，后经营多种生意，而成当地富豪。

吴氏先祖发财后，除建了多幢大宅外，还办了两所文武学堂。学文的在磻溪蛤蟆座；练武在柘荣长岐半岗，至今还有石锁、石盾、马槽、马蹄盾、马道。儿孙考中功名者均可享受书生田（吴家圈定千亩良田作为田租），成绩优异者，还要送入更高一级学社读书。在这一培育精英制度的观照下，吴氏培养众多庠生、廪生、武生（武秀才）、贡生，见于福鼎地方志的有吴大诗、吴开鳌、吴开雍、吴肇然、吴开泮、吴德衍、吴德惇、吴思中等。

翠郊古民居整座大厝素面朝天，清秀淡雅，唯有青砖、灰瓦、白墙；余下的就是木材的本色，只在木材上敷以素色油漆，不上彩、不着色，朴实无华。宅内太极与柱镜随处可见，二进大门坎的"地上人影"在阴雨天特别明显，勾起人们无限遐想。吴氏祖先很讲究风水，当年选址洋里，宅院前视野开阔，左右两侧有山如手臂环抱，左青龙，右白虎，远处可见五重山；溪水自右而左环绕，正前方有笔架山，只是后靠山不高，于是就用土填岗做山。封火墙外的排污水渠位于西南方，犯"桃花之煞"，故在水渠之中置石秤砣以辟邪；吴宅建造对"3"情有独钟，有3个三进合院，宅内天井都以3块石条砌成，以3个房间为一单元，每间房有3个门，因"3"通"升"字，表示步步高升、升官发财。宅院设有佛堂、佛室，供主人焚香、诵经。

古民居建于清朝年间，经历了风风雨雨，其壮观、严谨、气派、灵秀、规整的建筑艺术，至今仍不断激发当代建筑师的创作灵感。

翁江萧家大院

陈启西

　　翁江，旧称翁潭，古属福鼎十五都地，现属福鼎市白琳镇辖。翁江濒临内海湾，背倚虎头山，适于繁衍生息。翁江之水，东流为双头溪，与百步溪汇入大海；溪上游为白琳，下游为点头、后坪埠，翁潭介居其间，孤村小市，别有胜趣，翁江萧家大院就坐落其中。

　　翁潭萧氏先世萧汉华，号槎舫，于清康熙年间自闽西汀州府上杭县胜运里棉村移迁点头镇崀山。萧汉华生子三，长天爵、次天禄、三天成，分乾、坤、泰三房，乾、坤两房仍住点头。泰房因邻舍失火，旧屋化为灰烬，于嘉庆二十二年（1817）举家徙居白琳翁潭，萧天成为翁潭萧氏始祖。萧天成生五子正璣、正奎、正枢（附贡生）、正谟、正伦，分仁、敬、孝、慈、信五房。翁江萧氏民居主要有三座，自西向东分别为长房（为仁、敬两房产业）、四房（为慈、信两房产业）和三房（为孝房产业）三座大院，其中以长房大院尤为气派。萧家大院闻名于世，不仅因为它有作为建筑群的宏伟壮观的房屋，更主要的是因它在一砖一瓦、一木一石上都体现了精湛的建筑技艺

翁江萧氏民居群（林钢生 摄）

和科学应用。

萧家大院，最早建成的是长房三进式院落，其次是四房、五房共同所有的二进院落。三房因自己是主事人，避嫌不徇私，三房大厝系长房和四、五房大厝建完之后的余下角料拼凑起来的，用料远不及前两座大院，其古厝就在前两座的左手边不及10米距离，为二进式院落，三房大院唯有天井比前两座大，但其屋宇建筑用料远不及前两座。萧正枢为人忠厚，为家族繁荣昌盛东奔西驰。

长房大院背靠虎头山，坐西向东，由门厅、天井、一进厅、过雨亭、二进门厅、二进天井、正厅及两侧厢房组成三个并排的四合院，二层建筑，悬山顶，穿斗式木构架。大门宽2.4米，门外另

萧氏四、五房大门（林钢生 摄）

建有牌坊式引门，引门与正大门之间还有七八平方米的院井，院井边建有倚墙花台，奇花异草尚存。从引门入折向右拐入正大门，过去为防财水外流，做引门折向，取意"财不外露"。正门楣的白灰墙上原有四字书题，两旁还有鲜艳的花鸟壁画。"破四旧"时，用石灰覆盖上，前后石灰粘连一体无法恢复，门楣四书俱毁。如今萧家大院显赫的门楣空余四个脸盆大的伤疤，似乎是"东□□薇"四字，终因岁月流逝、时代变迁，再也无人知晓原楣题。而正大门两旁对联因阴刻在青石上，依然清晰可辨，右联"地环山海罗真景"，左联"家积图书溯曩薇"。正大门入，门厅面阔4.6米、进深4.6米，天井面阔9.5米、进深5.6米，一进厅面阔11.3米、进深12米，过雨亭面阔4.7米、进深3.6米，过雨亭两旁空斗墙合围各开一小门，可入一进侧室，过雨亭上方书有"爱吾庐"三字。二进门厅面阔11.3米、进深2.8米，二进大门门板奇厚，几达10厘米，门上墨毫上书，左"云蒸"右"霞蔚"，每字斗大。二进天井面阔9.5米，进深6.9米，正厅面阔三间4.6米，进深七柱带前廊后檐13.9米。屋顶为两层椽子结构，第二层椽子铺设相当紧密，就算客人在正厅内，无论顶头如何晃动，也不会有尘埃落下。正厅廊沿俱为大青条石铺就，横廊长条石近6米，前后三进共6根。正厅两侧厅均由雕刻成众多交错相连的"囍"字的"金壁"隔开，如遇大办红白喜事时，才将这些活动"金壁"取下，整个大院通联一体，便于活动。三进天井中间俱有条石夹心路脊，宽1.5米，

厚不及0.2米，连接前后厅堂，每进厅前石阶两耳沿青石花雕精细自然，俱显富丽堂皇。三进建筑内不少木构件及窗花刻有花卉、方胜、蝙蝠、双钱等，这些寓意很深的雕刻，寄托了主人祈福子孙万代源远富贵昌盛。

四、五房大院与长房大院仅一巷之隔。三房与四、五房两座大院均为二进式，正门没有牌坊式引门，正门直入门厅，与长房规格无二致；四围天井四、五房的略小，三房较大，阔10.6米，宽7.8米；二进正厅两旁均有活动"金壁"与侧室隔开，虽然三房的建筑材料不及前两座，但因三房的天井很大，整体建筑颇为气派。三座大院均不带独立花园，建筑面积，长房为5000平方米，三房面积4000平方米，四、五房面积3000平方米。

至于翁江萧家大院建造的时间，嘉庆年间修《翁江萧氏宗谱》时明确记载："正璣公，于嘉庆廿二年（1817）与诸弟由点头岽山迁翁江家焉，本屋坐庚向甲兼酉卯分金。"据此可知，翁江萧家大院三座古厝建造的年代应该在1817年前后，因此萧家大院已经走过风雨200年了。

萧家大院主要有四大特点：

第一，选料精良。所有木料取自延平、汀州、邵武、建阳等四府出产杉木，先将木料沿溪放至洪塘、南台一带，再改用杉木船运回；石条，假山等俱是霞浦运来，所有石条都是事先定做，精细打造好之后用舟载肩扛运回来，耗资无法估计。

第二，风格别具。三座大院从房内布局看，无论是正门、偏门、前厅、中厅、后厅、厢房等，俱是明清时期的豪华民居建筑式样。正大门外的门檐两端饰以翘角，以下斗拱抬梁相托，正大门上的门楣及两旁的对联等，无不体现传统的江南民居风格。

第三，科学应用。长房大院的所有地梁俱由青石条构成，接地横梁石制，能起到很好的防潮作用，确保地梁之上木墙经久不腐和阁楼居住干燥宜居。萧家大院保持了200年还如此苍劲临风，主要就是这个原因。

第四，承载力强。三座大院的厅柱宏伟粗大，柱径之宏冠绝闽东古名居，这样粗壮的立柱足够支撑大院屋脊，确保屋宇历几百年不变形，最大限度延长大院的寿命。

翁江萧家大墓

陈玉生

翁江萧氏是福鼎望族之一。萧家大墓著名的有两座，分别是以精致著称的小溪大墓和以雄伟壮观著称的旺兴头大墓。

小溪大墓坐落在翁江小溪，坐南朝北，是萧梦轩之墓。该墓建于清道光二十九年（1849），占地面积276平方米，呈"风"字形，为围领楼阁式建筑，用加工极其精细的青石砌成。墓碑刻着："皇清肖梦轩之墓，先室敖、陈氏，内室朱氏。"太子亭刻有该墓风水诗词和名人何冠英题刻，左有"福德正神"、右有"本山龙神"的神宫宝座，有挡风墙、走道、围墙。据传石刻师傅用青绸把每一块青石都磨得十分光滑，并在上面以精细功夫刻上微小的凸字和人物花鸟等，连两只毛蟹的脚毛都刻得非常精细，栩栩如生。墓两旁栏杆刻有"寄所寄""游且游"大字，外中挡风墙镂空刻着"寿"字。这些显示了当时高超的技艺和墓主尊贵的身份。两边栏杆柱上刻有萧梦轩自题诗4首，曰：

萧梦轩墓（福鼎市博物馆 供图）

竹笠掀风履踏云，小溪人去日初曛。
近来都看将来计，闲带儿孙看筑坟。

屋后青山夕下田，一抔黄土两溪烟。
此生欲把苍天问，留我人间有几年？

地下铜牌篆字镌，何须一例髦髦欢。
湖山卧应天然尽，不得黄泉玄倌看。

一生痴拙但吟我，笺剪桃花作衔硕。
向山尔后悔约年，夕学制字晓歌馨。

　　该大墓以其精湛的艺术特色吸引了不少游人，众人大饱眼福后俱都赞语不绝。该墓被列为福鼎县首批文物保护单位。

　　旺兴头大墓坐落在旺兴头狮山岗下，坐寅向申加艮坤分金，于清道光二十二年（1842）十月开始建造，至二十六年（1846）十月竣工，占地面积774.3平方米，是福鼎市第一大墓。该墓呈"风"字形，青石和三合灰构筑而成。中间太子亭，墓碑写有"皇清岁进士例授脩职郎圣详萧公之寿域"，左配八品孺人慈淑王氏、庄慎王氏，右配八品孺人恭慎黄氏、恭淑□氏，为清道光二十四年（1844）十月廿一葬。墓间有后土正神位、祥兴宝库，由栏杆、挡风墙、走道、大埕、中埕、小埕、屏风封土堆围领组成。三道围墙外树立着两根4米多长的石笔旗杆斗，旗杆斗上刻有"文光""射斗"字样。

　　每道围墙中间俱刻有大字，从外至内分别为"垂裕后昆""大海迴澜"和篆字"有余庆"。太子亭两旁石柱上题刻"麟阁华堂绵岁月，狮山石室绕玄烟"和"四尺封崇马腊，三公地卜牛眠"对联，及"一洞风云龙早蛰，千秋城郭鹤初归"等联句。该墓被列为福鼎县首批文物保护单位。

旺兴头大墓（福鼎市博物馆 供图）

"节孝"牌坊与"福寿"牌坊

陈玉生

白琳至今仍然完整地保留着两座牌坊："节孝"牌坊与"福寿"牌坊。

"节孝"牌坊

白琳古寨——白琳寨靠近集镇的石领下迄今完好地保存着一座做工精细、石材考究的三门"节孝"牌坊，是白琳镇下炉村赖家郑氏的。

下炉赖姓先祖赖恩章，生于清乾隆五十一年（1786），卒于清嘉庆九年（1804）。其妻为点头孙店郑门之女，名唤雪娘，生清乾隆五十一年（1786），卒于清咸丰元年（1857）。赖、郑原是姑表之亲，结为夫妇后夫妻恩爱，不料婚后四个月，18岁的丈夫就不幸病故，姑、媳俱痛苦难言，18岁的郑氏立下决心，留在夫家孝敬娘亲。

为传续香火，郑雪娘特向娘家抱养了一个侄女，三代人相依为命。后养女嫁与霞浦七都文洋卓兆槐，生一男取名卓凤霄，聪明勤读，得中庠生，在福宁府任职。凤霄念其外祖母郑氏七

节孝牌坊（林钢生 摄）

载为姑茶炉药灶,细心奉祀,且持家养女十分辛劳,特申报府省旌奖"节孝",敕赠郑氏安人奉旨建坊。牌坊顶嵌"圣旨"二字,左"节"右"孝",赐匾额曰"水清玉洁"四个大字,坊建于道光二十五年(1845)十二月。

"福寿"牌坊

距白琳集镇十华里旺兴头村公路旁,耸立着一座保存完整的"福寿"牌坊。牌坊顶嵌刻"圣旨"二字,下为横眉。左边刻有小字"兵部侍郎兼都察院右副都御史巡抚福建等处地方提督军务颜为",中间刻"升平人瑞"四个大字,右边刻"给福鼎县耆寿一百有三岁张文英",落款时间是"大清道光二年十月□日"。

"福寿"牌坊

据《张氏宗谱》载,张文英,字元俊,号秀峰,生于清康熙五十八年(1719),卒于清道光元年(1821),历经康熙、雍正、乾隆、嘉庆、道光五朝,正八品耆宾冠。清嘉庆十年(1805),县宪谭抡题匾额"杖朝耆英"四字。清道光二年(1822),蒙兵部侍郎颜为奏请旨准建坊,旌表赐"升平人瑞"。

文英生三子,分孝、悌、慈三房。长子国振,字殿齐,享寿九十一;次子国勋,字殿灿,享寿九十八,县宪赏"正七品耆宾儒林郎";三子国永,字殿美,享寿八十一,县宪赏"乡耆七品登仕郎"。四代儿孙满堂。

白琳茶亭

杨应杰

白琳多山,一出门就要翻山越岭,为了方便行人,每当行走上三五里地就会出现一座凉亭。这种凉亭并非六角翘起的亭子,而是一间敞开的建在道路上的房子,俗称过路亭。靠墙是半圈固定的长凳子,可供行人、挑夫避风雨歇脚。这些路亭依靠家族或个人捐募建成。据《南阳郡叶氏宗谱》载,叶氏族人在从白琳至福州官道上就建有多座亭。茶亭一般设有"路亭田",以田产收益做修缮茶亭和烧茶人酬金所用。亭内有专门烧茶人,烧的茶水有"普施茶"与"捡茶烛"两种。"普施茶"由捐募建亭者设立,以宗族田产作为烧茶酬金;"捡茶烛"是指烧茶人每年在秋收季节,到田间地头向农民讨取稻谷为来年烧茶积蓄茶资。白琳为产茶区,旧时亭内都有设置茶水供行人喝,所以这些过路亭又被人们称为茶亭。

茶亭内的后壁一般都供一尊佛像,为泗州佛,俗称数字佛。泗州佛又叫泗州大圣,法号僧伽(638—710),在唐朝长安(今西安)坐化。唐中宗为其敬漆肉身,送回江苏泗州(今临淮)起塔供养。传说有一泗州人来福州为官,因病祈求泗州佛,忽见榕树现一道光芒,其病立愈,以为泗州佛庇佑,因福州多榕树,遂在榕树置一神龛,供泗州佛,因而相沿成俗。在福建、广东、台湾一带,泗州佛信仰逐渐异化,赋予他主管爱情婚姻的职能,成为情侣们祈拜的神仙,并修建了许多凉亭供奉。

白琳域内从倪家屿至磻溪五蒲岭短短二十五华里古官道,就有猴母亭、白琳寨亭、蒲尾(敖尾)亭、华光大帝亭、亭后壁、天王亭、观山亭、金刚墩亭、五蒲岭亭9个亭。县道周仓岭,因岭长台阶多,在岭上就建两

半岭菜堂亭(白杨 供图)

白琳寨亭（白杨 供图）

亭，分别位于岭中与岭头。此外，翠郊村上有个十甲亭，岭头坪村与柘荣、高山村交界处还有十步亭，秀阳村上有菜堂半岭亭，八尺门还有一座特殊的石亭。

猴母亭 位于百步溪桥头，始建年代与捐建者不详，现已毁。1934年，福鼎县军事科科长康捷成在此亭遇大刀会埋伏，葬身亭门口，亭同时被毁。

白琳寨亭 山后叶姓募建，具体始建时间无从考证，1980年山后叶姓重修，为双向式砖木结构。在白琳，流传着山后叶姓捐助两座半的路亭。一座就是白琳寨亭；另一座位于华光大帝宫（今自来水厂）前面，已毁；还有半座亭位于统坪顶，俗称亭后壁（已毁），与点头垅墘李姓共建，故称。因为亭后壁建于古道上，在亭下面有个村庄即名为亭下村。

浦尾亭 亭内供奉泗州佛，建设年代已无从考证，毁于20世纪50年代。

天王亭 为闽浙古道上主要路亭之一，始建于五代后周显德四年（957），1863年改建，亭前有古戏台和马仙娘娘宫，1952年亭改建仓库时被毁，1985年原址上建为马仙娘宫前殿。

观山亭 在里溪头到亭头村之间，由白琳万河里夏姓募建，建设年代无从考证。已毁。

金刚亭 始建于明末清初，由最早迁居玉琳的董姓捐建。三向式木石结构亭，双向通往官道，还有一向由董姓人家开店。1962年董义成、雷能宝、张节重等人修建，"文革"时改为解放亭。

周仓岭亭 清《福鼎县志》称昭苍岭亭，位于白琳镇南。据岭下碑记，1932年10月，重新修岭道和亭，岭有1900石级，有亭两座，始建时间无考，现存者位于周仓岭半岭，1986年10月由郭阳村杨汉绍、岭尾村叶礼集发起集资修缮双向式木石结构。岭头还留有一亭基，始建时间与毁坏时间无从考证。

翠郊亭 原名鹭鸶亭，又名十甲亭。位于翠郊村古道上，始建年代无从考证。亭内有碑，据碑文可知，亭于1916年重修，由翠郊保辖下的十甲倡建，故名十甲亭。由棠园村邵维羡、邵存猛、张有如，点头柏柳梅伯珍等倡导重建。亭双向式砖木结构，亭的一侧建有鹭鸶宫，奉祀马仙娘娘，由邵姓族人看宫、烧茶，失火而毁，20世纪90年代重修。现翠郊原道路已改，但亭尚存。

十步亭 在岭头坪村，因离道路只十步之遥，故名，今存。

菜堂半岭亭 位于秀阳村三兜树自然村，建于清光绪十四年（1888），双向式砖木结构。古时柴头山片区通往沿州、巽城、秦屿的过路亭，今尚保存完好，已被列为福鼎市文保单位。

八角亭 已毁，建设年代无考。在白琳镇政府所在地的东北方，古称"老蛇头"，因老蛇头地名难听，常把此地名直接叫八角亭。还有一个八角亭位于葛藤岭头，毁于20世纪60年代。

八尺门石亭 长、宽、高皆八尺，位于八尺门渡南岸渡口，呈洞穴式，不是平常所见的路亭，在路面上看不见，供行人避风雨。

古道尚书岭

蔡良绥

古道尚书岭位于白琳镇车头山，原是车头山上六个行政村通往山外的主要通道之一，东南连接秦屿、店下通往福州，西北连接白琳和点头，可北上杭州。

尚书岭古道的名字来源于唐代的两位名人。第一位闽人欧阳衮，825年进士及第，官至监察御史，进京赶考时走过这条古岭；第二位名叫黄诜，字仁泽，895年登进士第，长溪白林（白琳旧称）人，是福鼎历史上的第一位进士，这条古道就在其故居附近。因此二人曾经走过，故后人取名"尚书岭"，意为走过此道者，皆能成国之栋梁。

登古岭上山，嵌入大山的青石台阶上，依然还能看到千年间山民挑担拄杖留下的印记，行至古岭一半时，残留的古茶亭依旧像位千年老者守护着这条古道。山上有80多平方千米的土地，据传唐代已有李氏在此岭头潘垅湾李家井居住过，北山三斗丘还有一个小地名叫太姑窟，宋代是道姑居住的地方。

宋代至清初开始有林、周、王、许、蔡五姓住在山上，以种茶为业。宋中叶，山上有茶园近百顷，至今许多山头还留有宋人开山种茶的遗迹。到明清时期，车头山有三个茶叶作坊，新中国成立后成为福鼎县政府最早推广福鼎大白茶、福鼎大毫茶的产区，也是全县茶树良种的采穗圃，是国营翁江茶场的工区之一。

古道记录了茶乡千年间祖祖辈辈走过的身影与足迹。从山脚下到山顶海拔460米，有1456个台阶。从福鼎白琳翁江的岭脚村出发，行30分钟，约登500个台阶到歇坪，古人在此设立了8张石凳子，还有一张巨大的天然石桌。20年前，这里有一棵古松，枝叶繁茂，像把大伞遮盖了整个歇坪，路人晴天可以乘凉，雨天可以遮雨。可惜，因一场人为的大火把古松烧伤，后来便慢慢失去生机。后有人在原来的树坑上种上一棵香樟，生长至今，可为旅人送一片荫蔽。

继续往上走，可以见到一块巨石，名官财石。往左边瞧，有一条山涧，边上的峭壁，有许多碗口大小的圆石洞，传说是古代药师葛洪到东南寻找长生不老药时，为取岩石里面的"石胆"做不老仙丹的配料而凿的洞。继续向上行走，左侧的悬崖峭壁有几处石笋，犹如太姥山的"仙人锯板"，还有"猪八戒""金猫扑鼠"等景观。再往上行走，便是古茶亭，此亭建于宋朝中叶，面积30多平方米，专为路人歇息而建，全是石砌。

亭中设有饮茶的缸、瓢，供行者解渴。可惜1958年的一场超强台风，使亭子顶部皆被毁坏，但石砌的墙体部分仍保存完好。

接着行走，见到的是人工凿出来的台阶，有十多级，名曰石壁子。旁边有小溪涧，四季流水潺潺，水清冽甘甜，口渴时可以用手掬水饮用。继续向上走，看到一个卧石，名母猪石。传说此母猪乃车头山一修行道姑所养，一天，母猪因"孩子"被山贼偷去，下山去找，道姑为了母猪的安全，就点了仙法，不让其追贼，母猪就化成一块石头。沿着山岭的石阶继续往上行走，满山谷的枫叶被霜冻之后全部变红，层林尽染，美不胜收。

沿着山路一直向前，眼前看到定福门。山门建造于清同治元年（1862）端月（农历正月），至今有160多年的历史，当时蔡氏家族倡议，众乡贤捐款，并报清政府拨专项款而建。同时建有炮台和关隘，用于防御匪盗骚扰、查验行人身份等，当时配置了2门红衣大炮，守役6人。穿过定福门继续前行，脑子里回想起一件令我难于忘怀的往事。那时，我在白琳镇上的福鼎三中读初中，因为家里穷，家里拿不出一周的伙食费，要我挑80斤左右的柴草到镇上去卖，所值的2元钱可供我一周的伙食费（不包括粮食）。大约下午3点我挑着柴草下山快到定福门时，遇到一个穿着"四个口袋"的蓝色军服的军人，二话没说"抢"了我肩上的柴草自己挑上肩。从他口中得知他要去到坑里村（当时叫大队）看新兵，我们村有位适龄青年吴敬果已体验和政审合格，即将入伍到东海舰队服役。这位不知姓名的海军叔叔一直帮我把柴草挑到长长的尚书岭脚下，让我解脱了半天的劳累。

物華吟賞

白琳民间手艺拾零

郑仲进

碗头岗火笼

"棕衣当被盖,火笼当棉袄。"火笼是取暖用具,千百年来它是农村冬天家家户户的必备用品。

碗头岗自然村家家户户都有做火笼的传统工艺。火笼砵是白硋窑定制的,火笼筐由竹篾编成。中秋以后他们就开始备毛竹,主要生产两种火笼,一种是比较粗糙的火笼筐用篾扭成,但市场销量较大;另一种叫篾子笼,分底一层,盖一层,很精致,竹篾经过细加工,有的还用砂纸磨过,筐用一条宽篾穿成。以前农村女孩出嫁第一年娘家要给她送油蜡,其中必须送一双火笼。如今火笼已成为历史,已被电热毯、电暖手炉取代。

火笼(陈维锋 摄)

郭阳龙须草席

龙须草主要生长在太姥山岩缝和太姥山脚周围深山野林地里,高10—15厘米,粗的如圆珠笔芯,细的如缝衣针。郭阳刘坑亭、洋心、松坪一带村民都擅长编织龙须草席,他们到山上用手拔或用草刀割来席草,回家晒八成干,放在沸水中烫半个小时左右再晾干,然后用柔软、耐用、不易腐烂的苎麻为经,用席架像织布一样编织。两个人共同织一条150×200厘米龙须草席要一天时间。龙须草席适合夏天使用,主要特点是吸汗、凉爽,且用得越久越舒适。

神天山笠斗

农村以前很少雨伞,管雨伞叫洋伞,但家家户户都备有大笠斗,用两条带挎在腋下,是雨天出门的常用工具。白琳的神天山自古以来就有编造笠斗的传统工艺,主要生产大笠斗、平笠、福宁府笠和朴笠。大笠斗直径 0.8—1 米；平笠小些，有 0.4—0.5 米；福宁府笠是圆边稍向上翘，竹篾细小精致，笠斗顶尖凸起，做工考究；朴笠是圆边向下重叠，和其他笠斗样式不同，能大面积遮阳，脸不容易被太阳晒黑，至今茶农上山采茶还有很多人用它。

王家山手提篮

在塑料袋问世前的几百年，人民群众多是用手提篮上街买菜。手提篮也是竹篾编成，有大、中、小之分，大的也有人叫米箕，用于煮大锅饭、酿酒、做年糕和淘米；中的使用率最高；小的有的只有饭碗大，常可见沿海人家在海边礁石上盛野生海蛎。王家山群众历来有编造手提篮的传统工艺，他们还兼造笊篱（以前大部农家常年吃地瓜米饭，还要养猪，就把地瓜米泡沸水几分钟后，用笊篱把地瓜米捞起另煮，而汤用来喂猪）、锅架（架在锅里热食物的架子）、水筒（舀水工具）、米筒（量米用具）、竹枕等，如今基本失传。

白琳百合粉

白琳百合粉具有悠久的历史，特别是亭下陈池欣老先生制造的百合粉，久负盛名。他大多是从太姥山、五蒲岭、金谷洋一带土壤深肥的林边和草丛中采集天然的生百合，色黄白、肉厚、质坚、筋少，经过去杂洗净，剥取鳞叶，人工石磨，沉淀过滤，再搅拌，晒干。用一汤匙百合粉可调配一杯饮料，具有润肺养心、止咳化痰、清心养神等功效。

翁江鱼灯

陈玉生

翁江鱼灯创办于清乾隆年间。当时风调雨顺,五谷丰登,本村绅士为了庆贺国家太平,百姓安乐,根据居住在溪海之边、以农渔为生的特点,创办了鱼舞。他们用稻秆编成鱼的形状,中间夹着竹柄拿手,在外包纸画上各种鱼的颜色。年轻人拿着鱼排成长队,以舞蹈形式,自编自唱。

清道光二十四年(1844),翁江龙回宫(即华光大帝宫)建成,举办庆祝典礼。当地艺人用竹篾编成各种鱼的形状,外糊纸,上各类鱼色彩,有鳌鱼、鲤鱼、黄花鱼、马鲛鱼、鲳鱼等10种,内点着特制的蜡烛。鱼灯舞以龙珠为首,各种鱼类围绕龙珠,

翁江鱼灯表演(林钢生 摄)

在龙珠指挥下翩翩起舞，编排出如鱼找珠、鲤鱼跳龙门、鱼太极、鱼望月、鱼排字、鱼拼笆等30多出的鱼灯舞。从此，每年春节期间，翁江都办鱼灯，敲锣打鼓，在龙珠带领下各种鱼灯先到本村龙回宫向华光大帝参拜（参宫），然后到本村各家各户、大院广场起舞。所到之处，家家放炮，户户焚香，以祈求平安赐福，年年有鱼。当地百姓民谣："鱼灯到各户，送福又送宝，鱼灯到各地，百姓皆欢喜。"每回新编鱼灯舞了3年后，必须将灯送至本村宫里焚化，待来年再办新的。

抗日战争胜利后，本村鱼灯又一次地发展和改良，加了3条鱼和目鱼、大虾，共5种，音乐加入大呐、小呐、二胡和笛子，吹着万年欢和水龙阵等音乐，迎合着鱼的动作起舞。舞鱼演员大腿绑起铜铃，使大家在起舞时脚步整齐。目鱼和大虾只在鱼群边耍游，如目鱼碰上大虾头刺时，会吐出全肚大烟，引起满场观众鼓掌叫好。

1959年6月，福鼎县委宣传部、文化局组织民间调演，翁江鱼灯列入调演节目。翁江鱼灯队办成了大型的鱼灯队伍，把鱼灯内头烛改为电池电光，各类鱼尾能自动摇摆，演职员服装整齐，而且创造了适合当时社会形势的新节目，博得观众贺彩。新节目是在鱼群中造一条很凶的黄甲鲔，自认为是鱼之首，在鱼群中破坏团结。鳌头团结各类鱼将黄甲鲔打倒，体现团结就是力量。与此同时，龙珠内跳出白鸽立在珠上，鳌头嘴里伸出"世界"二字，鳌尾伸出"和平"二字，亮相在舞台上，意为渴望世界和平。台下观众看到这一幕，无不欢欣鼓舞，长时间地响起雷鸣般的掌声和喝彩声。翁江鱼灯队在本届的调演中荣获一等奖。同年9月又参加了福安专署民间文艺调演，又荣获一等奖。改革开放后，又先后参加了福鼎建市庆典和太姥山旅游文化节等节庆活动。

"廿四碗"和"八盘六"

陶振团　杨应杰

在白琳民间，凡红白喜事都要在家操办酒宴。酒宴场次各有不同：有只办一场酒席的，有两场酒席的，甚至有办三场酒席的。酒宴时间各有不同：一些有钱人家的祝寿酒宴虽是单场夜宴酒，但菜谱最是精细，而且酒宴时间很长，寿宴一般都在正月举办，而且在夜间宴客，俗称"吃寿"；墓葬酒宴则分上山酒与回龙酒，酒宴隔天进行，都是在午间宴请宾客，酒宴分正餐与偏餐，回龙酒宴为正餐，充满喜庆；上梁酒宴也是在中午宴请宾客；嫁女只在夜间宴客；娶媳妇分两天进行，婚庆日前两三天亲戚陆续到来，家里逐渐热闹起来，结婚前一天夜宴叫"闹夜饭"，结婚当日的酒席也有主次之分，夜宴为正餐，午宴为偏餐，菜肴的档次也有主次之分。

那酒宴的菜肴用哪些菜？不同的酒宴菜肴一样吗？民间有"廿四碗"说，如下面一首打油诗所述：

> 头碗香燕做头前，二碗香菇凑一双。
> 三碗田鸭垫洋粉，四碗目鲞煮碗高。
> 五碗丰肉满流流，六碗鲜蛳紫菜交。
> 七碗芹菜拌蚱血，八碗蛏干淀流流。
> 九碗猪肠炒笋丝，十碗跳鱼瓮菜交。
> 十一鲟仔好炒蛋，十二面粉碾鲨鱼。
> 十三清明大个蚶，十四蒜白炒猪肝。
> 十五黄虾头剥壳，十六出出白金干。
> 十七丁香好炒蛋，十八莲子猪肚汤。
> 十九全鸡垫冬笋，二十鳗泡酸辣汤。
> 廿一黄瓜头仰仰，廿二清炖马鲛鲳。
> 廿三白鲕牵红线，廿四盖尾红枣汤。

"廿四碗"都是用碗装菜肴的，没有用盘的。菜肴中的菜都是当地特产，平素家中不常吃的珍贵菜种，如田鸭、目鲎、猪肚、海蜇皮、蛏干、跳跳鱼、鲟、鲨鱼、泥蚶、黄虾、丁香鱼、鳗鲍之类。

后来白琳厨师们在"廿四碗"的基础上进行变革，推出"八盘六"，即8个用大盘装的菜肴，加上6个品（大碗）装的菜肴，外加两个主食为"大将"，另有4个用盘装的叫咸碟（冷菜）。一般酒席宴请宾客时，宾客是陆陆续续地来，家主人还要派专人（按人情钱）通知宾客前来，有的早到，有的较迟，这时咸碟先摆上，让早来的宾客先入席，就边品茶边聊天。等客人全部来齐了，就可上正菜。上第一道菜是有讲究的，它暗示这场酒宴的规格档次，比如第一道菜是香燕（也叫澎海燕），整个宴席接下来的搭菜就比较大众化；如果第一道菜是刺参，就说明这个酒宴档次高，席间要有鲍鱼、鱼翅、鱼脑之类的菜。"八盘六"中有几个菜，厨师十分讲究技艺，如"鱼卷""鸡卷""膀离扣""猪肚扣""全鸡扣""鱼丸""高丽"等。两"大将"可以从炒米粉、炒年糕、水饺、汤圆、长寿面（线面）中选取。

一般人在办酒宴时，都要挑选日子。当家的与厨师事先开好菜单，吉日到来前一两天厨师们就进场，做好菜肴的预备工序。比如"高丽"有"真高丽"与"假高丽"之分，"假高丽"原材料为槟榔芋，"真高丽"原材料为肥膘（猪肥肉），其制作工艺很繁杂，必须充分去油脂，才能使"高丽"滑而不腻。"膀离扣""猪肚扣""全鸡扣"工序也比较复杂，尤其是"全鸡扣"要挑选适合做扣的全鸡，鸡的重量必须一斤左右，剔除鸡身上的骨骼，使鸡能一整只扒在碗上放在蒸笼蒸熟。"扣"的菜肴都是品，先用较小的碗盛着菜肴蒸熟，将菜倒扣在品碗上。"鸡卷""鱼卷"两菜工艺比较复杂，"鱼卷"的材料为鳗鱼或其他鱼的鱼肉，"鸡卷"主要原材料为猪肉、荸荠、葱，它们共同特点是要用"网纱油"包裹，通过熟油炸至半成熟后起锅，到上菜前再用油炸第二次。厨师最忙碌的算做大鳗鱼了，先将鳗鱼身上的好鱼肉取下，作为"鱼卷""白炒鱼"或"鱼丸"用；其次切下的鱼肉做成"鱼片"（一般用于偏餐）；鱼头、鱼骨、鱼皮则混煮成鱼冻（闲餐用），一举多得，工艺繁杂。

随着时代的变迁，"八盘六"的菜肴有了新的花样。以前温饱都成为问题，遇上酒宴便像是遇上人生的大事似的，尤其在物资匮乏的岁月，人们渴望通过吃酒宴改善生活，改善饮食。现在的菜肴已向"菜精品"转变，饮食搭配也更科学，同时以酒楼操办为主。

白琳小吃三例

陶振团　白　杨

明清时期，白琳盛产茶叶，云集大量客商与茶贩，一定程度上带动了白琳的饮食文化发展，产生了独特的小吃。

手打面

白琳手打面源于清末，到民国时期传给几个年轻人，其中有一个姓吴，俗称阿龙师傅。20世纪60年代末，阿龙师傅将手艺传给一个陶姓年轻人，80年代又传给吴姓的年轻人。现福鼎东源大酒店手打面于2004年在福建省名小吃烹饪大赛中获得金奖，其工艺就传承自白琳。

手打面原料：面粉、碱、食盐、鸡蛋等。

手打面

手打面的制作方法：

1. 将精制面粉按量倒在案上，加入纯碱、盐、鸡蛋清、冷水按比例和面。水要徐徐加入，有利面粉的湿度把握。

2. 面粉和水混合好和成团，接下来揉面要求力道刚好。将揉好的面团用三根长短粗细不一的竹竿进行擀压。在擀面的间隔要往已压过的面团撒一些生粉，先用粗竹竿将面团擀压，使其有韧性，并均匀彻底地融合原材料。

3. 接着用较短竹竿进行擀压，反复多次，直至压成1.5—2毫米厚。

4. 最后把已擀好的一大张薄面皮层层往返叠起，用力切成面条，粗细因人爱好而定，一般不超过0.5厘米。

手打面制好后，可煮成拌面与高汤面两种。手打面做得好的关键在于擀的劲道与原材料搭配的比例。1973年白琳市管会批准成立白琳小吃食铺，出现群众每天争相排队吃手打面的盛况。时至今日，那些当时吃过手打面的人还不能忘怀。

馍馍

"馍馍香、馍馍甜,馍馍一条一毛钱。"耳熟能详的顺口溜,至今让许多人回味。20世纪70年代,福鼎三中的学生,一听到下课的钟声,一溜烟就跑到三中附近崔姓老太的家里,争先恐后地用5分或1毛钱,甚至用饭票或家中带来的米来交换馍馍。馍馍在白琳属魏阿喜最早做出名,后传至崔姓老太。

馍馍制作原料:糯米、红糖、葱猪油、大米、白芝麻、面粉。

馍馍的制作方法:

1. 铁锅炉倒入面粉炒香至熟起锅,黄豆另炒至金黄、香酥起锅待冷却后碾碎成粉,前二者与白糖、猪油搅拌均匀做馅心用。

2. 糯米和大米按8比2一起倒入桶内,水加满,浸泡8小时,磨成米浆,装在布袋中,挤压出水分(用重物压在布袋上容易出水),使米浆成块状,至挤不出水为宜。

3. 竹米筛铺一层干净湿纱布,将大块米浆块掰成小块,均匀地撒在纱布上,进蒸炉蒸熟,成面团。

4. 将面团揉至均匀圆润、有韧度,再搓成直径4厘米左右的长条,按4厘米长度用刀切开若干块,然后依次用手压扁(手涂一点蜂蜡就不会沾手),再用小木棍把馍馍皮来回反复碾压直至长方形,面积15×10厘米左右。

5. 将馍馍皮铺在案上,馅心放中心,两边折起1.5厘米,按紧,再上下包起封密,成馍馍坯,案上撒一些葱花、芝麻,馍馍放上面轻按使馍馍双面沾上些葱花、芝麻。

6. 置平锅炉上,锅热后,倒入少许食用油,放入馍馍坯略煎一会翻锅,两面煎好,即可起锅。

炒麻糊仔

石门头"麻糊仔"在白琳很出名。师傅叫林开菊,俗称"麻糊菊",他炒的麻糊仔很畅销,不过午就能把几十斤的麻糊仔售完。

炒麻糊仔原料:粳米、食用油、虾油、酱油、味精、葱、料酒、水。

炒麻糊仔的制作方法:

1. 粳米倒入桶内加满水,浸泡5小时左右,捞起淘洗干净,倒入木蒸桶,放入大铁锅内(锅内的水刚好满木蒸桶的脚部,不高过木蒸桶的底板),盖上蒸桶盖,旺火烧开。要注意锅内的水位,不时加水。准备一勺开水和一个竹刷子,间隔20—30分钟,用竹刷蘸上水往蒸桶里均匀喷洒,这样粳米可以蒸得更软,直到蒸熟为止。注意,关火后不要马上揪桶盖,闷上10分钟再起锅。

2.将蒸好的米饭倒入石臼中，用事先准备好的冷开水将几根木棍润湿，先慢后快轻捣，蒸熟的粳米变成饭团，然后两个人用大点的石槌很有节奏的一人一下槌打着饭团。粳米很容易黏在石槌上，要另有一人随时将水蘸到石槌上，使槌脱米饭，同时往石臼里洒点水。槌打到完全没有饭粒，像面团，揪起来特别黏稠就可以了。

3.趁热把饭团搓成长条，摘成若干块将小饭团放入模具中，按压成形。

炒麻糍仔

4.炒麻糍仔有讲究，将炒锅置在炉上，烧热加入食用油，油温热，摆入隔夜麻糍仔，温煎三分钟，煎好后用温火继续翻炒，借空档，倒入虾油适量、酱油少许，味精、料酒、水搅拌备用。

5.麻糍仔炒至有皮并起泡，改大火，倒入已备好的料水，炒至金黄收水为止，撒上葱花起锅。

炒麻糍仔的讲究之处，首先在于选料即粳米质量要上乘；其次是蒸米的工艺要娴熟，使米粿熟透；最后在炒将起锅时一定要放入油再炒，才能使之呈金黄色。

白琳柿

> 陈光寿

白琳依山濒海，土属黄壤，略含酸性，阳光充足，气候温润，独特的地理、地质、气候条件，再加上优良的柿树品种，出产的柿子，色香味俱佳，为广大群众所喜爱。白琳镇周围七八里内的地方，西至上盘、鹧鸪洋，北至石床、三罗顶，南至神天、金堰，东至康山、岭尾，家家户户园边屋角、山坡小丘都种上柿树，在白琳周围绕上一圈，留心观察，路旁的山上也都伫立一株株翠绿的柿子树。

白琳柿树的繁殖是通过嫁接方法完成的，以前能掌握嫁接技艺的不多，白琳过溪、康山一带的师傅比较厉害，正是有了特有的果树繁殖技术，白琳柿树优良品质能得以留传。白琳上品甜柿，首推南山里，这个地方的柿子，果实硕大如杯，皮薄且光滑，核少，肉质柔嫩适中；其次是山前、半岭产的柿子。白琳的柿树最大的有两株，位置

白琳柿

一南一北，北株在里溪头大岭下，南株在黄家山刘章坪，树龄都在百年以上，堪称南北两"柿王"，其年产量少则七八百斤，多则千斤以上。柿树产量有大小年，产量有高有低。柿树一般三月开花，五月坐果，十月成熟，每年七八月间台风高发期间，如果遭遇大台风，柿树枝条与果实就会遭殃，从而造成自然减产。家里种有柿树的人，往往在冬至用汤圆黏在柿树主干上，祈求柿树来年能丰收。

  白琳柿子与北方的柿子，食法有较大的区别。北方柿子从树上采摘后有的直接就可食用，有的削皮晒制成柿饼。白琳柿子采摘后，必须用利器穿破柿果的中心部位，破坏柿果的组织，然后在柿中心位置插上柿梗（常用油麻梗），放在谷皮或棉被内保温，经历 48 小时后，柿子由绿变红，方可食用，否则的话吃起来既麻且涩。时至年底，柿子因在树梢末端没被采摘者，经过鸟啄食后，也会变红成熟，那时采摘食用尤为甜美。

  柿子除了食用外，还有其他用途。柿树如果没有经过嫁接，种植后产生果实小，俗称"鸟柿"，旧时人们常把鸟柿或柿树上果实较小的柿采摘来直接捣成浆，柿浆经过滤后可用于制作雨伞布、膏药皮、茶叶箱等，还可入药。柿浆黏力强，是做雨伞布的理想材料，雨伞布用牛皮纸做基质，外涂两次隔年柿浆，防水功能很强。后因化工塑料制品的出现，雨伞布才被塑料布替代，手工制雨伞工艺被淘汰了，柿浆也就渐渐不被人知晓了。民国时期，白琳工夫与莲心茶外运时，包装箱用枫香木制作，制作包装箱过程中，也用柿浆涂过，使包装箱具有防水、防潮作用，后用锡金箔纸取代。做膏药用的膏药皮，也要用到柿浆，棉纸用柿浆刷两三次，才可做膏药皮。窖藏一年柿浆，可用来治疗带状疱疹，俗称"缠身龙"，这是白琳人常用的偏方。

翠郊脐橙

束应平

2003年初，翠郊村干部蔡锦庆、林祥金等以调整农业产业结构为契机，充分发挥小山区气候资源优势，结合村集体低产茶园改造，并经过福鼎市农业专家土壤检测合格后，引进名优水果——纽荷尔脐橙52号，当年试种植100亩。实践证明，翠郊的气候、土壤适合脐橙的生长，3年后产出的脐橙香甜多汁、皮薄肉多，与其他柑橘类水果相比，更受人们的喜爱，为方便市场推广和消费者称呼，命名为翠郊脐橙。

翠郊脐橙成功上市后，增强了种植户们的信心。2007年11月，成立了福鼎市白琳翠郊脐橙经济专业合作社，基地种植面积扩大至550亩。为提升翠郊脐橙的品牌效应，先后成功注册"鼎翠"和"翠郊脐橙"专用商标。

翠郊村以"合作社＋基地＋农户"的模式，实行统一规划、统一建设、统一销售的方式，不断壮大翠郊脐橙种植规模。合作社引导和鼓励有意愿的农户加入种植脐橙队伍，带动村民发展脐橙种植450亩，全村1000亩，辐射周边棠园村、岭头坪村、牛埕下等村民种植。

为提升翠郊脐橙种植生产基地的农业产业化水平。合作社投入250万元，先后完成办公楼、游客接待中心建设，果园无公害太阳能杀虫灯建设，果园机耕路路网、水池及沟渠建设，果园节水灌溉管网及停车场建设，使基地的基础设施不断完善。合作社推行现代无公害农产品生产管理，结合现代休闲观光农业的发展目标，发展集休闲观光、果园采摘、农家乐于一体的新型现代农业，为果农带来增收。

旺兴头青龙灯

余定振

1995年，福鼎市撤县改市时，由张帝盘带领旺兴头青龙灯队伍参加庆典活动。在舞龙比赛中，旺兴头青龙灯在九条龙中斩获龙灯设计一等奖，并获舞龙比赛二等奖。

旺兴头青龙灯在福鼎市内外享有盛誉。旺兴头村位于白琳镇东麓，依山傍海，东与梗树岔村、坑里洋村交界，南与翁江村相邻，西与点头镇隔海交界，北临藤屿村八尺门，村民自发组织了一支舞龙队伍。

旺兴头青龙灯始于清代咸丰年间，创始人张中明是旺兴头村张厝自然村人，生于清嘉庆五年（1800）。张氏是旺兴头村望族，张中明在村中有一定声望，带领村民创制青龙灯，以舞龙方式来祈求风调雨顺、人寿年丰。后逐步演化为娱乐活动，相沿成习，延续至今，孕育了旺兴头龙灯这一民间艺术之花。

青龙灯是以龙灯为道具的民俗舞蹈文化，是集舞蹈、音乐、美术、手工艺品为一体的民俗文化综合艺术，十分讲究设计与制作，尤其是彩扎技艺最精巧。整条龙灯由竹篾和布彩绘而成，总长22米，直径0.4米，龙灯分龙头、龙身、龙尾共9节，比例适中，龙头与龙尾呈典型的"S"形。制作龙灯彩笔走脊、描箸，着重突出龙的气质，使其神采丰腴、气势磅礴、色彩艳丽、姿态灵动，栩栩如生。

现龙灯制作技艺集中在张厝自然村，张氏后人在继承先辈积累的传统工艺基础上不断创新改进，原材料和原来的有所不同，由龙灯制作的非遗传承人手工扎制而成。

起舞青龙灯时，需30人互相配合在空旷场地完成。现场配民乐团队10人，10人起舞，舞龙者着青衣整齐划一，还需替补队员10人。舞龙主要以龙门宫为主，可编排出天下太平、万事大吉、国泰民安、龙门寿、上太人、龙洗甲、盘龙、九龙藏珠、圆台篱笆、天井、地井等36种龙舞。

旺兴头青龙灯始于清朝末年，曾出演福鼎城关、白琳、秦屿、点头、磻溪、店下、硖门等镇大部分村庄。改革开放后，张氏后人传承技艺，不断获奖，享誉福鼎。

如今旺兴头村仍延续传统，每年大年三十、正月初一、元宵节3天，由村民自发组织舞龙灯表演，先在本村，之后又到各乡镇巡演，还时常受邀到霞浦等地展演，所到之处，家家放炮，户户焚香，以表平安赐福，营造祥和欢乐的春节气氛，广受欢迎。

白琳沿海片的海鲜餐饮业

🍃 周孝端

白琳镇沿海片包括翁江、旺兴头、藤屿、白岩、沿州五个行政村，沿八尺门海域而居，与点头镇、桐城街道、前岐镇隔海相望。

靠山吃山，靠海吃海。早时，这里沿海村民凭借着绵长的海岸线和丰富的滩涂资源以"讨小海"为生，在海潮退却后的大片滩涂上围鱼塘、撒粘网、拔罾排、放裹篙、拔海蜈蚣、掘跳鱼、挖土笋、掏海蛏、照章鱼……根据季节和大小潮水不同、海产品的时令习性不同，以不同方式进行捕捞，挖、铲、抠、捞、捡……一朝一食，烟火人间，讨海人在泥滩里深一脚、浅一脚，无惧辛劳，用汗水浇灌希望。海里来、浪里去，含着谦卑，含着感激，去讨一份味道、一份馈赠与一份生活。

八尺门海域处于咸淡水交汇处，地理位置独特，所产小海鲜不仅品种繁多，而且肉味鲜美，咸淡适中，深受大家的喜爱，像翁江鲈鱼，藤屿海蜈蚣（沙蚕），沿州双头透石斑鱼、青蟹、土笋等海鲜久负盛名。

改革开放之后，围垦养殖、滩涂养殖、网箱养殖等海洋养殖业在这里蓬勃发展，大黄鱼、海蛏、泥蚶、白对虾、青蟹、海蛎、滩涂鱼等特色海鲜走俏市场。

比起大鱼大肉，小海鲜犹如小家碧玉，好吃不贵，成为当地百姓的家常。随着社会经济的发展，居民生活消费水平的提高，当地野生小海鲜更是成为居民餐桌上的热点，价格也因此逐年上涨。2002年前后，在沈海高速通车之后，沿海片一些青年看到了市场潜力，主打当地特色海鲜品牌的美食餐饮业便迅速崛起，仅藤屿、白岩、沿州三个高速互通口临近村，先后就有碧海鲜都海鲜楼、水上飘海鲜楼、藤榕酒楼、沿州海鲜楼、本地海鲜楼、小梁海鲜楼、八海龙海鲜楼、九州城海鲜楼、牛角屿海鲜楼等几十家大大小小的海鲜排档林立，甚至在沿州双头透、后湾塘网箱养殖集中区的海域上都建起海上夜排档。

"三月虾蛄四月鳗""脱衣裳吃蛏，穿衣裳吃蛎"……不同时节有不同的海鲜。

有市场就有竞争，各家海鲜楼在充分利用当地海鲜的鲜度、质量和价格等优势基础上，努力做足菜品加工工夫，在尽量保持海鲜清淡鲜嫩原味的同时，对不同的海鲜食材加工采用不同的方法，即便是同一种食材也会根据不同的时令用不同的烹饪方法。

如海蛏，夏季可蒸、可炖，入秋后则多选做"铁板"；而当地人称为"鲟"的青蟹，则有菜鲟适煎、大公（雄性大青蟹）煮汤、红膏多蒸等常见做法。大家纷纷想方设法，叫响品牌，吸引客人，形成了白琳镇沿海片区的特色产业，受到了浙南一带及福鼎市内顾客的青睐。遇节假日，当地酒店常常一席难求。

附录：

大事记

史前时期

4000多年，白琳就有人类生活的痕迹。白琳寨、店基、浦尾山等处古遗址出土的石镞、石锛、陶片，证明了此地至迟在新石器时代就有人类生活轨迹。

唐

贞观初年，建设潘山庵，后多次重修，现名永福寺。

乾符年间，白水郎陈蓬，号白水仙，迁居白水江畔之后岐村，后岐因之改名为白林。此为白琳得名一说。

僖宗时，翁氏从光州（今河南信阳东）迁至白琳翁江，再迁磻溪桑园。

乾宁二年（895），黄诜考中进士，是福鼎第一位进士。

五代十国

叶氏迁居康山村山后自然村。

后晋天福六年（939），闽王授翁十四银青光禄大夫，为白琳寨统领，与谢俨一同领军驻守白琳寨，翁十四在白琳寨守卫至975年。

后周显德四年（957），建天王寺，后为福鼎域内两个驿站之一，另一个为栖林院。

宋

1127年，陈叔明迁居东洋山，为陈氏之鼻祖。

乾道五年（1169），黄诜九世裔孙黄楫中进士。

1170年，王十朋自泉州北归，经天王寺留诗："千里归途险更长，眼中深喜见天王。从今渐入平安境，归路艰辛未敢忘。"

庆元二年（1196），黄楫子黄沐之中进士。

三福寺双塔始建于南宋，具体时间未详。

元

至正十五年（1278），张俊一、张雅二迁入王宫头（今旺兴头）。

天历年间，周氏迁居沿州，地名初为"沿周"，后改今名。

明

洪武二十八年（1395），雷肇松一家6口由罗源北岭迁白琳大旗坑牛埕下定居，是第一支迁居福鼎的畲族。

洪武年间，杨九公迁车洋村湖头自然村，为杨氏肇基始祖。

洪武年间，张氏自磻溪后坪迁至棠园。

永乐二年（1404），浙江余姚官仓岭白马庙裘观聪迁至王花屿，为王花屿裘氏肇基祖；邵宣教公从余姚县迁至白琳莘洋，为当地邵氏始祖。

永乐九年（1411），改建三福寺双塔。

嘉靖三十八年（1559），始建藤屿古堡。

马五福宫建于天启年间。

崇祯年间，董氏迁玉琳统坪顶。

清

顺治十七年（1660），海寇登陆，逼民助饷，水郊各乡大姓人家半为杀伤。

康熙二年（1663），老虎时常出没，在湖头村伤人。

康熙十九年（1680），蔡宗善迁湖头居11年。后于康熙三十年（1691）携眷迁居瓜园村。

玉琳古街于乾隆年间成型。

乾隆四十二年（1777），建棋盘华光大帝宫。地为藤屿林氏祠堂地基，先建庵堂，后改供奉华光大帝宫。

嘉庆二十二年（1817），翁江萧家大院三座古厝开始建造。

道光二年（1822），敕建旺兴头牌坊。

道光二十四年（1844），翁江龙回宫（华光大帝宫）建成，当地艺人编排出30多出鱼灯舞庆祝。

咸丰二年（1852），洋里古民居建成。

白琳寨山下的贞节牌坊建于咸丰年间。

同治二年（1863），改建天王亭，亭前有古戏台和马仙娘娘宫。

同治二年（1863），重修天王亭村通福桥。

同治七年（1868），玉琳古街的上杨府官建于施主垅墘李姓提供建宫用地，由统坪陈姓和丁合利茶馆等倡建。

同治年间重修里溪头桥。该桥位于古干道上，是白琳通往金刚墩、五蒲岭的桥。

光绪二十五年（1899），建成贵坪桥，又名溪坪桥，由占鸿、许春槐、谢锦新筹建。

光绪二十八年（1902），杨楚卿悬壶济世，开堂问诊，创办中医诊所。

光绪三十一年（1905），溪坪村陈凌霄、胡信泰、胡邦彦，岭尾村许春槐创办区立玉琳高等小学堂，小学堂址设白琳溪坪文昌阁。

光绪三十二年（1906），白琳基督教圣公会成立。

宣统三年（1911）九月，白琳、翁江衙所、学校、关卡、教堂被攻毁。

中街杨府爷宫建于清代，1958年改建福鼎三中。

中华民国

1926年，欧阳先生创办药铺，取名为"卫生堂"，聘请外地名医坐堂，经营中药、补药、成药，并有少量西药，白琳始有西医。

1930年农历一月十一日，土匪何金标劫掠白琳，烧毁大马路几十榴房屋，劫走人质几十人。

1932年10月，重修周仓岭道和亭，岭长1900级。

1932年，土匪历木恭劫掠白琳，放火烧毁春生茶馆等20榴房屋。

1934年，上海华茶公司在白琳收购"橘红"。

1936年，吴世和投资5万元创办"逢春堂"，经营中西医药批发零售。1938年改为"双春堂"，1944年改为"平安堂"。

1937年，任廷雯区长号召有钱的乡绅多出钱，用三合土改修街道，将玉琳街两旁的茅草屋改造为木屋瓦房。

1939年，白茶专业合作社成立，李得光担任合作社主任。

1943年9月，福鼎县军事科科长康捷成在百步溪亭遇大刀会埋伏，葬身亭门口，亭同时被毁。

1945年5月20日，日本兵经过白琳，歇宿两夜，所过之处，无恶不作。

1945年，梁其媄等人创办白琳京剧团。

中华人民共和国

1950年4月，福鼎茶厂开办，地址在康山广泰茶馆，2个月后迁福鼎城关南校场。

1950年，白琳中心国民学校改称白琳中心小学，地址在文昌阁。

1952年，福鼎县酿酒总厂继秦屿之后在溪坪村原桥头茶坊开办第三个酒厂——白琳酒厂，负责点头、磻溪、管阳等乡黄酒专卖供应。

1952年，福鼎第一家茶叶初制厂在白琳创办，厂址设在旧广泰茶馆。当时全县公认的十大茶叶评审师，康山就占有两名：溪坪村的陈延策和王家山村的颜其古。1953年，茶厂改称"国营闽东第二茶叶精制厂白琳初制厂"，业务由福鼎茶厂统一管理。

1956年10月，岩前至白琳公路开工，经岩前、宝庙、大山下、点头、龙田、倪家地、百步溪、白琳等地，全长19千米。

1956年，"先贤堂""卫生堂""平安堂"实行公私合营开办联合诊所，为白琳卫生院前身。

1956年，福鼎三中前身"白琳小学附设初中班"成立，来自白琳、点头、秦屿、店下、管阳的学生来校就读。

1957年，白琳茶叶初制厂开始独立核算。

1957年，修通白琳至点头路段，路面宽7米，全为土石路。1958年7月全线竣工。

1958年5月，白琳业余京剧团正式成立。

1958年8月，开工建设白琳至磻溪公路，长7.5千米。1959年9月底全程竣工。

1958年8月，成立白琳卫生院。

1958年，福鼎县茶业局与文教局联合在广泰开办两年制茶业中学，为培植茶园、评审茶叶、精制茶叶方面培养了众多的人才。

1958年，福鼎县二轻局在王渡头村原洋中茶坊创办全县首家造纸厂，生产棋盘纸、草纸、棉纸等。

1958年，福鼎国营茶场（翁江茶场）正式成立。

1959年3月，福鼎县人民政府正式将"白琳小学附设初中班"改为"福鼎县第三中学"。

1959年6月，福鼎县委宣传部、文化局组织民间调演，翁江鱼灯列入调演节目，荣获一等奖。

1960年，县文化科正式批准成立福鼎白琳新民木偶剧团。

1960年3月，白琳至秦屿公路全线破土动工，自白琳经沿州、巽城、店下至秦屿，全长39千米。1961年5月，因财政困难工程暂停。

1968年6月，白琳区公所更名为"白琳公社革命委员会"。

1968年，镇办算盘厂创办，厂址数迁，原址在旧车站，后迁三中校内。

1970年9月1日，百步溪桥动工，12月9日竣工。由于投资省、工程时间短，被称为"百步桥，百日成"。

1970年，文昌阁被拆还田，中心小学并入福鼎三中，称"福鼎三中小学部"。福鼎三中成为宁德地区唯一一所实行九年一贯制学校。

1970年冬，白琳公社革委会成立亭头水库工程指挥部。

1971年，创办镇办企业蜡笔厂。

1972年，除翁江茶场外，白琳其余茶场划归白琳公社革委会直接管辖，称"白琳公社茶场"。

1972年，创办老区彩色印刷厂，是全县各乡镇最大的印刷企业。

1973年，在白琳统坪（现建安石材厂）建设瓷碗厂。白琳岭头坪有高岭土矿，就地取材，生产各种碗具、保险丝开关盒等产品，后因技术、价格等原因停办。

1975年8月，修建从白琳经康山山前、白水漈、周仓岭、郭阳、才岗、山兜、潋城、茶塘、董家沙至秦屿公路。1976年6月，白琳至秦屿全线竣工通车。

1976年，金堰水库竣工。

1978年，白琳茶叶初制厂更名为"福鼎茶厂白琳分厂"。

1978年，白琳镇办纸厂恢复生产。

1980年，山后叶氏重修白琳寨亭，为双向式砖木结构。

1980年，白琳中心小学从福鼎三中分出，独立设校。1984年，校址迁白琳街头顶葛藤岭下，征原里溪头林场和统坪路群众用地，陆续建起教师宿舍楼和教学综合楼。

1981年，金堰水库功能转为供水为主，白琳通自来水。

1985年，福鼎茶厂白琳分厂更名为"国营白琳茶厂"。

1987年，旧电影院改为农贸市场，上下二层面积计2000多平方米。

1987年，重建通福桥。

1988年8月，成立"白琳玄武岩石开发公司"。

1992年，玄武岩矿山正式开采投产。

1993年国营白琳茶厂破产。

1993年，建设新农贸市场（今农贸市场）。

1994年12月6日，华泰的碴场滑坡，冲毁田地、树木上百亩，淹没民房2幢。1995年6月13日，华泰碴场再次滑坡，淹埋了整个山后村，幸而事前疏散及时，未压死人，经济损失达600万元。

1995年12月12日，成立"福建玄武石材集团"。

1995年，玄武岩矿山获"全国十大石材出口基地"称号。时任福建省委书记陈明义、常务副省长何少川先后到矿山视察，何少川为矿山题赠"奇山异石，世之稀品"。

1996年10月，中国石材协会宣布"福鼎白琳大嶂山玄武岩为最大的建材矿山"。

1996年12月，拓宽修建康山大桥。

1997年3月6日，福昌碴场滑坡，废碴带动山体数十万立方米直冲四斗村后门，冲坏公路，造成沙吕线交通阻断一个月。

1997年11月，全国人大常委会副委员长田纪云来白琳视察。

1998年2月8日，50万立方米土石方碴场滑坡，当场死亡17人，1人重伤不治死亡，10人受伤被救，冲毁山林235亩，农田95亩，公路530米。

2001年，创办白琳镇中学，地址先租用白琳印刷厂，2年过渡期后搬迁至三垱栏原白琳中心小学校址。

2003年8月，康山小学改名白琳第二小学。

2007年，总投资2800万元兴建公路，连接下炉、旺兴头、藤屿、八尺门、白岩各村。

2010年，白琳中心卫生院改造升级，新病房大楼建成投入使用。

2010年，引进名京物流和豪迈物流项目，项目选址八尺门码头。

2011年5月，白琳寨隧道动工，2013年通车，结束了车辆在白琳寨盘旋绕山行的历史。

2012年5月，李下溪隧洞续建，水厂二期扩建工程隧洞1800米。水厂一期供水1万吨，二期供水2万吨，解决白琳人民用水紧张的局面。

2012年6月，白琳至磻溪道路拓宽硬化。

2012年12月，兴建造福小区130户、520人迁入。

2012年，建白琳中心小学综合楼，2013投入使用。

2012年，福建省重点项目名京物流园项目开始动工建设。

2013年，石林管桩水泥制品项目顺利竣工投产。

2013年，完成翁江、秀阳、大赖、坑里洋等村自然村道路硬化、路面改造及配套工程。

2013年，实施造福工程项目，完成18个村157户、521人危房改造，被列为福建省级示范点。

2014年，白岩村完成新村建设，沿州村完成河道整治及双头透安置房屋主体工程并被列为福建省级示范点。

2015年，白琳镇荣获宁德市"平安镇"称号，被评为第十二届宁德市级文明单位。

2015年，完成总长14.5千米，贯穿翠郊、棠园、车洋三村的生态休闲绿色景观带建设。

2016年，占地300亩的豪迈物流项目完成33万立方米海域回填、土地平整工作。

2017年，白琳寨茶叶加工集中区建成，入园投产茶企8家；白琳寨农民健身公园完成一期工程，建成中心广场、休闲走廊、六角亭。

2017年，白琳镇中学并入福鼎三中。

2018年，福鼎三中教学综合楼竣工并投入使用。福鼎三中被评为第十三届宁德市级文明学校。

2019年7月24日，白琳商会成立大会暨揭牌仪举行。

2019年，白琳老街复兴项目启动，建成民国、清代茶馆，促进茶旅融合发展。

2020年秋季，白琳第二幼儿园投入使用。

2020年，石材产业转型升级工作启动，26个地块开始动工建设，16个地块竣工试投产，白琳石材标准化产业园逐步成型。

2021年，白琳镇人民政府迁至原白琳镇中所在地。